KB230808

국제정치와 외교정책

INTERNATIONAL POLITICS & FOREIGN POLICY

국제정치와 외교정책

강 석 찬 지음

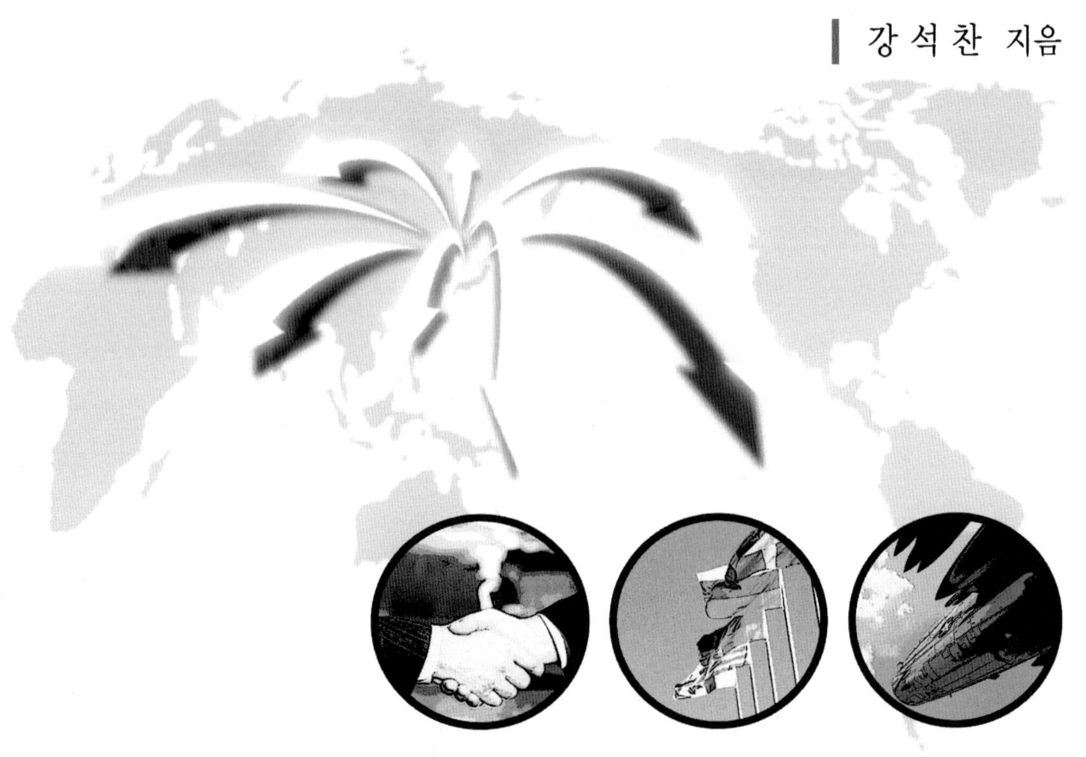

KSI 한국학술정보㈜

|머 리 말|

　21세기를 흔히 '국제화시대' 또는 '세계화시대'라고 한다. 이러한 표현이 의미하는 것처럼, 오늘날 교통과 통신의 급속한 발달 및 국가의 정책적 필요에 의해 국가들 간의 교류와 협력은 날이 갈수록 증대되고 있으며, 국가들 간의 관계도 정치・경제・군사・문화・스포츠 등 다방면에 걸쳐서 복잡하고 다양하게 전개되고 있다.

　특히, 냉전(Cold War)이 종식된 이후 국제정치는 여러 가지 측면에서 많은 변화를 거듭해 왔다. 공산주의 종주국인 소련이 붕괴한 이래 국제정치질서는 초강대국 미국에 의해 일방적으로 주도돼 왔다. 21세기에 들어와 중국, 일본, 유럽연합(EU) 등이 급속한 경제발전을 바탕으로 정치・군사적인 강대국 내지 강대국집단으로 부상하고 있기는 하지만, 아직 미국을 견제할 만한 강력한 세력이 되고 있지는 못하다고 하겠다. 또한 냉전시대에 있어서 국제사회의 주된 관심사였던 정치・군사적인 문제는 점차 경제문제로 전환되고 있다. "국제관계에 있어서는 영원한 적도 영원한 우방도 없다"는 말이 있는 것처럼, 과거 정치・군사적인 측면에서 우호동맹관계를 형성했던 국가들도 경제적인 측면에서는 치열한 경쟁관계 내지는 갈등관계에 놓여 있다. 즉, 오늘날 세계의 각 국가들은 이념과 체제의 동질성보다는 자국의 경제적 이익을 증대시키고자 하는 데 보다 중점을 두고 있다.

　그런데 우리가 국제사회에서 발생하는 여러 정치현상들을 바라보면서 중시해야 할 점은 언제 어디에서 어떤 사건이 발생했다는 결과적인 측면보다는 그러한 사건이 발생하게 된 원인과 배경은 무엇이고, 그것이 향후 국제정치 및 국가들 간의 관계에 미치게 될 영향을 예측해 보는 데 있다고 하겠다. 그러기 위해서는 국제정치현상을 체계적으로 분석할 수 있는 도구와 수단이 필요하며, 이러한 점에서 국제정치와 외교정책에 대한 과학적이고도 이론적인 연구의 필요성이 제기되는 것이다.

이 책은 저자가 수년간 대학에서 강의해 온 국제정치 관련 강의안과 각종 연구 자료들을 토대로 하여 대학에서 국제정치학을 공부하는 학생들뿐만 아니라 교양적인 차원에서 국제정치를 이해하고자 하는 사람들을 위하여 집필하였다. 따라서 저자는 복잡하고 다양하게 전개되고 있는 국제정치현상을 보다 쉽게 이해할 수 있도록 가급적 내용을 평이하게 기술했으며, 또한 여러 가지 사례들을 열거하였다.

이 책을 저술하면서 저자는 나름대로 많은 의욕을 가지고 있었음에도 불구하고, 다소 부족한 면이 없지 않았음을 느끼게 된다. 이러한 점에 대해서는 추후에 보다 깊이 있는 연구를 통해 보완해 나갈 것을 약속한다. 끝으로 이 책이 출판되기까지 많은 도움을 주신 [주]한국학술정보의 유기남 상무님과 출판기획팀의 강태우 팀장님 그리고 팀원 여러분들께 깊은 감사의 말씀을 드린다.

2008년 2월

저자 씀

|차　례|

제 1 장

국제정치의 본질

1. 국제정치학의 연구경향

국제정치학은 비교적 신생학문이라고 할 수 있다. 국가들 간의 관계인 국제정치의 역사는 주권국가 개념이 나타나기 훨씬 이전부터 시작되었으나, 국제정치학은 흔히 20세기 후반에 등장한 학문으로 간주된다. 왜냐하면 국제정치학은 제2차 세계대전 이후 미국을 중심으로 하여 정립된 새로운 학문분야이기 때문이다. 보다 구체적으로 말해서, 국제정치학은 제2차 세계대전을 거치면서 세계 최강대국으로 부상하게 된 미국이 밖으로는 새로운 세계 패권국가로서 국제질서를 주도하고 동·서 냉전을 적절히 관리해 나가기 위해서, 그리고 안으로는 '고립주의'로부터 '국제주의'로 대외정책을 전환해 나아감에 있어서 국민과 엘리트 모두의 의식을 전환시키기 위한 이론체계로 개발된 새로운 학문분야이다.

초기의 국제정치학 연구는 주로 국제법과 외교사에 관한 분야를 다루었다. 그러나 제1차 세계대전을 계기로 세계의 평화와 안전에 대한 인류의 관심이 증대되면서 국제연맹이 창설되었고, 국제법과 국제기구에 관한 연구가 국제정치학의 주요 연구분야가 되었다. 이상주의학파로 분류되었던 당시의 많은 국제정치학자들은 법적 내지는 제도적 접근방법을 취하여 국제법과 국제기구에 준하는 국가행위의 당위성을 강조하는 체제유지의 규범적 측면에 연구의 초점을 맞추었다. 즉, 국제연맹의 목적 및 이에 대한 국제사회 행위자들의 당위적 추종에 관한 연구가 국제정치학의 내용이었다.

그러나 제2차 세계대전 이후 국제정치의 연구경향이 이상주의적 경향에서 현실주의적 경향으로 탈바꿈됨에 따라 국제정치학의 연구도 기존의 국제법이나 외교사 그리고 국제기구 중심의 연구에서 탈피하여 국제정치 행위자의 행태에 관한 분석이 지배적인 것으로 되었다. 즉, 국제정치 행위자들의 행위를 형성하고 결정하는 요인에 관한 체계적 분석이 중요시되었다.

현대 국제정치학은 제2차 세계대전 이후 모겐소(Hans J. Morgenthau), 라이트(Quincy Wright) 등에 의해 체계적인 이론화작업이 이루어지며 등장하였다.[1] 근대 국가체제 하에서 이루어지는 국제관계의 본질 및 국가들 간의 역학관계를 어떻게 파악하고 접근해 나가느냐에 따라 이상주의 대 현실주의 논쟁 이후의 국제정치학은 크게 현실주의와 자유주의로 대표되는 대조적인 두 가지 흐름으로 나눌 수 있다. 두 가지 이론 모두 국가를 합리적 행위자로 상정하며 국제정치는 무정부상태라는 점에 동의한다. 그러나 전자의 경우에는 국가들 간의 권력투쟁과 세력균형 등을 강조하는 반면, 후자의 경우에는 국가 간의 협력과 상호의존, 합의된 규범과 제도들을 통한 국가목표 달성을 강조한다.

냉전시대에 있어서 국제정치이론들은 국제체제의 중요성을 강조하거나 이에 반론하는 과정을 통해 보다 정교화되었다. 전통적 현실주의가 국가들 간의 관계를 설명하는 데 있어서 국제질서를 주어진 상황으로 전제한 반면, 월츠(Kenneth N. Waltz)를 중심으로 한 신현실주의론자들은 국제질서의 구조를 개별 국가들의 정책이나 행위에 영향을 미치는 주요 변수로 파악하였다.[2]

그러나 냉전이 종식된 이후 국제사회는 양극체제와는 매우 다르고 복합적인 양상을 띠게 되었다. 국제정치체제의 주요 행위자인 국가 간 역학관계의 단순한 변화가 아니라 행위자 자체가 확대·변화되었고, 행위를 유발하는 요인이나 행위유형도 다양화되었다. 즉, 국가들 간의 전쟁방지와 평화관리의 영역을 넘어서 국가들 간의

---

1) 이에 대해서는 Hans J. Morgenthau, *Politics Among Nations: The Struggle for Power and Peace*, 5th ed.(New York: Alfred A. Knopf, 1973)와 Quincy Wright, *The Study of International Relations*(New York: Appleton-Century-Crofts, 1955)를 참조하기 바람.

2) 이에 대해서는 Kenneth N. Waltz, *Theory of International Politics*(Reading, Mass.: Addison-Wesley Publishing Company, 1983)을 참조하기 바람.

무역분쟁, 환경오염, 테러 등과 같은 초국가적 조직범죄문제 등에 대한 국제사회의 공동대응이 중요해지면서 국가뿐만 아니라 국제기구, 다국적기업, 비정부기구 (NGOs) 등 다양한 행위자들의 역할이 활발해졌다.

따라서 국가들 간의 관계를 중심으로 한 기존의 국제정치이론으로는 새로운 국제정세를 이해하고 변화하는 국제관계 역학의 본질을 설득력 있게 설명하는 데 있어 한계에 직면하게 되었다. 이처럼 냉전 종식과 세계화의 진전으로 국제사회는 그 행위자, 구조, 과정 등 제반 영역에서 현실적 변화를 반영할 수 있는 새로운 국제정치이론을 필요로 하게 되었다.[3]

우리나라에 국제정치학이 도입된 시점은 1945년 일제 식민통치에서 해방된 이후라고 알려지고 있다. 왜냐하면 국제정치학이 우리나라 대학의 정규 교과목으로 개설된 시기도 1945년 이후였기 때문이다. 해방 이후 한동안 국제정치학은 법학이나 역사학의 테두리에서 논의되어졌다. 당시에는 일제 식민시대의 영향이 남아 있었으나, 미군정과 한국전쟁을 겪으면서 미국의 영향이 적극적으로 유입되었다. 특히, 한국전쟁 발발과 함께 냉전적 이데올로기는 한국의 초창기 국제정치학 도입기에 절대적인 영향을 미쳤다.

1950년대 중반에 이르러 국내에서는 처음으로 국제정치학 관련 교재들이 발간되어 미국의 국제정치이론들이 본격적으로 소개되기 시작했으며, 1956년에는 한국국제정치학회가 설립되었다. 1960년대에 들어와서는 국제정치학 관련 개론서가 연이어 출판되고, 한국국제정치학회의 학술지인 『국제정치논총』이 발간되는 등 활기를 띠게 되었다. 당시 정치학계의 주된 연구주제는 한국민족주의문제, 한·일관계, 근대화문제 등에 관한 것이었다.

1970년대에는 미국에서 유학을 마친 학자들이 중심이 되어 국제정치학 연구가 활발하게 진행되었다. 당시 한국 국제정치학계의 이론연구를 대표하는 학자들의 관

---

3) 이신화, "21세기 글로벌 이슈와 국제정치학," 『국제정치논총』, 제46집 특별호(2007), pp. 198-199.

심방향은 역사적 거시분석에서 과학주의적 미시분석으로 전환되는 경향을 보였다. 즉, 기존의 국제정치학 논의들이 한국의 국제정치적 위상에 대한 민족주의적 관심을 짙게 드러낸 데 비해, 새로운 연구주제들은 전쟁이나 갈등의 정형적 구조 등에 관한 보다 일반적인 문제 또는 정책결정과정에 있어서의 인지의 문제 등 보다 미시적인 데로 옮겨가는 경향을 보였다.

1980년대에 들어와서는 국제정치학계에서 소위 서구적 관점과 대안적 관점이 대립했던 시기로 특징지을 수 있다. 국제정치학에 있어서 기존의 중심적 시각이었던 '정치적 현실주의'에 대한 대안적 논리로서 '상호의존론'이 소개되었고, 미국의 지배적 학문경향에 대한 비판적 대안으로 '종속이론'도 대두되었다.

1990년대 이후부터는 세계화현상에 대한 관심이 고조되었고, 이에 따라 국제정치학 연구도 상당히 다양하게 전개되었다. 당시 한국 국제정치학계의 두드러진 특징 중의 하나는 연구자의 급속한 양적 증가와 연구지역의 다양화라고 할 수 있다. 즉, 1990년대에 들어와 중국, 러시아, 동유럽국가 등에서 박사학위를 취득한 연구인력이 귀국하면서 한국의 국제정치학 연구도 동아시아나 미주지역의 학문에만 국한되지 않고 다양한 학문적 소양을 가진 연구인력이 확보되었다. 또한 다양한 지역을 체계적으로 연구할 수 있는 국제대학원이 여러 대학에 설립되었고, 국제정치 관련 연구소와 학회들도 다수 설립되었다.4)

제2차 세계대전이 발생하기 전까지만 하더라도 국제정치학의 주요 관심사는 바로 전쟁문제였다. 따라서 당시 국제정치학 연구는 전쟁의 발생원인을 살펴보고, 전쟁을 예방하기 위한 방법을 모색하는 데에 집중되었다. 1907년 '국제분쟁의 평화적인 해결을 위한 헤이그협약'의 체결과 1928년 부전조약(Kellogg-Briand Pact)의 체결 그리고 국제연맹과 국제연합의 창설 등은 그러한 관심사의 구체적인 표명이었다.

그러나 제2차 세계대전이 종식된 이후 미·소 양극체제가 형성되면서 국제정치

---

4) 김형국, "한국의 국제정치학 연구: 성찰과 전망," 『국제정치논총』, 제46집 특별호(2007), pp. 7-35; 박상섭, "국제정치학 연구와 외교학과," 『한국적 국제정치학의 모색: 반성과 전망』, 서울대학교 외교학과 50주년 기념 학술회의 자료집(2006. 10), pp. 3-10.

학의 관심은 군사적 초강대국인 미국과 소련 간의 경쟁 및 대립관계에 두어지게 되었다. 왜냐하면 양극체제의 형성 이후 핵무기의 보유 등으로 인해 과거에 비해 전쟁의 발생빈도가 크게 낮아졌기 때문이다.

이에 따라 국제정치학의 연구도 미·소 양국의 외교정책과 전략에 초점이 맞춰지게 되었다. 즉, 냉전기간 동안 미국과 소련의 외교정책이 국제사회에 커다란 영향을 미치고 있었기 때문에 미·소의 외교정책과 이 국가들 간의 상호관계 및 상호작용 연구가 국제정치의 핵심적인 연구과제가 되었다.

그런데 1970년대에 들어와 미·소 데탕트가 시작되면서 국제정치학 연구는 기존의 정치·군사 중심에서 경제 중심으로 전환되기 시작하였다. 즉, 국제정치와 국제경제의 다원화현상이 나타남으로써 국제정치학도 경제적 측면에서 연구하게 되었다.

일반적으로 말해서, 국제정치학은 국제사회에서 국제정치의 행위주체가 어떤 가치를 어떤 방법으로 추구하며, 또한 특정한 목적과 방법을 택하는 이유는 무엇인가 하는 점을 연구하는 데 있다. 따라서 대체로 다음과 같은 사항들이 국제정치학의 연구대상이 되고 있다.[5]

첫째, 국제정치체제에 대한 연구로서, 세력균형체제, 양극체제, 다극체제 등 여러 국제정치체제의 유형과 특성을 살펴보는 것이다.

둘째, 국제정치의 행위주체에 대한 연구로서, 현대 국제정치의 주요 행위자인 민족국가뿐만 아니라 국제연합과 같은 세계적 국제기구, 지역적 국제기구, 비정부기구(NGOs)의 특성과 그들 간의 상호관계에 대해 살펴보는 것이다.

셋째, 국제정치의 행위자가 추구하는 구체적인 목표 — 예를 들어, 민족주의, 제국주의, 신식민지주의 등 — 는 무엇이며, 그 특성은 무엇인가에 대해 연구하는 것이다.

넷째, 국제정치과정에 대한 연구로서, 특히 국제정치의 행위주체인 국가가 자국의 외교정책 목표 달성을 위해 사용하는 수단과 방법에는 어떠한 것들이 있으며,

---

5) 박상식, 『국제정치학』(서울: 집문당, 1981), pp. 15-16.

또한 국제적 분쟁을 평화적으로 해결하기 위한 방법에는 어떠한 것들이 있는가 하는 점을 살펴보는 것이다.

다섯째, 외교정책 결정요인에 대한 연구로서, 한 국가가 외교정책을 결정하는 데 있어서 영향을 미치는 요인들은 구체적으로 무엇이며, 국내정치 변수와 국제정치 변수 간의 상호관계는 어떠한가 하는 점을 살펴보는 것이다.

이러한 연구대상 이외에도 오늘날 국제사회에서 전개되고 있는 여러 현상이나 쟁점들도 국제정치를 연구하는 학자들의 주된 연구대상이 되고 있다. 예를 들어, 최근 국제사회에서 주요 관심사가 되고 있는 북한 핵문제, 이라크전쟁, 자유무역협정(FTA) 등도 국제정치학의 연구대상이 되고 있는 것이다.

2. 국제정치의 개념

일반적으로 말해서, 국제정치란 국제사회에서 발생하는 정치현상을 뜻한다. 국제사회를 형성하는 기본단위는 국가이다. 그러므로 국제정치를 간단하게 정의하면 "국가 밖에서 국가들 사이에 일어나는 정치현상"이라고 할 수 있다. 그러나 국가는 국제사회를 형성하는 기본적 단위이지 결코 유일한 단위는 아니다. 따라서 국제정치의 행위주체도 국가만으로 국한되지는 않는다. 가령 제1차 세계대전 이후에 설립된 국제연맹이나 제2차 세계대전 이후에 설립된 국제연합과 같은 세계적인 국제기구 그리고 코민테른이나 코민포름과 같이 국제적 조직으로까지 발전한 단체나 정당 또는 가톨릭교회 등 국가 이외의 국제적 기구나 단체도 제한된 의미이기는 하지만 국제정치적 활동을 전개한다.

국제정치의 개념에 대해서는 좁은 의미와 넓은 의미에서 파악해 볼 수 있다. 좁은 의미의 국제정치는 "국가 상호 간의 정치적 대립·투쟁·협력 등의 제 관계"를 뜻하며, 넓은 의미의 국제정치는 "국가를 비롯하여 기타의 국제적 기구 및 국제적 단체 간의 정치적 대립·투쟁·협력 등의 제 관계"를 의미한다고 할 수 있다. 따라서 국제정치는 기본적으로는 국가와 국가 간의 정치적 활동이며, 그것은 또한 현실적인 운동이라고 할 수 있다. 국제정치가 운동인 이상 거기에는 힘과 힘의 대립이 전제되며, 물리적 세계에서 힘의 균형이 상실되었을 때 운동이 일어나는 것과 마찬가지로, 국제정치적 운동도 현상을 유지하려는 힘과 타파하려는 힘이 대립·투쟁할 때에 일어난다. 이때에 운동도 가장 활발한 양상을 띠게 된다. 그 운동의 추진력은 한 나라의 국력(national power)이나 또는 한 진영 내의 여러 나라의 힘의 총합으로 이루어지며, 그 운동의 전개는 권력투쟁을 중심으로 이루어진다.

국제정치(international politics)는 정부 간 관계모델에 기초해서 주로 각국 정부들 간의 관계와 정치적 영역을 다루는 데 비해, 국제관계(international relations)는 국가 간 관계모델에 기초해서 정부들 간의 정치적 관계뿐만 아니라 경제·사회·문화 등 민간 차원의 모든 관계를 다룬다. 다시 말해서, 국제정치는 국제사회를 구성하는 정부들 간의 공적인 관계를 의미하며, 기타의 비정부적 수준에서의 상호관계나 상호작용은 포함하지 않는 전통적인 개념이다. 즉, 국제정치는 정부의 공적인 행위를 의미하기 때문에 국제사회의 여러 행위자들 간의 상호작용 — 즉, 국제기구, 동맹과 블록국가들, 다국적기업이나 국제적십자사 등 비정부기구(Non-Governmental Organizations; NGOs)의 상호작용 — 은 포함하지 않는다. 따라서 국제정치의 주요 영역은 각국의 사적 기관이나 개인들 간의 관계가 아니라, 국가들 간의 상호작용과 관계이다.

이에 반해 국제관계는 국가의 정부적 수준뿐만 아니라 기타 비정부적 수준에서의 상호관계와 상호작용 일체를 포함하는 현대적인 개념이라고 할 수 있다. 즉, 국제관계는 국가 간의 경계를 초월하는 모든 부류의 관계를 지칭하며, 공사를 막론하고 정치·경제·법·사회·문화 등 모든 관계를 망라한다. 그런데 각국 정부 간의 정치적 관계, 국가의 공식대표들 간의 관계 등 정치적인 관계는 국가들 간의 상호작용을 뜻하는 것으로, 국제관계의 가장 중요한 영역이 되고 있다.

이런 점에서 볼 때, 국제정치라는 개념은 국가가 국제정치에서 거의 모든 행위주체였던 시대의 전통적 개념인 데 비해서, 국제관계의 개념은 비정부 간 혹은 민간 차원의 새롭고 중요한 행위자의 등장에 따른 현대적 개념이라고 할 수 있다. 그러므로 국제정치를 국제사회의 주요 구성원인 국가들 간의 정치적·외교적인 관계를 다루는 협의의 개념이라고 한다면, 국제관계는 국제사회 내의 여러 집단과 국민 간의 관계 등 전반적인 면을 다루는 보다 광의의 개념이라고 할 수 있다.

21세기 국제화시대의 국제정치는 단지 국가들 간의 관계에 한정된 문제가 아니라, 개개인의 일상생활에까지 밀접한 관련을 갖고 크고 작은 문제들에 영향을 미친다. 따라서 오늘날 국제정치와 국내정치 간에는 뚜렷한 영역의 구분이 어렵고, 또한 상호간에 의존성과 침투성이 증대됨으로써 '국내정치의 국제정치화' 또는 '국제정치의 국내정치화' 현상이 나타나게 된다.6)

국가는 국내사회의 주권적 존재인 동시에, 국제사회의 기본적 구성단위이다. 그러므로 국가의 정치적 활동은 두 개의 영역에 걸쳐 전개된다. 일반적으로 국가의 정치적 활동은 내정과 외교로 구분된다. 내정(內政, domestic politics)은 국가의 국내정치적 활동을 의미하는 반면, 외교(外交, diplomacy)는 국가의 국제정치적 활동을 의미한다. 따라서 내정과 외교는 그 내용과 양상을 달리하지만, 양자는 상호 밀접한 관계에 있으며 또한 불가분의 일체를 형성한다. 따라서 내정과 외교는 상관적·의존적 관계에 있다고 할 수 있다.

그런데 국가의 대외적 활동인 외교는 곧 국제정치의 내용을 형성한다. 다수의 국가들이 외교활동을 벌임으로써 국내정치와 국제정치가 교호작용(交互作用) 관계에 놓이게 된다. 한 국가가 다른 국가와의 관계에서 독립을 유지하면서 정치적 활동을 전개할 때 그 활동은 국제정치적 성격을 띠게 되지만, 만약 어떤 국가가 독립을 상실하면 국제정치적 문제는 그 때부터 국내정치적 문제로 전화(轉化)된다.

이러한 사례는 패전국이 승전국의 단독 지배하에 놓일 때 일반적으로 볼 수 있

---

6) 소치형·박치정·강석찬(공저), 『남북한과 동북아 국제관계』(서울: 건국대학교 출판부, 2006), pp. 9-15.

다. 이러한 현상을 '국제정치의 국내정치로의 전화'라고 한다. 한·일 어업협정이나 한·미 자유무역협정(FTA)의 체결이 국내적으로 우리 농민이나 어민뿐만 아니라 관련 이해당사자들 사이에 크게 문제가 된 것도 이러한 예에 해당된다.

한편 국내정치적 문제가 국제정치적 문제로 전화되는 현상으로는 민족이나 인종 분쟁의 국제화를 들 수 있다. 예를 들어, 1960년대 초반까지 알제리 민족해방운동은 프랑스의 국내문제인 동시에 국제정치문제였다. 또한 1950년에 발생한 한국전쟁의 국제화, 중국과 북한의 인권상황과 대미관계, 고이즈미 일본 총리의 신사참배가 한국, 중국 등 주변 국가들에게 미친 영향 등도 그러한 예에 속한다.

이것은 '국내정치의 국제정치로의 전화'라고 할 수 있는데, 국내정치적 문제가 국제정치적 문제로 전화되는 데에는 기본적인 조건이 따르게 된다. 첫째, 그 문제가 국내에서 정치적인 이슈로 등장하는 것이며, 둘째, 그 이슈가 민족적·인종적 또는 이데올로기 등의 분야에서 국제적 관련성을 가질 때 국내문제는 대체로 국제문제로 전화된다. 가령 한반도의 통일문제는 남북한 각자의 내부문제라는 측면도 있지만, 그와 동시에 한반도를 둘러싸고 있는 미국, 일본, 중국, 러시아 4강대국 간의 이해관계라는 국제적 측면도 내포하는 문제이다. 그것은 그 문제가 국제성을 가져야 한다는 것이다. 이러한 조건이 갖추어져 있고, 그것이 현실적인 국내문제로 대두될 때에는 대체로 국제문제로 전화된다. 이 경우에 주의할 것은 국제문제로 전화된 국내문제는 그 전화과정이 구체화된다 하더라도 여전히 국내문제로서의 일면을 일반적으로 가진다는 사실이다.

이에 반하여 국제문제가 국내문제로 전화되는 경우에는 원칙적으로 그러한 이중성은 생기지 않고, 국제문제로서의 성격은 완전히 상실되는 것이 보통이다. 이와 같이 국내정치와 국제정치는 일정한 조건 하에서 상호 전화되는 밀접한 관계를 지닌다.

이상에서 살펴본 것처럼, 국내정치와 국제정치는 동질적인 동시에 상호 밀접한 관계를 지닌다. 그럼에도 불구하고, 양자는 여러 가지 점에서 상이한 것도 사실이다. 이러한 차이는 국내정치와 국제정치의 기반이 서로 다르다는 사실에 기인된다.

3. 국제정치의 연구방법

제2차 세계대전 이전에 국제정치학자들은 국제법, 국제기구, 외교협상 등 정적인 방법에 의한 전쟁방지 연구를 활발히 진행하였다. 그러나 국제정치현상은 일정하게 그리고 규칙적으로 나타나는 정적인 현상이 아니라 무원칙하게 다양한 형태로 나타나고 있는 동적인 현상이다.

특히, 제2차 세계대전 이후 '정치학의 과학화'를 부르짖는 행태주의 정치학의 등장과 동시에 국제정치현상을 과학적이고 체계적으로 연구하려는 경향이 나타나게 되었다.

전통적으로 국제정치의 연구방법은 크게 ① 규범적 접근방법과 ② 경험적·과학적 접근방법의 두 가지가 있다. 전자의 규범적 접근방법은 일명 전통적 접근방법이라고 불리는 것으로서, 여기에는 역사적 접근방법, 제도적 접근방법, 이상주의적 접근방법, 관념적 접근방법 등이 속한다. 규범적 접근방법은 자료의 수집과 해석에 있어서 주관적이고 임의적인 가치판단에 의존하며, 직관적이고 상상적이다. 또한 이러한 접근방법은 연구자의 경험과 훈련이 그 자료에 포함된 모든 관련된 의미들을 끌어내도록 한다고 믿고, 자신의 발견사실과 해석에 의존하는 경향이 있다.

또한 후자의 경험적·과학적 접근방법에는 현실주의적 접근방법, 전략적 접근방법, 행태주의적 접근방법, 체계분석방법 등이 속한다. 이러한 접근방법은 본질적으로 입증과 증거의 엄격한 표준에 의존하고, 개인의 주관적 판단을 불신한다. 다시 말해서, 경험적·과학적 접근방법은 연구자 개인의 판단은 오직 시작에 불과하다고 생각하기 때문에 연구자의 발견사실을 가능한 한 그 개인으로부터 독립시키려고 하는 방법이다.

이와 같은 국제정치의 연구방법 중에서 대표적인 몇 가지를 살펴보면 다음과 같다.

첫 번째로, 역사적 접근방법(historic approach)은 주로 제1차 세계대전과 제2차 세계대전 기간에 걸쳐 외교사가들에 의해 주도되었던 접근방법으로서, 특정 시기를 범위로 하여 그 기간에 발생한 의미 있는 정치·외교적 사건을 인과론적으로 설명하거나 또는 많은 기록문서들을 토대로 하여 특정 시기에 발생한 주요 사건을 설명하는 방법이다. 외교사가들은 보통 사건의 특이성을 강조하는 경향이 있으나, 때로는 세력균형 및 외교개념들을 사용하여 특수한 역사환경을 초월하는 정치행위의 부류나 패턴을 언급하기도 한다.

프랑켈(Joseph Frankel)은 "역사적 접근방법은 자료 중에서 기대된 구조의 요소들을 명백히 밝히려 하기 때문에 현실을 단순화시키는 경향이 있다"고 말하였다. 그러나 그는 "역사적 접근방법은 이론들을 검토·정리·진전시킬 수 있다"고 주장하면서, 그것은 이론의 형성이 아니라 역사적으로 제한된 우리 시대의 환경 내에서 타당한 일반화를 수립하는 것이라고 하였다.

두 번째로, 제도적 접근방법(institutional approach)은 주로 다양한 국제기구와 국제제도, 국제법과 국제조약, 국제관습과 국제관례 등을 다룬다. 즉, 제도적 접근방법은 국제연합(UN)의 역사적·법적 발전을 분석할 뿐만 아니라 국제회의의 결과와 기술, 현안 국제문제의 보고와 분석, 국제기구를 위한 다양한 정책대안을 제시하는 데 중점을 두고 있다.

국제정치학자들은 정책결정자들이 속해 있는 제도적 환경이 그들의 권한을 결정해줄 뿐만 아니라 한계성도 부여한다고 설명한다. 즉, 제도는 결정을 틀지어준다는 관점에서 제도의 성격과 구조, 특징은 물론, 특히 정책결정자들의 교체가능성, 여론과 이익집단 등의 압력행사 등이 분석된다.

세 번째로, 분석적 접근방법(analysis approach)은 국가의 역사적 전통, 지리적 위치, 국가이익, 국가목표 및 안보의 필요성 등 여러 가지 결정요소를 내포한 것을 분석하는 접근방법이다. 이는 심리적·이념적 접근방법의 단점을 부분적으로 보완한 것으로서, 한 국가의 외교정책 형성과 집행을 위한 일반적인 틀로서 국가이익과 국가의무의 형태를 강조하며, 또한 복잡한 국제환경 내에서의 외교정책 결정과정이 강조되고 있다.

　　분석적 접근방법은 ① 경합적인 이익의 개념으로부터 출발하여, ② 이익을 달성하기 위한 국력을 평가하며, ③ 정책이 채택되고 집행되는 과정을 고려한다. 즉, 이러한 방법은 정부 내의 공식·비공식집단이 정책결정과정에 미치는 영향을 분석하는 데 주된 관심을 기울인다.

　　네 번째, 체제분석적 접근방법(system analysis approach)은 체제와 행위자가 각각 어떻게 상호작용하는가를 밝히는 데 목적이 있다. 즉, 이러한 접근방법은 국제정치체제의 구조가 국제정치 행위자에게 어떻게 영향을 미치고, 다른 한편 이러한 행위자는 국제정치체제의 구조에 어떻게 영향을 미치는가를 밝히려는 것이다. 제2차 세계대전 후 양극체제 하에서 미국의 외교정책은 이러한 체제에 어떻게 영향을 미쳤고, 또 양극체제는 미국의 외교정책에 어떻게 영향을 미쳤는가를 밝히는 데 이 방법이 매우 유용하다. 예를 들면, 미국이 1972년 2월에 중국과의 관계를 개선하고, 또 동년 5월 닉슨 대통령이 소련을 방문한 것은 양극체제에 어떠한 영향을 미쳤는가 하는 점을 살펴보면, 미국의 유화적 대외정책은 양극체제를 이완시켰고 또 그 체제의 지속을 어렵게 만들었다고 할 수 있다. 미국이 이러한 대외정책을 취하게 된 것은 양극체제의 구조적 변화를, 다시 말하면 미국과 소련 중심의 구조가 퇴색하여 서유럽, 중국 및 일본이 새롭게 체제의 구조를 형성하기에 이르렀기 때문에 미국으로 하여금 그러한 정책을 취하도록 만들었다고 설명할 수 있다. 이와 같이 어느 국가의 대외정책을 설명하거나 또는 국가들 간의 관계 변화 등을 설명하는 방법으로서 체제분석방법은 매우 유용하다고 하겠다.[7]

　　이 밖에도 국제정치에 대해서는 분배의 공정성을 중시하는 견해와 분배의 강제성을 중시하는 견해가 있다. 흔히 전자를 이상주의(idealism)라고 하고, 후자를 현실주의(realism)라고 한다. 구체적으로 말해서, 이상주의는 국제정치에서 분배의 공정성에 대한 고려가 국가의 외교정책을 결정하는 요인이라고 보는 견해이며, 현실주의는 분배의 강제성에 대한 고려가 그 요인이라고 보는 견해이다. 국제정치의 두

---

7) 송영우, 『국제정치학』 (서울: 건국대학교 출판부, 2006), pp. 19-20.

가지 주요 접근방법이 바로 이상주의적 접근방법과 현실주의적 접근방법이다.

먼저 이상주의적 접근방법은 현실의 제도적 또는 사회적 악을 인간의 이성을 통해 개선하려는 것으로, 도덕주의적 입장에서 인류를 하나의 공동체로 묶고, 민족국가를 극복할 수 있는 새로운 국제기구를 설립하고 발전시키는 데 초점을 맞춘다. 그 대표적 예로는 미국의 윌슨(Woodrow Wilson) 대통령의 주창에 의한 국제연맹의 탄생과 제2차 세계대전 이후 창설된 국제연합을 들 수 있다.

국제정치현상을 체계적으로 이해하려는 최초의 시도는 1914년 제1차 세계대전의 발발을 계기로 이상주의학파에 의해 이루어지기 시작했다. 이상주의학파는 제1차 세계대전을 계기로 창설된 국제연맹의 자극을 받아 국제기구 및 국제법에 관한 연구를 주제로 설정하였다. 이상주의자들은 국제정치에 대해 대체로 도덕주의, 낙관주의, 국제주의의 경향을 강하게 지니고 있었다.

이상주의자들은 전쟁이란 불가피한 것이 아니라 전쟁을 조장하는 제도적 장치를 근절함으로써 배제되어질 수 있고, 또한 전쟁을 배제하기 위해서는 국가적 노력보다는 집단적 또는 다면적 노력이 중요하다고 보았다. 따라서 국제사회는 전쟁을 가능하게 하는 제도들을 없애기 위해 그 자체가 재조직되어야 한다고 주장하였다. 이처럼 이상주의자들은 국가들 간의 분쟁이나 전쟁이 평화적인 방법으로 해결되어야 하고 또한 해결될 수 있다고 보았다. 따라서 이상주의자들의 주된 관심은 제1차 세계대전과 같은 전쟁의 재발을 막는 것이었으며, 평화를 보장할 수 있는 방법의 하나로서 국제정치체제의 변화를 주장하였다.

그러나 국제정치체제의 변화를 위한 이상주의자들의 계획은 거의 실행되지 못했고 성취되지도 않았다. 특히, 1930년대에 들어서면서 독일 · 이탈리아 · 일본 등 전체주의국가들의 등장과 제2차 세계대전의 발발 그리고 국제연맹의 기능 상실로 말미암아 기존의 이상주의적 접근방법이 국제관계의 연구 및 분쟁 해결에서 효과적인 역할을 담당하지 못하게 되자 그 대안적인 패러다임으로 현실주의가 제시되었다.

제2차 세계대전의 발생은 국제평화를 달성하는 방법으로서 국제기구와 국제법에 크게 의존했던 이상주의적 접근방법에 커다란 타격을 가했으며, 이에 따라 국제정치를 연구하기 위한 또 다른 방법으로서 현실주의적 접근방법이 새롭게 등장하게 되었다. 이러한 접근방법은 군사력이 외교정책의 절대 유일의 요소이자 모든 국가의 이익이라는 점에 바탕을 두었으며, 이런 점에서 이 접근은 다분히 민족주의적 현상이라고 할 수 있다. 또한 현실주의적 접근방법은 한 국가의 외교정책과 관련하여 지리적 환경과 권력이 미치는 영향을 분석할 뿐만 아니라 상이한 체제와 대항할 수 있는 전략에도 관심을 가진다.

그런데 현실주의자란 제2차 세계대전 이후 모겐소(H. J. Morgenthau)를 중심으로 한 국제정치학자들로서, 그들은 권력정치모델(power politics model)에 입각하여 국제문제를 분석·처리하고자 하였다. 즉, 그들은 국가행위의 유일한 근원은 권력의 추구라고 주장하였으며, 당시의 정치·역사·철학·법률이 유일한 통찰이라고 믿었기 때문에 국제정치현상을 권력에 의해 새롭게 설명하고자 하였다. 이처럼 현실주의가 권력을 토대로 국제정치를 분석하고 국가 간 분쟁의 최종 해결을 물리적 폭력에 의존한다면, 이상주의는 권력을 목적에 대한 수단으로 보고, 국제정치과정에서 폭력의 근절을 추구하는 데 관심을 보인다.

고전적 현실주의자들의 세계관은 기본적으로 다음과 같은 가정에 근거한다. 즉, 국제정치는 힘(power)에 토대를 둔 '만인의 만인에 대한 투쟁상태'로서, 이러한 상태 하의 국제적 평화와 안정이란 이상주의자들의 주장처럼 국제기구의 창설이나 국제법에만 의존할 수는 없다는 것이다. 만약 모든 국가가 권력의 극대화를 추구한다면, 국제적인 안정은 유동적인 동맹체제에 의해 보장되는 세력균형의 결과일 뿐이라는 것이다.

따라서 현실주의자들에게 있어서 군사적 안보문제나 전략문제는 고위정치(high politics)로 간주된 반면에, 군사적 문제보다 덜 중요한 경제나 사회적 문제는 하위정치(low politics)로 인식되었다. 제2차 세계대전 이후 현실주의적 접근방법의 주요 관심사는 ① 핵시대의 억지논리를 이해하고, ② 그러한 억지에 대한 신무기체계의 영향을 분석하며, ③ 핵전쟁의 가능성을 최소화하는 반면, 국가안전의 극대화전략을 개발하는 것이었다. 특히, 전략적 접근은 전쟁이론 및 게임이론 등과 같이 결과의 논리적 분석을 통해 군사전략의 기초와 결정의 정당성을 제공하는 등 합리적 정책대안의 제시를 꾀하였다.

그런데 1960년대 후반부터 국제사회에서 선진 자본주의국가들 간에 상호의존이 증대해 왔다는 주장이 대두되면서 1970년대에 들어와서는 현실주의에 대한 비판이 강하게 제기되었다. 상호의존론에 따르면, 국제사회의 구조적인 변화로 인해 서방 선진 자본주의국가들 간에 사회·경제적인 상호의존이 증대되었고, 과학기술의 비약적인 발전이 이루어졌으며, 군사·안보 중심의 고위정치 대신 경제 중심의 하위정치의 증대현상이 나타나고 있다는 것이다.

4. 국제정치의 행위자

오늘날의 국제사회는 매우 복잡하고 다양하게 전개되고 있다. 즉, 국제사회의 주된 구성원들인 국가의 수가 크게 증가하여 국가들 간의 접촉이나 교류의 폭이 크게 넓어졌으며 그 내용도 다양해졌다. 또한 국제사회에는 국가의 정치·경제·사회·문화 등에 직접 또는 간접적으로 영향을 미치는 요소들이 많아졌고, 국가들도 이제는 정치적·경제적 문제뿐만 아니라 인권문제, 환경문제, 군축문제, 해양문제 등에도 많은 관심을 갖게 되었다. 이에 따라 국제정치의 양상도 매우 복잡·다양해졌을 뿐만 아니라 이에 관련된 행위자들도 다양해졌다.

국제정치의 행위자는 크게 주된 행위자와 종된 행위자로 분류할 수 있는데, 이를 구체적으로 살펴보면 다음과 같다.[8]

---

8) 위의 책, pp. 45-56.

(1) 주된 행위자

국제정치의 주된 행위자는 주권국가이다. 현대 국제사회에는 국제기구, 국제적 단체, 다국적기업 등 많은 비국가적 행위자들이 국제정치무대에서 활동하고 있다. 이들의 행위가 경우에 따라서는 국제정치에 영향을 미칠 수 있고 또한 정치적 의미를 지니고 있다고 할지라도, 그것이 국가의 이름으로 행해지지 않으면 이들의 행위를 국제정치의 행위로 인정하지 않는다. 예를 들어, 팔레스타인해방기구(PLO)는 국제사회에서 영향력이 있는 존재이기는 하지만, 이 기구가 주권을 갖고 그것을 대외적으로 행사할 수 있는 존재가 아니기 때문에 다른 주권국가들은 이 기구를 국제정치상의 주된 행위자로 인정하지 않는다.

그런데 주권국가를 국제정치의 주된 행위자로 인정한 것은 1648년에 체결된 '웨스트팔리아 조약(Treaty of Westphalia)'에서부터이다. 특히, 국제정치는 유럽대륙에서 시작되었고, 웨스트팔리아 조약은 유럽대륙의 국제질서를 확립하는 기틀을 마련하였다. 이 조약에서는 주권국가만이 국제사회에서 유일한 주된 행위자이며, 국제법의 주체가 된다고 규정하였다. 또한 모든 국가는 최소한 이론상으로 동등한 권리와 의무를 가지며, 누구도 다른 주권국가의 독립과 자치권을 제한할 수 있는 권리를 가질 수 없다고 규정하였다.9) 30년 종교전쟁에 참여했던 집단들은 그들이 독립적인 주권국가로 존재할 수 있는 법적 근거를 이 전쟁을 마무리지은 웨스트팔리아 조약에서 찾게 되었다. 그리하여 국제사회에서 국가만이 '합법적인 존재(legal entity)'로 인정받게 되었고, 또한 국가들에게는 합법적인 지위와 동등성이 부여되었다. 그리고 국가는 다른 존재에게는 부여되고 있지 않은 특정한 일을 할 수 있도록 국제법에 의해 보장받고 있다. 예를 들면, 국가를 대표하는 정부는 합법적인 폭

---

9) Edward L. Morse, *Modernization and the Transformation of International Relations*(New York: The Free Press, 1967), pp. 154-160; René Albrecht-Carrié, *A Diplomatic History of Europe Since the Congress of Vienna*(New York: Harper & Row, Publishers, 1973), pp. 5-6.

력을 독점하고 있고, 또한 국제법에 의해 국제사회에서 무력을 행사할 수 있는 권리를 인정받고 있다.[10] 국제법의 근간인 조약도 국제적으로 인정된 국가에 의해서만 체결될 수 있고, 국가 이외의 다른 어떤 존재들 사이에 만들어지고 서명되는 협정 등은 국가의 행위를 제한하는 역할을 할 수 없게 되었다.

국제정치의 주된 행위자로서 국가만이 일정 규모의 영토를 지배하고, 그 영토에 거주하는 사람들을 대표한다. 이러한 대표성은 웨스트팔리아 조약에서 국가라는 존재에게만 주어진 특권이다. 그리하여 국가는 주권에 근거해서 또 주권평등원칙에 입각해서 법적으로 동등한 지위를 누리고, 또 주권에 근거해서 국가 내의 모든 힘의 행사수단을 독점하고 영토 내의 질서를 유지하는 데 필요한 힘을 행사할 수 있게 되었다.[11]

이러한 국가라는 존재가 탄생된 후 19세기부터 주권국가에 민족주의 이데올로기가 첨가되어 민족국가가 탄생되기 시작하였고, 각 민족은 자기 민족이 살 수 있는 국가를 가져야 한다는 생각을 갖게 되었다. 제2차 세계대전 이전에 서구 제국주의 열강의 식민지 통치를 받았던 많은 민족들은 민족자결원칙에 입각하여 국가를 갖기 위한 필사적인 투쟁을 전개하였다. 이러한 민족자결원칙이 바로 민족주의의 본질이다. 그러나 오늘날의 민족주의는 한걸음 더 나아가 단순히 민족국가를 형성하는 데 그치지 않고, 이미 형성된 국가를 모든 면에서 자주적이고 번영된 국가로 만드는 데에 초점을 맞추고 있다. 그러므로 오늘날은 민족주의에 기초한 민족국가가 국제정치의 주된 행위자가 되고 있다.

국가는 주권을 갖고 있고, 국가의 이름으로 행위할 수 있는 정부를 갖고 있으며, 정부는 법을 제정하고 집행하며 정책을 수행하는 기구들을 갖고 있다. 또 국가의 이름으로 정부가 다른 국가의 정부와 체결한 조약 등은 국가를 구속한다.[12] 이와

---

10) Bruce Russett and Harvey Starr, *World Politics: The Menu for Choice*(San Francisco: W.H. Freeman and Company, 1981), p. 47.

11) *Ibid.*, p. 48; P. A. Reynolds, *An Introduction to International Relations*(London: Longman, 1971), pp. 14-17.

같이 대내외적으로 정치적 행위를 수행할 수 있는 존재는 국가뿐이므로 국가는 국제정치의 유일한 주된 행위자라고 할 수 있다.

(2) 종된 행위자

민족국가가 국제정치의 주된 행위자이지만 전 세계적 또는 지역적으로 영향을 미치는 행위자가 있다. 예를 들면, 국제연합과 같은 세계적 국제기구, 그 중에도 안전보장이사회와 같은 기구는 국제정치에 영향을 미치고 있다. 이처럼 국가가 아니면서도 국제정치나 또는 개별 국가의 정책결정에 영향을 미치는 존재가 있다.

그러나 전 세계에 존재하는 모든 기구들이 반드시 국제정치의 행위자가 되는 것은 아니다. 국가 이외의 어떤 기구나 조직이 국제정치의 행위자로 인정되기 위해서는 다음과 같은 요건을 충족시킬 수 있어야 한다.[13]

첫째, 어떤 존재든지 간에 중요하고 지속적인 기능을 수행해야 한다. 다시 말하면, 국가들 간의 관계에 지속적으로 영향을 미칠 수 있을 만큼의 폭넓은 행위를 하여야 한다.

둘째, 이러한 존재는 국가의 외교정책 결정자들에 의해 매우 영향력 있는 존재로 인정되어야 하며, 실제로 한 국가의 외교정책 결정에 크게 작용할 수 있어야 한다.

셋째, 이러한 존재는 자신의 정책을 결정하는 데 어느 정도의 자유와 독립성을 지니고 있어야 한다.

넷째, 민족국가가 아닌 국제정치의 행위자라고 해서 2개 이상의 국가에 영향을 미칠 수 있어야 하는 것은 아니다. 예를 들어, 팔레스타인해방기구(PLO)는 주로 이스라엘에 대해서만 영향을 미치는 기구이지만, 한 국가에라도 커다란 영향을 미칠

---

12) P. A. Reynolds, *An Introduction to International Relations*, pp. 20-25.

13) Carol Ann Cosgrove and Kenneth J. Twitchtt(eds.), *The New International Actors: The UN and EEC*(London: Macmillan, 1970), pp. 12-13.

수 있는 존재라면 그것은 국제정치의 종된 행위자로 간주할 수 있다.

국제정치의 대표적인 종된 행위자는 국제기구이다. 국제기구에는 주권국가를 구성원으로 하는 '정부간 기구(intergovernmental organizations; IGOs)'와 구성원의 자격을 주권국가에 국한시키지 않는 '비정부기구(non-governmental organizations; NGOs)'가 있다.

첫 번째로, 정부간 기구는 국제정치의 주된 행위자인 주권국가에게만 회원의 자격을 주는 국제기구이다. 이런 기구는 외형적으로 보아 주권국가들의 모임체이므로 정치적으로 상당한 영향력을 행사할 수 있을 것으로 보인다.

정부간 국제기구 가운데에는 세계적 규모의 기구와 지역적 기구가 있다. 세계적 규모의 기구 중 대표적인 것으로는 국제연맹(the League of Nations)과 국제연합(the United Nations; UN)을 들 수 있다. 이러한 기구들은 모든 국가에 결정적인 영향을 미치지는 않지만, 이 기구들의 결정이나 권고를 전적으로 무시한다면 국제법적으로나 국제 도덕적으로 비난의 대상이 되며, 아울러 그 국가의 명예나 지위는 실추된다. 주권국가는 거의 배타적으로 주권을 행사하지만, 세계적인 정부간 국제기구의 결의를 배척한다면 국가로서의 신뢰도가 크게 떨어지게 될 것이다. 오늘날 국제연합의 결의를 전적으로 도외시하고 자국의 대외정책을 쉽게 결정할 수 있는 국가는 많지 않다. 국제연합의 결의가 반드시 구속력이 있는 것은 아니지만, 그렇다고 해서 쉽게 무시될 수 있는 것도 아니다.

또한 정부간 국제기구 가운데에는 지역적 국제기구가 있다. 예를 들면, 유럽연합(European Union; EU), 미주기구(Organization of American States), 동남아국가연합(Association of Southeast Asian Nations; ASEAN), 아프리카연합기구(the Organization of African Unity) 등이 그것이다. 이들 지역적 국제기구는 세계적인 국제기구에 비해 지리적으로 인접해 있기 때문에 서로 이해를 같이 하거나 달리하는 문제들에 대해 협조하거나 대립할 수 있는 기회도 많다. 이러한 특수 환경 때문에 보다 더 응집력이 강하고 또한 모든 구성원이 서로 적극적으로 참여하게 된다.

그렇기 때문에 정부 차원의 지역기구는 세계적 기구보다 회원국들에게 영향력을 더 크게 미칠 수 있다.

유럽연합(EU)은 회원국들에게 가장 영향력이 큰 국제기구 중의 하나이다. 유럽연합은 지역기구이지만, 경제적으로는 전 세계에 영향을 미칠 수 있는 기구이다. 2007년 현재 유럽연합에는 동·서 유럽의 27개 국가가 회원으로 가입해 있다. 이 기구의 회원국들은 강하고 커다란 경제적 역량을 갖고 있기 때문에 유럽연합의 결정은 세계경제 또는 많은 국가에 커다란 영향을 미칠 수 있다. 지역적 측면에서 보면, 유럽연합 각료이사회의 결정은 이에 반대한 국가들도 포함해서 모든 회원국들을 구속한다.

모든 회원국들은 첫째, 유럽연합의 가치를 인정하고 있고, 유럽연합에 유익한 것은 개별 회원국들에게도 유익하다는 인식을 갖고 있다. 따라서 각 회원국은 기본적으로 협조적인 태도를 가지고 협의에 임하며, 서로의 이익을 위해 합의점을 찾으려 노력한다. 둘째, 유럽연합은 성문화된 것은 없지만, 중요한 문제는 회원국이 만장일치로 결정해야 한다는 불문율을 갖고 있다.[14] 각 회원국이 유럽연합에 대해 이러한 태도를 갖는 것은 이 기구가 자국에게 혜택을 줄 수도 있고 불이익을 강제할 수도 있기 때문이다. 그렇기 때문에 유럽연합은 모든 회원국들에게 커다란 영향을 미칠 수 있고, 따라서 각 회원국의 정책결정자들도 유럽연합을 중요한 존재로 인정하고 있다.

그 외에도 북대서양조약기구와 바르샤바조약기구는 군사동맹기구이지만, 냉전시대에 미국과 소련이 이러한 기구들에 대해 각각 주도권을 행사하였고, 또 양극체제 하에서 회원국들의 안전을 보장하고 있었기 때문에 이 두 기구가 다른 개별 회원국들에게 미치는 영향은 매우 지대하였다.

두 번째로, 비정부기구를 들 수 있다. 비정부기구도 국가의 행위를 제한하거나

---

14) Robert L. Wendzel, *International Politics*(New York: John Wiley & Sons, 1981), p. 21.

국가의 정책결정자에게 영향을 미칠 수 있다. 이러한 국제기구의 구성원은 국가를 대표하는 정부가 아니라, 정부를 대표하지 않는 개인이나 집단들로 구성되어 있다. 예를 들어, 이러한 비정부기구에는 국제엠네스티(Amnesty International)와 같은 국제적 인권단체, 그린피스(Green Peace)와 같은 환경단체, 그 밖에도 종교단체, 전문직업인 단체, 노동조합 단체, 정당 등이 있다. 이 기구들은 국경을 초월하여 공동 관심사에 관해 협의하고 서로 의견을 교환한다. 또한 이 기구들은 정부나 다른 국제기구에도 영향력을 행사하는 압력단체로서 활동한다. 로마교황청 같은 종교단체는 많은 국가의 외교정책에 커다란 영향력을 행사한다. 특히, 이러한 비정치적인 국제기구의 활동은 각국 정부나 정책에 초점을 맞추어 행해진다.[15]

또한 비정부기구 가운데에는 다국적기업이나 민족해방기구 등도 있는데, 이에 대해 살펴보면 다음과 같다.

먼저 다국적기업(multinational corporation)은 현대 국제사회에서 사적이며 비정치적인 종된 행위자로서 막강한 영향력을 행사하고 있다. 일반적으로 다국적기업은 외국에서 기업활동을 하기 위해 다른 국가에 자본을 투자하고 기술을 제공하고, 전문 경영인과 영업 기술자 등을 파견하여 기업활동을 하며, 거기에서 생산된 상품을 여러 국가에 판매할 뿐만 아니라 여러 국가에 자회사를 두고 영업활동을 하는 기업을 말한다.[16] 이러한 다국적기업은 생산 및 시장 면에서 매우 강한 집중력을 갖고 있으며, 그들의 정책은 모회사에 의해 결정되고 중앙집권적으로 행사된다.[17]

다국적기업의 주된 목적은 가장 값이 싼 생산품을 세계시장에 공급하는 것인데, 이러한 목적은 경제적으로 양호한 조건을 갖춘 지역에 생산시설을 갖추고, 기업이

---

15) B. Russett and H. Starr, *World Politics*, pp. 55-56; Harold K. Jacobson, *Networks of Interdependence*(New York: Alfred A. Knopf, 1979), p. 511.

16) Joan Edelman Spero, *The Politics of International Economic Relations*(New York: St. Martin's Press, 1977), p. 89.

17) David H. Blake and Robert S. Walters, *The Politics of Global Economic Relations* (Englewood Cliffs, N. J.: Prentice-Hall, 1976), pp. 80-88.

진출하고 있는 국가로부터 여러 가지 혜택을 얻음으로써 달성될 수 있다. 다국적기업은 훌륭한 관리기술과 재정능력 그리고 높은 수준의 기술을 갖고 있으며, 체계화된 세계전략을 가지고 거대한 조직을 운영한다.[18]

이러한 다국적기업은 자회사가 진출해 있는 국가의 정책결정에 영향을 미칠 수 있다. 다국적기업은 거대한 경제규모, 시장 및 제조업분야의 커다란 점유율, 그리고 조직적이고 중앙집권적인 통합된 경영체제에 바탕을 두고, 기업이 진출한 국가의 경제를 고려하지 않고 독자적으로 기업의 이윤만을 추구할 수 있는 능력을 가지고 있다. 이렇게 되면 자회사를 유치한 국가의 경제는 그의 자본, 기술, 경영능력 등이 상대적으로 취약하여 다국적기업에 압도되어 그 국가는 다국적기업의 영향을 받지 않을 수 없게 된다. 다국적기업이 한 국가에서 경제적으로 막강한 힘을 축적한다면 그의 이윤을 극대화하기 위해서 그 국가의 경제를 위협하게 되고 정부에 영향력이나 압력을 행사할 수도 있다. 예를 들어, 1973년 제1차 석유위기가 있은 후 세계 굴지의 석유회사들은 석유를 정치적 무기로 이용하여 많은 석유 수입국가에 직접적 또는 간접적으로 영향력을 행사하였다. 1973년 10월 아랍 국가들과 이스라엘 간에 전쟁이 발생했을 때, 미국을 본거지로 하고 있는 석유회사들은 미국의 이스라엘에 대한 지나친 지원행위가 미국의 다국적기업과 이들 자회사가 있는 아랍 국가들 간의 관계를 해칠 우려가 있다고 판단하여 미국의 이스라엘에 대한 지원을 완화시킬 목적으로 미국에 대한 석유판매를 거부하기도 하였다.[19]

특히, 개발도상국가의 경우에는 경제적으로 낙후되어 있고 경제적 기반이 취약하여 다국적기업이 진출해서 쉽게 기반을 구축할 수 있고, 또한 그들의 경제적 역량을 빠르고 크게 강화시키는 일이 어렵지 않다. 이렇게 다국적기업이 그의 경제력을 키워가며 개발도상국의 경제를 지배하게 되면, 이 국가는 다국적기업 및 이 기업의

---

18) Robert Gilpin, *The Political Economy of International Relations*(Princeton: Princeton University Press, 1987), pp. 232-233.

19) Richard Barnet and Ronald E. Muller, *Global Reach: The Power of the Multi-national Corporations*(New York: Simon & Schuster, 1974), p. 77.

모국과 경제적 의존관계를 형성하게 될 뿐만 아니라 정치·사회·문화 등 다른 측면에서도 불평등한 관계의 설정이 가능하며, 이는 곧 정치적 영향력으로 작용하게 된다. 세계가 군사적 안보문제로부터 경제적 문제로 관심이 옮겨가는 오늘의 현실에서 국제정치의 종된 행위자로서의 다국적기업의 역할과 위력은 더욱 강화될 것으로 보인다.

국제정치의 또 다른 종된 행위자로는 민족해방기구(National Liberation Organization)를 들 수 있다. 오늘날 이러한 기구로는 아일랜드공화국군(Irish Republican Army), 서남아프리카인민기구(the South-West African People's Organization), 팔레스타인인민해방전선(the Popular Front for the Liberation of Palestine) 등이 있다.

이러한 민족해방기구들은 내적으로 잘 단결되어 있을 뿐만 아니라 매우 조직적이며, 또한 나름대로의 경제적·군사적 능력 등을 잘 갖추고 있는데, 이들 기구는 다음과 같은 몇 가지 공통점을 지니고 있다. 첫째, 민족해방기구는 특정 지역에 대한 합법적 통치권한을 소유하고 있으며, 이들은 현 정권이 지배하고 있는 영토를 해방시키고 그의 통치권을 빼앗으려 한다. 둘째, 그들은 민족주의를 민족해방운동의 추진력으로 삼고 있으며, 이러한 민족주의는 장차 독립국가를 건설하기 위한 공동인식에 기초하고 있다. 셋째, 일반적으로 민족해방기구는 광범위하게 전투행위를 하며, 종종 군사적 수단을 사용한다.[20] 즉, 민족해방기구는 자기 민족의 독립국가를 달성하기 위해서 군사적 또는 무력적 수단을 사용하여 그들이 목표로 하는 정권과 투쟁을 벌이게 되므로 그 대상이 되는 국가의 정책결정에 중대한 요소로 작용하게 된다. 예를 들어, 팔레스타인해방기구(PLO)는 모든 아랍 국가들의 전폭적인 지지와 지원을 받고 있기 때문에 중동지역에서 매우 영향력이 큰 존재이다.

---

20) R.L. Wendzel, *op. cit.*, p. 27.

제 2 장

국제정치체제의 형성과 변화

1. 국제정치체제의 개념과 특징

일반적으로 국제사회는 국내사회와는 달리 무정부상태이다. 즉, 국제사회에도 행위자의 행동을 제재하는 도덕과 법률이 있으나, 국제적인 분쟁이 발생했을 때 이를 효과적으로 해결할 최고 집행기관은 존재하지 않는다. 이런 상황 하에서 국제사회의 주요 행위자들은 정치·경제·군사적으로 끊임없는 상호작용을 벌인다. 그런데 이러한 상호작용들은 국제적인 환경에 따라 결정되는 구체적인 테두리 내에서 이루어지는데, 이러한 국제사회의 조류를 국제정치환경이라고 한다. 국제정치환경은 각국이 대외행위를 하고 국가 간의 상호작용이 전개되는 구체적인 틀을 갖추게 되는데, 이러한 틀을 국제정치체제라고 한다.

(1) 국제정치체제의 개념

19세기 초 유럽에 체계적인 국제정치체제가 형성된 이래 국제사회는 정치·경제·군사 면에서 많은 변화를 보여 왔으며, 이러한 변화는 필연적으로 국제사회에서 주요 행위자의 수와 성격, 국가 간의 상호관계 및 힘의 분배 그리고 각국의 대외정책 방향 등에 커다란 영향을 미쳐왔다.

일반적인 의미에서 '체제(system)'란 상호작용하는 단위들의 집합으로서, 그것들은 서로의 행위에 영향을 미침으로써 변화를 수반하게 된다. 즉, 체제는 다소 정상적인 조건 하에서는 스스로를 유지하지만, 이는 통상적으로 변화를 내포한다. 이러한 경향을 띠는 체제가 국제적인 수준에서 나타날 때 그것을 '국제정치체제(international political system)'라고 한다.

국제정치체제는 매우 다의적이고 애매모호한 개념이기 때문에 이를 한 마디로 정의하기란 쉽지 않다. 그런데 이러한 개념은 그것을 바라보는 관점에 따라 다음 세 가지 부류로 나누어진다.

첫째, 국제정치체제를 국제정치의 단위들이 상호작용하는 국제환경이라고 보는 관점이다. 그런데 국제환경의 변화는 국제정치체제를 변화시키게 된다는 것이다.[21]

둘째, 국제정치체제란 국제정치의 기본단위들 간의 관계유형으로서, 그러한 유형은 세계의 구조에 의해 결정된다고 보는 관점이다.[22]

셋째, 국제정치체제는 상호작용하는 국가들의 집합체라고 보는 관점이다.[23]

그러나 이러한 개념상의 차이에도 불구하고, 여기에는 다음과 같은 몇 가지 공통된 특성이 있다. 우선 국제정치체제는 행위의 주체가 되는 실체 혹은 기본단위들이 존재한다는 점이다. 또한 국제정치체제의 행위자나 기본단위들은 본질적으로 상호작용을 한다는 점이다.

따라서 국제정치체제의 행위자나 기본단위가 구체적으로 무엇을 의미하며, 그러한 단위들의 상호작용 유형이 어떤 것인가를 규명하는 것은 바로 국제정치체제의 특성과 기능 그리고 변화과정 등 국제정치체제의 본질을 이해하는 데 있어서 주요 전제가 되는 것이다. 이와 더불어 국제정치학자들의 기본적인 시각차이가 되고 있는 국제정치체제의 개념상의 범주, 즉 국제정치체제가 단순히 국제적인 영역에서

---

21) K.J. Holsti, *International Politics*, 4th ed.(Englewood Cliffs, N.J.: Prentice-Hall, 1983), p. 97; Chares A. McClelland, *Theory and the International System*(New York: The Macmillan Company, 1967), p. 21.

22) Stanley Hoffmann, "International Systems and International Law," in Stanley Hoffmann, *The State of War: Essays on the Theory and Practice of International Politics*(New York: Praeger, 1965), p. 90.

23) B. Russett and H. Starr, *op. cit.,* p. 74; Robert Gilpin, *War & Change in World Politics*(Cambridge: Cambridge University Press, 1981), p. 26.

상호작용하는 기본단위들의 집합체 내지는 관계유형만을 의미하는가, 그렇지 않으면 보다 포괄적인 의미에서의 국제환경을 의미하는가 하는 점도 국제정치체제를 파악하는 데 있어서 주요 사항이 되고 있다.

첫 번째로, 국제정치체제의 행위자에 대해서 살펴보면, 그것은 역사적으로 상당히 다양하게 변모되고 또한 그 수도 급증해 왔음을 알 수 있다. 예를 들어, 제2차 세계대전 이후 양극체제가 형성되기 이전에는 국제정치체제의 행위자가 민족국가(nation-state)에 국한되었으나, 국제사회가 점차 복잡·다양해짐에 따라 그것은 비단 민족국가뿐만 아니라 국가기관, 국제기구, 초국가적 행위자, 동맹과 블록국가들, 국가 간 비정부기구(NGOs), 국가의 하부집단에 이르기까지 그 범위가 급속히 확대되었다.24) 그러한 실례로서, 전후 아시아·아프리카지역 등에서 탄생한 신생국들은 대외적으로 비동맹 중립주의노선을 추구하여 강대국의 동맹체제에 편입되거나 그러한 강대국 중 어느 한 국가의 위성국이 되는 것을 거부하였으며, 유엔은 국제적 분쟁을 중재하거나 해결함으로써 국제사회에 있어서 중요한 독립적 행위자로 활동하고 있다.

한편 이러한 국제정치체제의 행위자와 함께 살펴봐야 할 사항은 국제정치체제의 기본개념의 하나인 극(極, pole)의 개념이다. 월츠(Waltz)나 톰슨(Thompson)과 같은 학자들은 극을 주요 강대국(major power) 또는 주요 경쟁국(leading contender)의 관점에서 정의한다.25) 그런데 이들의 정의를 따를 경우, 제2차 세계대전 직후의 국제정치체제는 많은 국제정치학자들이 주장하는 바와 같이 양극체제가 아닌 단극체제(unipolar system)로 특징지어진다. 특히, 톰슨은 1944년부터 1959년까지의 기간 동안 미국이 세계의 힘을 독점하였고, 미국에 맞설 만한 주요 경쟁국이 사실상

---

24) Andrew M. Scott, *The Functionning of the International Political System*(New York: The Macmillan Press, 1967), p. 38.

25) K.N. Waltz, *op. cit.,* pp. 70-73; William R. Thompson, "Polarity, the Long Cycle, and Global Power Warfare,"*Journal of Conflict Resolution*, Vol. 30, No. 4(December 1986), p. 604.

존재하지 않았다는 점에서 이 시기의 국제정치체제를 단극체제로 특징짓고 있다.

이에 대해서는 브레진스키(Z. Brzezinski)도 마찬가지 견해로서, 그는 1947년의 미국과 소련의 국력 비교를 통해서 이러한 견해를 뒷받침하였다. 즉, 브레진스키는 1947년 미국의 국민총생산은 소련의 3배 이상에 달했으며, 군사력에서도 미국이 100여 개의 원자탄을 독점하고 있었다는 사실을 들어 제2차 세계대전 직후의 국제정치체제가 양극이 아닌 단극의 형태를 띠었다고 주장한다.[26]

그러나 제2차 세계대전 이후 국제정치체제의 구조에 대한 보다 객관적인 평가를 위해서는 극의 결정요소를 단지 주요 강대국이라는 하나의 관점에서만 파악해서는 곤란할 것이다. 이와 관련하여 노지(Joseph L. Nogee)는 극의 결정요소로서 군사력, 경제력, 이념적 토대, 정치적 영향력 등 네 가지 요소를 들었다.[27] 이 중에서도 군사력, 특히 핵무기의 보유 여부는 극을 결정짓는 가장 보편적인 지표로 인정되지만, 그것만이 유일한 척도가 될 수는 없다. 또한 나머지 다른 요소들도 극을 결정짓는 데에서 필요조건은 될지언정 충분조건은 되지 못한다. 따라서 극의 성격을 보다 정확하게 파악하기 위해서는 어떤 단일의 기준에서가 아니라 종합적인 측면에서 정의를 내려야 할 것이다. 이런 점에서 극은 비단 이념적인 토대뿐만 아니라 군사력, 경제력, 정치적인 영향력의 중심부를 의미한다고 보는 것이 타당하다. 또한 극은 단일의 주요 강대국으로 이루어지거나 혹은 어떤 주요 강대국과 다른 군소국가들로 이루어진 동맹으로 구성된다고 할 수 있다.

사실상 국제정치체제를 구성하는 기본적인 요소는 당시의 국제사회에서 영향력을 크게 행사하는 강대국들(major powers)이다. 강대국들은 자국의 힘과 역량을 토대로 자국의 국가이익이나 목적 달성을 위한 대외활동이나 대외정책을 원활히 전개할 수 있는 국제정치의 틀을 마련한다.[28]

---

26) Zbigniew Brzezinski, "How the Cold War Was Played?" *Foreign Affairs*, Vol. 51, No. 1(October 1972), pp. 183-184.

27) Joseph L. Nogee, "Polarity: An Ambiguous Concept,"*ORBIS,* Vol. ⅩⅧ, No. 4(Winter 1975), pp. 1205-1211.

두 번째로, 국제정치체제의 주요 속성으로는 행위자들 간의 상호작용을 들 수 있다. 국제정치의 주요 행위자인 국가들 간의 상호작용 내지 상호관계는 무력분쟁으로부터 정치·경제·외교·문화적 상호의존에 이르기까지 광범위하고도 다양한데, 이러한 국가들 간의 상호작용은 20세기 이후 교통과 통신 그리고 과학기술의 급속한 발달로 인해 점차 밀접하게 이루어져 왔다.

세 번째로, 국제정치체제와 국제환경 간의 관계를 살펴볼 때 이것들이 엄밀한 의미에서 동일한 것이라고 할 수는 없지만, 국제정치체제와 국제환경은 동적이며 상호 영향을 미치는 관계에 있다. 즉, 세계 모든 국가의 정책결정자들을 둘러싸고 있는 가장 포괄적인 의미에서의 국제환경은 한 국가와 정책결정자들이 그들의 행위를 선택하는 데 필요한 일정한 행동양식을 제공해 준다. 그뿐만 아니라 국제환경은 국제정치체제의 변화에 영향을 미치며, 국제정치체제 또한 국제환경에 영향을 미친다.29) 그러한 예로서, 제2차 세계대전 이후 미·소 양극체제의 형성은 '냉전(Cold War)'이라는 상호 적대적인 국제환경을 탄생시켰고, 1970년대 들어 미국·소련·중국·일본 등 주요 강대국들의 유화적인 대외정책의 추구와 그로 인한 국제적인 데탕트 분위기의 형성은 국제정치체제를 양극체제에서 다극체제로 변화시키는 주요 요인이 되었다.

이와 같은 의미를 지니는 국제정치체제는 체제를 구성하는 주요 행위자들의 수와 성격의 다양성 그리고 행위자들 간의 관계의 다양성으로 인해 상당히 복잡성을 지닌다.30) 또한 국제정치체제는 중앙집권적이고 권위주의적인 성격을 지니는 국내정치체제와는 달리 무정부적이고 분권적이며 비조직적인 특성을 지니며, 체제를 구

---

28) 송영우, 앞의 책, pp. 60-61.

29) B. Russett and H. Starr, *op. cit.*, p. 71; William Wallace, *Foreign Policy and the Political Process*(London: The Macmillan Press, 1071), pp. 17-18.

30) Maurice A. East, "The International System Perspective and Foreign Policy," in Maurice A. East, Stephen A. Salmore and Charles F. Hermann(eds.), *Why Nations Act*(Beverly Hills, California: Sage Publications, 1978), p. 153.

성하는 행위자들 간의 관계가 끊임없이 변화한다는 점에서 동적인 경향을 지닌
다.31)

(2) 국제정치체제의 특징

국제정치체제는 모든 국제정치 주체의 대외행위와 대외관계 및 외교정책의 범위
와 한계를 틀지어주는 것을 그 본질로 하는데, 그 기본적인 사항들을 재정리해 보
면 다음과 같다.

첫째, 국제정치체제의 주요 요소는 그 체제의 중심국가인 강대국이다. 국제정치
에서 강대국들은 그들의 국가이익을 극대화할 수 있는 체제를 형성하고, 이를 위해
그들의 원칙을 마련하게 되며, 이러한 원칙은 곧 국제정치의 원칙이 된다. 또한 강
대국들은 그들이 갖고 있는 우월한 힘을 이용하여 그들의 목적을 달성하기 위한
정치의 장을 마련하고, 동시에 이렇게 만들어진 환경과 원칙을 다른 약소국들에게
강요하기도 한다.

둘째, 국제정치체제는 국제사회의 주된 구성원인 국가의 대외정책 결정방향을 제
시해 주고, 국가 간 분쟁해결의 원칙과 방법을 제공하며, 국제사회의 질서를 유지
시키는 초사회적인 기구를 지닌다. 다시 말해, 국제정치체제는 각국의 외교정책의
한계와 범위를 정해주고, 국가 간의 행위를 조정하며, 아울러 체제의 규범을 강조
하는 공식적인 기구이다. 국제환경은 한 국가의 외교정책에 지대한 영향을 미치는
한편, 한 국가의 외교정책이 국제환경에 중대한 영향을 미치기도 한다. 특히, 강대
국일수록 그들의 외교정책이 국제환경에 미치는 영향의 정도는 약소국의 외교정책
에 비해 훨씬 더 크다고 하겠다. 예를 들어, 제2차 세계대전 이후 미국의 대소 봉

---

31) W.R. Thompson, *op. cit.*, p. 589; Joseph Frankel, *International Relations in a
    Changing World*(Oxford: Oxford University Press, 1979), p. 146; William D. Coplin,
    Introduction to International Politics(Chicago: Markham Publishing Company, 1971),
    pp. 298-299.

쇄정책(containment policy)은 미국의 주요 동맹국들의 외교정책에는 물론이거니와 국제적인 냉전의 형성에도 커다란 영향을 미쳤다. 이처럼 국제환경과 국가의 외교정책은 상호 밀접한 관계를 지니고 상호작용한다.

셋째, 국제정치체제는 어떤 형태로 그리고 어느 정도의 범위로 국가 간의 관계를 유지할 것인가를 한계지어주는 역할을 한다. 예를 들면, 국제정치체제는 군사·외교적 동맹 및 경제관계의 형성 등과 같이 어떤 국가와 어느 정도의 관계를 가져야 하는가 하는 한계를 설정해준다.

이와 같이 국내사회처럼 강제성을 지닌 법적·제도적 장치가 제대로 마련되어 있지 않은 국제사회에서 강대국의 힘의 논리나 국가이익은 거의 배타적으로 보장받는다. 이러한 논리에 입각해서 강대국이 자국의 이익을 보장하고 극대화하기 위해서 마련되어진 장치가 바로 국제정치체제라고 하겠다.

2. 양극체제의 형성배경과 특징

양극체제는 제2차 세계대전 이후 형성된 국제정치체제로서, 여러 가지 측면에서 전쟁 전의 세력분포와는 매우 다른 면을 보여주었다. 전쟁의 결과로서 과거 국제정치를 좌우하면서 주요 행위자로 영향력을 행사해 왔던 영국, 독일, 프랑스 등 유럽의 전통적 강대국들이 국제 권력정치의 장에서 퇴장하고, 전쟁 수행과정에서 일약 세계적 강대국으로 부상한 미국과 소련은 국제정치무대에서 명실상부한 주역으로 등장하였다. 전시 연합국이었던 미국과 소련은 제각기 자국을 중심으로 하는 세력권을 형성하면서 여러 가지 요인에 의해 점차 적대세력으로서의 대결자세를 보이게 되었다. 이처럼 제2차 세계대전 이후 미국과 소련에 의해 국제질서가 양분된 것이 양극체제의 주된 성격이 되었다.

(1) 양극체제의 형성배경과 과정

전후 양극체제가 형성될 수 있었던 첫 번째 배경으로는 미국과 소련이 유럽에서 그들의 관심사를 논의하는 데 합의를 이루었다는 점을 들 수 있다. 미국이 제2차 세계대전에 대한 참전을 결정하면서 1941년 8월 루즈벨트(Franklin D. Roosevelt) 대통령과 영국의 처칠(Winston Churchill) 총리가 대서양헌장(Atlantic Charter)에 서명하였고, 그 후 소련의 스탈린(Joseph Stalin)도 이에 서명함으로써 3국동맹에 대한 연합전선이 형성되었다. 미국과 소련은 이러한 동맹관계의 형성을 통해 연합국의 승리를 위해 공동으로 노력하였다. 그뿐만 아니라 미국의 우방이자 주요 동맹국인 영국과 프랑스는 소련과 각각 1942년 5월과 1944년 12월 독일을 상대로 하는 20년간의 군사동맹조약을 체결하였다.[32]

루즈벨트 대통령은 전후 서유럽에서 힘의 공백을 메울 수 있는 국제사회의 새로운 질서와 세계평화를 유지하기 위한 국제정치체제를 구상하였다. 그러한 구상의 내용은 1815년 나폴레옹체제가 붕괴된 이후 유럽 강대국들로 구성되었던 유럽협조체제를 모방한 19세기형의 세력균형체제였다. 미국의 구상은 연합국의 동맹관계를 주축으로 하는 국제질서였는데, 이것을 '위대한 계획(great design)'이라고 한다. 이 계획은 소련의 동의를 얻었을 뿐만 아니라 성공적인 실천을 위해 공동으로 노력할 것을 약속받았다. '4개국 경찰체제(four policemen)'라고도 불리는 이 계획은 미·영·소 3개국과 중국이 힘을 합쳐 세계평화를 보장하고, 패전국과 기타 국가의 안전에 대한 위협을 저지하기 위해 4개국이 협력체제를 구축하자는 내용이었다.

이를 위한 실천방법으로서 루즈벨트는 '위대한 전략(great strategy)'을 구상했는데, 그것은 연합국이 전후에도 효율적으로 협력하고 단결을 지속할 수 있는 '새로운 협조체제(new concert system)'를 형성하는 것이었다. 이러한 구상에는 소련의 합법적인 안전을 염두에 둔 것이 사실이다. 즉, 미국은 전후 동유럽에서의 소련의

---

32) Josef Korbert, *Détente in Europe*(Princeton: Princeton University Press, 1972), p. 27.

절대적인 영향력을 양해하였다. 이처럼 미국과 소련의 이해관계의 일치는 제2차 세계대전이 수행되는 과정에서 일시적·부분적으로 가능하였다.

양극체제가 형성될 수 있었던 두 번째 배경으로는 미국의 소련에 대한 정책변화를 들 수 있다. 제2차 세계대전의 전개과정에서 보여준 미국과 소련의 협력관계는 점차 '포위(encirclement)'와 '봉쇄(containment)'라고 하는 현실 정치개념에 의해 변질되어 갔고, 나아가 각기 자신을 옹호하는 이데올로기와 결부된 사활적인 국가이익의 충돌사태를 야기시켜 결국 '냉전(Cold War)'이라는 새로운 국제환경을 형성하게 되었다. 미국과 소련은 자국을 중심으로 하는 하나의 극(極)을 둘러싸고 배타적인 유인력을 행사하고, 제각기 진영을 결속하는 것을 대외정책의 최우선 순위로 삼았다. 그것은 양 진영 가운데 광범위한 힘의 공백지대를 서로 경쟁적으로 장악하기 위해서 힘의 우위를 확보하고자 하는 냉전논리를 정당화하는 것으로 나타났다.

미국이 소련에 대해 취했던 대외정책의 구체적 내용을 살펴보기 전에 냉전의 전제에 관하여 살펴볼 필요성이 있다. 이는 냉전의 원인과 그 궁극적인 해결책에 관해서는 양국의 지도자들이 견해를 각기 달리하였지만, 냉전의 전제조건에 대해서는 동일한 입장을 취하였기 때문이다.

첫째, 반공을 목적으로 하는 폭넓은 연합체제를 구축함에 있어서 미국이 지도자 역할을 담당하게 된 것은 불가피했다고 할 수 있다. 왜냐하면 미국이 전후 '힘의 공백상태(power vacuum)'에서 유럽, 아시아, 중동국가들을 보호하지 않았더라면, 소련이 그것을 이용하여 이들 지역에 진주할 수도 있었기 때문이다.

둘째, 소련의 입장에서 보면 공산주의 이데올로기의 확립이나 비공산권 세계에 대한 침투목표를 포기했다고 가정하더라도, 제국주의와 자본주의국가들에 포위되어 있다는 사실로 인해 그들의 공포감은 변함없이 존재했을 것이다. 따라서 소련의 국경과 인접한 국가들의 절대적 충성을 요구하는 동맹 형성은 불가피한 것이었다.

셋째, 힘의 공백을 가운데 두고 세계패권을 위해 경쟁을 벌여왔던 두 강대국 간의 사활적 국가이익의 충돌이 바로 중간지역에서 발생하였고, 따라서 이들 지역에서의 전쟁 도발 가능성은 항상 존재하였다. 중간지역이나 힘의 공백지대는 미국과 소련을 양극으로 하여 그 가운데 위치하는 지역으로, 중부와 동부 유럽, 중동 그리고 동남아시아 및 동북아시아 일대를 설정할 수 있다. 이들 지역은 앞에서 언급된 주변지역에 해당되는 곳임을 감안할 때 지정학의 중요성을 시사해 주는 것이다. 또한 미국과 소련이 유럽의 독일과 아시아의 일본에 대한 확고한 지배권과 관할권을 장악하기 위해 이들 국가를 중핵으로 하는 자국의 세력권을 형성해 왔다는 사실에서도 이들 지역의 중요성을 알 수 있다.

넷째, 미국과 소련은 각각 군사적으로 우세한 입장에서 세계적 세력균형을 유지하고자 했으며, 잠재적인 분쟁지역에 먼저 진입하고자 노력하였다. 왜냐하면 대규모의 동맹체제를 유지하기 위해서는 경제적 자원, 군사력 그리고 군사기지가 부수적으로 필요했기 때문이다.

이와 같이 냉전적 사고는 이상주의에 근거한 것이 아니라 현실주의에 입각한 것이었다. 미국의 소련에 대한 경쟁의식은 대소 강경정책으로 표출됐기 때문에 양극체제의 두 번째 형성배경으로 미국의 대소정책 변화를 들 수 있다.

미국과 소련이 전후문제의 처리를 둘러싸고 이견을 보인 것은 폴란드문제에 관한 얄타(Yalta) 협정의 해석을 둘러싸고 비롯되었다. 루즈벨트 대통령의 사망 후 대통령직을 승계한 트루먼(Harry S. Truman)은 당초 루즈벨트의 대외정책을 답습하고자 했기 때문에 소련과의 기존 협력관계를 지속시키기 위해 국내에서의 대소 강경론에 대해 뚜렷한 반응을 보이지 않았다. 당시 트루먼 행정부 내에는 국무장관 헐(Cordel Hull)을 비롯한 이상주의자들이 소련에 대한 협조정책을 지속적으로 추진할 것을 주장했던 반면에, 대통령의 특별보좌관을 비롯한 현실주의자들은 소련을 적대시하는 정책의 추진을 주장하였다. 그리하여 트루먼 대통령은 미국의 외교정책 노선을 결정하는 데 고심하고 있었다. 그러나 고위 관리들이 소련에 대해 강경하게 대처해야 한다는 점을 거듭 건의하고, 미국의 세계 경찰국가로서의 역할과 임무를 강조함에 따라 대소정책의 전환을 모색하게 되었다.

전후 소련주재 미국 대사였던 케난(George F. Kennan)은 소련에 대한 경계를 강조하였고, 다른 지역에 파견된 미국 관리들도 소련의 침략적인 팽창주의정책을 우려하는 내용의 보고서를 국무성에 제출하였다. 국무성이 케난에게 소련의 대외행위에 관한 보고서를 제출하도록 요청하자, 그는 러시아의 역사와 마르크스·레닌주의에 기초하여 소련의 행위를 철저히 배타적이고 침략적이며 비협조적인 것으로 묘사하여 소련에 대해 강경하게 대처해야 한다는 전문을 타전하였다. 즉, 케난은 「장문의 전문(long telegram)」을 통해 소련의 전체주의와 팽창주의를 경고하면서, "소련의 서방국가들에 대한 적대감은 자본주의가 패망할 때까지 계속될 것이며, 미국은 장기적이고 인내심을 갖고 강력하게 주의 깊은 봉쇄정책을 추진해야 한다."고 주장하였다.33)

또한 1946년 여름 대통령 특별보좌관인 클리포드(Clark Clifford)는 트루먼 대통령의 요청에 따라 「미·소 관계(American Relation's with the Soviet Union)」라는 극비보고서를 작성했는데, 그 역시 케난의 전문내용을 인용하여 소련의 호전성과 침략정책을 경계할 것을 주장하였다. 그는 이 보고서에서 "소련은 자본주의국가를 궁극적으로 파괴시켜 모든 국가를 공산화시키려 할 것이므로 미국은 소련의 침략행위와 팽창정책을 저지하기 위해 군사력을 강화해야 하며, 또한 미국은 모든 약소국을 보호하고 원조하는 것을 주요 정책으로 삼고, 소련의 위협으로부터 모든 국가를 보호하기 위해 세계 경찰국가로서의 임무를 담당해야 한다"34)는 것을 강조하였다.

이처럼 미국 내에서 현실주의론이 점차 강력하게 대두됨에 따라 트루먼 행정부의 대소정책도 변화하기 시작하였다. 트루먼 대통령은 루즈벨트의 '위대한 계획'이나 '위대한 전략'을 포기하지 않으면서 대소(對蘇) 전술적 차원에서 강경입장을 취하기 시작하였다. 즉, 트루먼 대통령은 소련의 군사적 위협을 과장하였고, 소련에

---

33) 이에 대한 구체적인 내용에 대해서는 George F. Kennan, "The Sources of Soviet Conduct," *Foreign Affairs*, Vol. 25(July 1947), pp. 566-582를 참조하기 바람.

34) Richard J. Powers, "Who Fathered Containment," *International Studies Quarterly*, Vol. 15, No. 4(December 1971), pp. 534-538에서 재인용.

대한 나쁜 이미지를 확산시켰으며, 미·소간의 절박한 투쟁을 대대적으로 선전하게 되었다. 이러한 대소정책의 변화는 1947년에 발표된 '트루먼 독트린(Truman Doctrine)'과 '마샬 플랜(Marshall Plan)'에 의해 구체화되었는데, 대소 봉쇄정책의 의미는 다음 세 가지로 정리할 수 있다.

첫째, 봉쇄정책이 수립될 당시의 국제정치상황은 양호하지는 않았으나, 그렇다고 해서 절박하지도 않았다. 또한 전면전의 위험도 없었고 공포 분위기도 아니었다.

둘째, 미국은 먼 장래에 있을지도 모를 세계적 전쟁 가능성에 대비하여 자국과 그 우방의 재군비를 강조하였다.

셋째, 봉쇄정책은 국제적인 경제원조와 지원을 위한 것이었다. 경제적 원조와 복구는 소련의 팽창주의정책과 공산주의의 침투를 저지할 수 있는 힘의 보장을 전제로 하는 것이었고, 또한 경제적 번영과 발전은 소련 지도자들에게 그들의 잘못된 생각과 행동을 포기하도록 할 수 있을 것으로 인식되었다.

이처럼 트루먼 대통령에 의해 구체화된 봉쇄정책은 1949년 중화인민공화국이 수립되고, 1950년 한국전쟁이 발발함에 따라 전 세계적인 규모로 확대되었다. '봉쇄정책의 세계화'라는 미국의 대외정책 변화에 대한 반작용은 소련에 의해 제기되었으며, 그 결과 냉전체제는 한때 쉽게 붕괴될 수 없는 '철의 장막'과 '죽의 장막'을 내리치는 결과를 초래하였다.

양극체제를 형성하게 된 세 번째 배경으로는 소련의 반미·반자본주의·반제국주의정책을 들 수 있다. 소련의 지도자들은 미국의 대소 봉쇄정책이 미·소 양국의 협력 가능성을 완전히 배제하는 것으로 인식했을 뿐만 아니라 서방국가들이 소련을 그들의 적대세력으로 간주하는 것으로 받아들였다. 즉, 소련은 자국이 미국에 대한 직접적인 위협세력이 아닐 뿐만 아니라 소련이 주도적으로 미·소간의 적대관계를 형성하지 않았음에도 불구하고, 미국이 소련에 대해 명백한 적대정책을 전개하는 것으로 인식하였다. 또한 소련은 미국의 봉쇄망 구축이 소련 영토 밖으로 한발자국도 넘어설 수 없다는 미국의 단호한 결의를 소련에 강요하기 위해서 미국의 안전보장과는 아무런 상관도 없는 지역인 소련의 국경선을 따라 반소(反蘇) 방위선을 설정한 것으로 이해하였다.

미국의 공산주의세력에 대한 일련의 선제적인 반공적 조치는 미·소 양국이 당시 처했던 상황을 살펴봄으로써 정당성 여부를 가릴 수 있을 것이다. 당시 서유럽은 완전히 미국의 수중에 놓여 있었고, 아프리카와 중동은 미국의 우방이자 동맹국들의 지배를 받고 있었다. 일본도 미국의 점령정책에 따라 미군정 하에 있었고, 중국에서는 국공내전 시 미국이 국민당 정부를 후원하고 있었으므로 사실상 서방세계는 정치적·군사적으로 거의 대부분 미국의 영향권 아래 놓여 있었다.

또한 미국이 대소 봉쇄정책을 결정할 당시에 소련은 정치·경제·군사 등 모든 면에서 미국에 비해 열세를 면치 못하였고, 거의 무방비상태였다. 제2차 세계대전 이후 미국의 국민총생산(GNP)은 전 세계 총생산의 52%를 차지하고 있었고, 소련은 미국 GNP의 1/3에도 미치지 못했다. 그뿐만 아니라 미국은 '마샬 플랜'을 통해 서유럽 여러 국가에 많은 경제원조 및 군사원조를 제공하고 있었으며, 또한 미국은 100여 개의 원자탄을 보유하고 있는 등 군사력에서 월등히 우세하였다.35)

따라서 전후 약 2년에 걸쳐서 전개되었던 미국의 대외정책은 막강한 국력을 바탕으로 하여 전 세계의 비공산권 국가들을 지역적으로 한데 묶어 세계의 패권을 장악하려는 데 있었다는 견해도 어느 정도 타당성이 있다. 사실상 소련은 1947년까지 미국에 대한 군사적 도전이나 위협의 가능성이 없었으며, 실제로 그러한 시도도 하지 않았다. 또한 소련은 국제평화에 도전하는 팽창주의정책을 추진하지도 않았을 뿐만 아니라 그러한 여력도 갖지 못했다. 제2차 세계대전이 종식될 때까지 소련은 동유럽 국가들과 정식 외교관계를 갖지 않았고, 이 국가들을 자국의 위성국으로 만들려는 어떤 조짐도 보이지 않았다.

그러나 미국의 정책에 대한 소련의 반응도 역시 힘의 대결양식으로 나타나게 되었다. 소련은 미국에 대한 대응책으로 동유럽 국가들을 위성국가로 만드는 작업에

---

35) Z. Brzezinski, *op. cit.*, p. 182.

착수하였다. 1947년 9월 폴란드에서 소련은 세계공산당 특별회의를 개최하여 코민 포름(Communist Information Bureau; Cominform)을 결성하였다. 또한 소련은 1948년 2월 체코슬로바키아를 공산화하여 위성국가로 만들었고, 동년 6월에는 독일 내 소련 점령지역에 110마일에 걸쳐 베를린 서쪽을 봉쇄하였다.[36] 이처럼 소련은 1947년부터 시작된 국제적 긴장의 반작용으로 스탈린의 극단주의가 표출되어 동유럽에 공산주의가 이식됨으로써 공산주의 블록을 형성하게 되었다.

(2) 양극체제의 특징

제2차 세계대전 이전 서유럽을 중심으로 전개되었던 다극적 국제사회는 미국과 소련이 중심이 된 양극체제로 대치되었다. 양극체제는 자본주의와 공산주의 생활양식 가운데 어느 한 가지를 선택해야 하는 결단을 촉구함으로써 흑백논리에 의한 진영 내부의 단결과 결속을 견지하였다. 전후 국제사회의 힘의 구조는 미·소 양국에 의해 양분되었고, 양국의 투쟁은 직접대결이 아닌 간접대결의 형태로 나타나게 되었다.

미국과 소련 주도에 의한 세계평화(Pax Russo-Americana)가 구조적으로 틀지어진 체제적 특징은 무엇인가 하는 것이 국제질서의 한 패턴으로서의 양극체제를 이해하는 데 도움이 될 것이다. 양극체제가 지닌 특징은 여러 시각에서 다양하게 지적할 수 있지만, 여기에서는 다음 몇 가지로 정리해 볼 수 있다.

첫째, 정치적 측면에서 양극체제는 민주주의국가와 공산주의국가 간의 대립과 투쟁을 주요 특징으로 한다. 정치적 이념과 체제를 근본적으로 달리하는 국가들 간의 적대관계로 인해 과거 19세기 세력균형체제에서 볼 수 있었던 협력관계는 조성될 수 없었다. 이와는 달리 한 진영 내에서의 상호 협력과 의존관계는 그 어느 체제에

---

36) Zbigniew Brzezinski, *The Soviet Bloc: Unity and Conflict*(Cambridge: Harvard University Press, 1967), pp. 10ff.

비해서도 급속하게 강화되었다. 왜냐하면 '공동의 적(common enemy)'에 대항하기 위해서는 공동보조의 일치가 요청되었기 때문이다. 따라서 미국을 중심으로 하는 민주주의진영과 소련을 중심으로 하는 공산주의진영이 세계 대부분의 국가를 양분하였다. 또한 양극체제에서는 미국의 이득은 소련의 손실이고, 소련의 이득은 미국의 손실이라는 소위 '제로·섬 게임(zero-sum game)' 원칙에 따라 양국은 극한적으로 대립하였다. 따라서 국제사회에서 발생되는 모든 사건은 미국과 소련의 관심 밖의 것이 될 수 없었고, 양국의 관할권 밖에 있는 사건도 없었다. 한 국가가 한쪽 진영을 택하면, 그 영토에 외국 군대가 주둔하고 군사기지의 설치가 허용되었으며, 이들 국가의 모든 대내외 문제, 특히 대외행위는 미·소 양국 가운데 어느 한 국가에 의해 결정되었다. 이처럼 세계는 정치적으로 양분되어 쉽게 붕괴되지 않는 철벽이 형성되었으며, 미국과 소련은 한쪽의 보호자 역할을 담당하였다.

  둘째, 경제적 특징으로 양극체제 하에서는 동·서 양 진영이 제각기 별개의 시장을 형성하였다. 제2차 세계대전 이전의 강대국들은 전쟁으로 인한 피해로 국력이 쇠퇴하였으나, 미국과 소련은 전쟁의 상처에도 불구하고 강대국으로 부상하여 각 진영의 경제를 좌우하였다. 즉, 미국이 주도하는 만주주의진영은 자본주의체제를 근간으로 하는 하나의 시장을 형성하였고, 소련이 주도하는 공산주의진영은 사회주의체제를 근간으로 하는 또 다른 시장을 형성하였다. 이처럼 세계의 경제시장은 양분되었고, 진영 상호 간의 교역과 교류는 엄격하게 통제되었다. 예를 들어, 미국은 북대서양조약기구의 회원국들과 공산주의국가들 간의 경제교류를 철저히 제한하였고, 이를 위해 1949년에 '대공산권 수출통제위원회(COCOM)'를 창설하였다. 소련도 동유럽 위성국가들로 하여금 미국이 주도하는 유럽부흥계획인 '마샬 플랜'에 참여하지 못하도록 하기 위해 '동구경제 상호원조위원회(COMECON)'를 형성하였다. 그리하여 민주주의진영과 공산주의진영 간의 경제관계는 지극히 배타적이고 비타협적인 모습을 보이게 되었다.[37]

---

37) Cecil V. Crabb, Jr., *Nations in a Multipolar World*(New York: Harper & Row,

셋째, 군사적인 특징으로 동·서 양 진영에 속해 있는 국가들은 자국의 안보를 위해 자의든 타의든 진영 내 지도국가의 안보공약이나 군사력에 의존하지 않을 수 없었다. 미국은 소련의 팽창주의적 대외정책에 대응할 목적으로 군사력에 바탕을 둔 전 세계적 규모의 대소 봉쇄정책을 전개하였다. 이에 따라 미국은 북대서양조약기구(NATO)를 비롯하여 동남아조약기구(SEATO), 중동조약기구(CENTO), 앤저스(ANZUS)뿐만 아니라 한국, 일본 등 여러 국가들과 쌍무적인 군사동맹조약을 체결하였다. 또한 소련도 자본주의진영의 포위망 구축정책에 대항하기 위하여 바르샤바조약기구(WTO)를 포함하여 여러 공산주의국가들과 다양한 군사동맹조약을 맺음으로써, 세계는 군사적인 봉쇄와 포위로부터의 탈출이라는 혼란스러운 군사적 대립양상을 노정시키게 되었다. 이처럼 미·소 양국은 세력권 확대에 필요한 모든 수단과 방법을 동원하여 직접적인 무력 대결은 피하면서 자국의 군사력을 끝없이 강화시키고자 하였다.

넷째, 이념적인 특징으로서 서방의 자유민주주의와 소련권의 공산주의는 정치적 이데올로기로서의 논리적 명분뿐만 아니라 체제 유지의 정통성도 제공하였다. 미국과 소련은 자신들이 추구하는 이데올로기야말로 진영에 속해 있는 국가들의 이익과 안전, 평화를 보장해 줄 수 있는 것으로 확신하여 철저히 배타적인 세력권을 구축하고자 하였다. 미국과 자본주의진영은 국제질서의 원리를 민주주의와 자본주의로 표방하였고, 소련과 공산주의진영은 공산주의와 사회주의를 국제주의의 불변적 원리로 선전함으로써 이념적인 주도권 쟁탈전을 벌였다.

다섯째, 양극체제에서는 '균형세력(balancer)'이라 일컬어지는 제3의 세력이 존재하지 않았다. 초강대국 미국과 소련이 중심이 되어 형성한 냉전구조는 이들 세력권의 이해관계를 중간에서 조정할 수 있는 제3세력의 존재가 허용되지 않았다. 이에 따라 양대 진영은 적나라한 권력행사에 아무런 장애가 없었다. 제3세력이 출현할 수 없었던 상황에서 국제사회의 가치와 부 그리고 평화는 오직 양 진영을 대표하

Publishers, 1968), pp. 632ff.

는 미국과 소련에 의해 독점되고 말았다.

여섯째, 식민지 지배체제가 급속히 붕괴되었다. 과거 영국, 독일, 프랑스 등에 의해 지배되었던 세계 각 지역의 민족들이 독립을 획득할 수 있었고, 민족해방운동이 활발히 전개됨에 따라 제국주의적 식민지체제는 와해되고 말았다. 물론 이러한 사태 진전의 중요한 동기 중의 하나는 아시아, 아프리카, 중동지역에 있는 여러 민족의 자각이었다. 다른 하나는 미국과 소련 간에 이데올로기적인 대립과 경쟁이 지속되었다는 점이다. 즉, 미국과 소련은 제각기 다른 의도에서 식민지 지배에 반대하였고, 제3세계의 반식민지운동과 반제국주의운동은 그들 나름의 이념적 기반을 쌓는 데 기여하게 되었다. 이른바 비동맹운동의 발달은 식민지 지배체제가 붕괴되는 것과 궤를 같이하여 성장해 왔으며, 동·서 양 진영 어디에도 소속되거나 구애됨이 없이 상당 기간에 걸쳐 착실히 성장해 왔다.

이상에서 살펴본 것이 양극체제의 구조적인 특징이라고 할 수 있다. 요약해서 말하자면, 미국과 소련 상호간의 불신과 증오감이 커지면 커질수록 진영 간의 대결의식이 첨예화되었으며, 나아가서 그에 비례하여 각기 진영 내부의 결속이 강화되었다. 또한 과학기술의 발달은 핵무기의 대량 축적을 가능케 하였고, 비록 국제사회가 양분되기는 했지만 급속한 조직화를 보임에 따라 양극체제는 서서히 변화의 과정을 겪게 되었다.

3. 다극체제의 형성과 전개과정

(1) 다극체제의 형성배경

제2차 세계대전 이후 미국 트루먼 행정부의 반공정책과 대소 봉쇄정책의 결과로 형성된 국제정치체제의 '양극화(bipolarization)' 현상은 1960년대 말에 이르러 점차 사라지기 시작하여 1969년 닉슨 행정부가 출범할 당시에는 '다극화(multipolarization)' 현상이 두드러졌다. 물론 이러한 현상이 나타나게 된 것은 미국과 소련이라는 두 강대국들의 대외정책 변화에도 그 원인이 있지만, 이에 못지않게 전후에 발생한 여러 국제환경의 변화에 의해서도 커다란 영향을 받았다. 이처럼 양극체제가 다극체제로 변화하게 된 배경으로는 대체로 다음과 같은 사항들을 지적할 수 있다.[38]

첫 번째 배경은 1970년대에 들어와 미국과 소련 간에 군사력 균형이 이루어지게 되었다는 점이다. 소련은 1960년대 후반에 이르러 원자탄과 수소탄을 보유하게 되었고, 또 핵무기 운반수단인 장거리 미사일을 갖추는 등 첨단무기분야에서 전 세계 인류를 파멸시키기에 충분할 정도의 군사력을 보유하게 되었다.

특히, 전략무기분야에서 미·소는 어느 정도 균형을 이루게 되었다. 전략무기분야에서 중요한 비중을 차지한 대륙간탄도미사일(ICBM)의 경우, 1966년에는 미국이 904기로서 소련의 300기에 비해 약 3배를 더 보유하고 있었다. 그런데 1969년에 이르러서는 미국의 미사일이 1,054기이고 소련이 1,050기로서 양국이 거의 동등한 상태를 이루었다. 그러다가 1970년대에 들어와서는 오히려 소련이 미국보다 더 많은 수의 대륙간탄도미사일을 보유하게 됨으로써 전략무기분야에서 미·소간의 균형은 점차 깨지게 되었다.

그러나 이는 단순히 양적인 비교에 불과한 것으로, 미사일의 사정거리와 파괴력 등 질적인 문제가 전혀 고려되지 않았기 때문에, 소련이 미국보다 군사력에서 절대적인 우위상태에 놓이게 되었다고 말할 수는 없다. 그러나 소련이 이처럼 군사력을 대폭적으로 증강함에 따라 미국의 힘과 영향력은 상대적으로 감소되었다. 이에 따라 미·소 양국은 그 어느 때보다도 핵전쟁의 위험을 공감하게 되었고, 핵전쟁의 위기에서 벗어나기 위해 노력하게 되었다. 그리하여 미국과 소련은 1963년 '부분핵실험금지조약(Nuclear Non-Proliferation Treaty)'을 체결하여 핵전쟁을 회피하려고 노력하였으며, 워싱턴과 모스크바에 직통전화(hot line)를 개설하였다. 또한 1970년

---

38) *Ibid.*, pp. 639ff.

에는 '핵확산금지조약(NPT)'을 체결하였고, 1972년에는 '전략무기제한협정(SALT I)'을 체결하였다. 그 결과 양국은 이념적 대립과 군사적 대결양상에서 벗어나 상호 긴장완화를 모색하게 되었다. 따라서 '철의 장막'을 넘어 동·서 양 진영 간에 문화적·과학적 교류뿐만 아니라 경제교류도 확대되기 시작하였다.

두 번째 배경은 일본과 서유럽 국가들이 급속한 경제성장을 바탕으로 독자적인 외교정책노선을 추구하게 되었다는 점이다. 제2차 세계대전의 패전국인 일본은 전후 복구를 마치고 나서 국가 재건을 위한 경제발전에 주력한 결과 미국과 소련에 이어 세계 제3위의 경제대국으로 급성장하였다. 또한 영국, 프랑스 등 전시 연합국들은 물론, 패전국이었던 독일도 급속한 경제발전을 이룩함으로써 국제사회에서 그들의 정치적 영향력을 점차 확대시켜 나가게 되었다. 예를 들어, 1972년 유럽공동체(EC)의 국민총생산(GNP)은 7천억 달러, 외환보유고는 6백억 달러 그리고 조세수입은 2천 5백억 달러에 달함으로써 오히려 미국 경제를 능가하게 되었다.

이와 같이 일본과 서유럽 국가들이 눈부신 경제성장을 이루게 된 것은 다분히 미국의 경제적 원조와 기술 제공 그리고 군사적인 보호가 있었기 때문이다. 따라서 막강한 경제력을 보유하게 된 이 국가들은 이를 바탕으로 점차 정치적인 영향력을 확대시켜 나갔으며, 외교적으로도 미국의 제약으로부터 벗어나게 되었다. 예를 들면, 프랑스는 1964년에 중국을 승인한 데 이어, 동년 10월에는 서방국가로서는 최초로 소련에 3억 5천만 달러의 차관을 제공하였다. 또한 1966년 3월에 NATO의 군사조직으로부터 자국의 군대를 철수시키는 한편, 동년 10월에는 드골(Charles de Gaulle) 대통령이 소련을 방문하여 양국 간의 관계개선을 모색하였다.

서독도 국력신장을 바탕으로 1960년대 초부터 중국과 교역을 시작하였고, 1960년대 말부터는 1951년 이래 대외정책의 준칙으로 삼아 왔던 '할슈타인 원칙(Hallstein Doctrine)'을 포기하였다. 그리하여 서독은 소련과 동독 및 동유럽 공산주의국가들과의 정치·외교적 관계개선과 경제협력을 모색하는 '동방정책(Ostpolitik)'을 적극적으로 추진하는 등 양극체제 하에서 미국에 의해 금기시되어 온 공산주의국가들과의 접촉과 교류를 활발히 전개하였다. 그러한 구체적인 예로서, 서독은 1970년에 소련과 상호 무력포기협정에 서명했으며, 1972년과 1973년에는 동독과 상호 무력행사포기 조약과 기본조약을 각각 체결하였다.

그 밖에 1970년과 1971년에 걸쳐서 이탈리아, 오스트리아, 벨기에 등 유럽 국가들도 각각 중국과 국교를 정상화하였다. 한편 일본은 1970년대에 들어와 중국과의 관계개선에 주력하여 1972년 9월에 양국이 국교를 정상화하였다. 이처럼 일본과 서유럽 국가들은 그들의 경제력 향상을 토대로 정치·외교적으로 독자성을 확보해 나갔다. 그런데 이러한 일본과 서유럽 국가들의 공산주의국가들에 대한 접근은 분명 양극체제 하에서 미국의 대외정책 기조가 되었던 봉쇄정책과는 극단적으로 상반되는 정책이었다.

세 번째 배경으로는 중국과 소련 간의 분쟁이 격화되었다는 점을 들 수 있다. 1956년 2월에 개최된 제20차 소련공산당대회를 통해 흐루시초프(Nikita Khrushchev)는 전임 통치자인 스탈린(Joseph Stalin)의 정책과 개인우상화를 비난하는 연설을 하였고, 이에 따라 소련 국내에서 스탈린 격하운동이 전개되었다. 또한 이 대회에서 흐루시초프는 자본주의국가와 공산주의국가 간의 전쟁은 불가피한 것이 아니며, 두 진영 간의 평화공존이 가능하다는 주장을 함으로써 중·소간의 이념논쟁은 한층 격화되기 시작하였다. 소련은 1956년에 코민포름을 해체하였고, 또한 1950년대 말에는 중국에 대한 경제원조 및 군사원조를 중단했으며, 1960년에 중·소 양국은 급기야 단교상태에 돌입하였다.

더욱이 중국과 소련은 1969년 3월 국경선의 일부인 우수리강 가운데에 있는 진보도(珍寶島) ― 소련명 다만스키(Damansky) 섬 ― 에서 국경수비대 간에 무력충돌이 발생하는 등 수차례에 걸쳐서 국경분쟁이 발생함으로써 양국관계는 극도로 악화되었다.

중국은 아시아의 강대국으로 점차 부상하였고, 소련에 복종하지 않아도 될 만큼 그 지위와 영향력이 크게 증대되었다. 중국이 이념적·외교적으로 독립성을 지니게 되면서 소련 중심의 공산주의 블록은 와해되기 시작하였다. 특히, 중국은 1970년대에 들어와 미국 및 일본과 관계개선을 이루게 되었을 뿐만 아니라 대만을 대신하여 전체 중국을 대표하는 유일·합법정부로서 유엔 안보리 상임이사국이 되는 등 국제사회에서 그 지위가 크게 향상되었다.

네 번째 배경으로는 소련 내부의 변화와 동유럽 국가들의 탈소(脫蘇) 경향을 들 수 있다. 1953년 소련은 스탈린의 사망 이후 집단지도체제를 형성하게 되었고, 낙후된 경제를 발전시키기 위해 부분적으로 자본주의 요소를 도입하는 등 자본주의와 사회주의 간의 극한적 대결 필요성을 그다지 느끼지 못하게 되었다.

또한 동유럽과 중유럽의 공산주의국가들도 소련 중심의 획일적인 외교정책노선에서 탈피하게 되었다. 즉, 소련의 강압적인 통치에 대한 반발 움직임으로 1956년 폴란드와 헝가리에서는 탈소 자유화를 부르짖는 대규모의 민주화시위가 발생하였으며, 1968년 체코에서도 '프라하의 봄'이라고 불리는 대규모의 민주화시위가 발생하였다. 그 밖에도 티토(J. B. Tito)가 이끄는 유고슬라비아는 탈소·독자노선을 적극적으로 추구하였고, 알바니아는 노골적인 친중국 경향을 보이게 되었다. 다시 말해서, 폴란드, 헝가리, 루마니아 등 대부분의 동유럽 국가들은 독자적인 정책노선을 추구하면서 국내외 문제에 대해 과거보다 폭넓은 자유를 누리게 되었으며, 또한 서방국가들과의 경제·문화적 교류 증대에 주력하게 되었다. 그 대표적인 예로서, 1970년 루마니아의 통치자 차우세스쿠(N. Ceausescu)는 프랑스와 중국을 방문하였다. 또한 루마니아는 서방 자본주의국가 중심의 세계은행(IBRD) 및 국제통화기금(IMF)에 가입했으며, 1974년에는 미국과 무역협정을 체결하여 공산주의국가로서는 최초로 미국으로부터 최혜국(Most Favored Nation; MFN) 대우를 받았다. 이처럼 동유럽과 중유럽 국가들의 탈소 움직임은 중국과 소련 간의 분쟁과 더불어 공산주의진영의 분열을 가속화시키는 요인으로 작용하였다.

다섯 번째 배경으로는 신생국들의 정치적 독립과 발언권 강화를 들 수 있다. 제2차 세계대전이 종식된 후 아시아, 아프리카, 중동지역의 국가들은 제각기 정치적 독립을 획득하였으며, 독립 이후 그 국가들은 유엔 등 국제무대에 적극적으로 참여하여 자신들의 이익과 주장을 내세우게 되었다. 대부분 경제적 후진국인 신생국들은 비동맹정책(non-alignment policy)을 추구함으로써, 강대국의 동맹체제에 편입되거나 미·소 강대국 중 어느 한 국가의 위성국이 되는 것을 거부하는 등 외교적인 독자성을 추구하게 되었다. 비동맹노선은 인도의 네루(J. Nehru)와 인도네시아의 수카르노(A. Sukarno), 유고슬라비아의 티토 등이 주축이 되어 전개했는데, 이러한 외교정책노선에 동조하는 국가들은 1955년 4월 인도네시아의 반둥에서 아시아·아프리카회의를 개최한 데 이어, 1961년 9월에는 유고슬라비아의 베오그라드에서 아시아, 아프리카, 중남미지역 25개 국가의 원수들이 참가한 가운데 제1차 비동맹정상회의를 개최하였다.

그런데 비동맹노선이 널리 확산될 수 있었던 배경은 대부분의 신생국들이 전후에 민족주의와 반제국주의·반식민주의를 주장하였고, 경제적으로도 낙후되어 있다는 공통점을 지녔기 때문이다. 더욱이 신생국들은 자원민족주의를 슬로건으로 내세워 국제사회에서 그들의 경제적 부의 증대는 물론, 이를 바탕으로 그들의 정치적인 영향력을 점차 증대시켜 나갔다. 이와 같이 신생 독립국가들의 등장은 국제사회에서 행위자의 수를 증가시켰을 뿐만 아니라 냉전체제 하의 첨예한 긴장과 적대감을 완화시키는 결과를 초래하였다.

이에 따라 미국과 소련도 자국의 영향력을 지속적으로 유지·확대하기 위해 신생국들과의 군사동맹관계를 강화하는 대신에, 그 국가들과 무역을 확대하고 경제지원을 하는 등 우호·협력관계의 증진에 치중하게 되었다.

이처럼 1960년대 중반 이후 전반적인 국제환경의 변화는 전후 미·소간의 냉전을 바탕으로 형성된 공고한 양극체제를 완화시켰을 뿐만 아니라 양극체제가 다극체제로 전환되는 계기를 마련하였다.

(2) 다극체제의 전개과정

1960년대 말에 이르러 국제정치체제의 양극화현상이 사라지고, 그 대신에 다극화현상이 나타나게 됨에 따라 국제정치의 논리도 변화되지 않을 수 없었다. 즉, 양극체제 하에서는 미국과 소련 두 강대국이 군사력을 독점하면서 모든 국제분쟁에 적극적으로 관여하여 국제문제들을 해결해 나갔다. 그러나 다극체제 하에서 강대국들은 국제적으로 사소한 문제에 대해서까지 직접적이고도 적극적인 관심을 갖지 않게 됨으로써 약소국들 간의 군사적 충돌의 위험성은 더욱 고조될 가능성이 높아지게 되었다. 왜냐하면 미국과 소련은 극단적인 대립과 대결을 지양하게 되었기 때문에 자국의 중대한 이익과 직접적인 관계가 없는 문제에 대해서는 깊이 관여하지 않게 되었다.

새롭게 형성된 다극체제 하에서는 과거 양극체제 하에서처럼 국가들 간의 이념적·군사적·정치적인 대립과 대결이 아니라, 적대적인 관계의 완화로 인해 상호 공존과 의존의 관계가 새로운 국제현상으로 나타나게 되었다. 국제사회의 분위기는 대부분의 국가들이 미국이나 소련 가운데 어느 한 국가로부터 안전을 보호받기 위해 이 두 강대국과 군사동맹관계를 강화하여 이들의 위성국가화하는 양극화현상은 거의 자취를 감추게 되었다. 또한 많은 국가들은 정치적·외교적으로 두 강대국의 정책노선을 무조건 추종하지 않았고, 이들 강대국으로부터 어떤 통제도 받지 않은 채 상당히 자유로운 대외행위와 대외관계를 가질 수 있게 되었다.[39]

특히, 1970년대 초반을 기점으로 하여 미국과 소련 간의 적대적인 관계가 해소됨에 따라 이데올로기에 토대를 둔 동·서 진영 간의 긴장과 대립도 거의 사라지게 되었다. 그리하여 다른 주요 강대국들 간의 관계도 이데올로기와 군사적 대결에서 벗어나 상호공존의 바탕 위에서 전개되었다. 다시 말해서, 미·소 데탕트와 미·중 관계개선으로 특징지어지는 동·서 진영 간의 긴장완화로 인해 양극체제가

---

39) 송영우, 앞의 책, p. 97.

와해되고 다극체제가 형성됨에 따라 양극체제 하에서 안전보장을 위주로 군사력에 의해 전개되었던 국제사회의 분위기도 변모하였다. 이에 따라 국가들 간의 관계도 불평등한 주종관계에서 대등한 상호의존관계로 변하게 되었으며, 이에 이용되는 수단도 군사력으로부터 경제력으로 점차 변화하였다.

이처럼 1970년대에 들어오면서부터는 국제정치에서 주요 행위자의 수가 증가됨으로써 다극체제가 형성되었다. 그런데 초기의 다극체제는 군사적 양극체제와 정치적·경제적 다극체제가 공존하는 이중적인 구조를 지니고 있었다. 다시 말해서, 군사적으로는 여전히 미국과 소련을 중심으로 한 양극체제의 양상을 띠었지만, 정치적·경제적으로는 미국과 소련, 서유럽 국가들, 일본, 중국이 중심이 되는 다극체제의 양상을 보였다. 다극체제는 처음에는 정치 및 경제 두 개의 강대국군으로 시작되었으나, 국제정치체제는 국제경제체제에 비해 상대적으로 영향력이 약화되면서 다극체제는 점진적으로 경제체제 중심으로 운영되었다.

그렇다고 해서 1970년대에 들어와 미국과 소련이 군사적인 측면에서 일체의 대결양상을 보이지 않았던 것은 아니다. 소련은 1979년 12월 아프가니스탄에 공산주의정권을 수립하기 위해 수많은 군대를 진주시키며 공식적으로 개입하였다. 또한 소련의 적극적인 개입으로 1970년대 후반 캄보디아와 라오스가 공산화되었고, 전통적으로 친서방 국가였던 앙골라, 모잠비크, 에티오피아, 니카라과 등이 소련의 지원에 의해 공산주의국가가 되었다.

특히, 미국은 소련의 아프가니스탄 침공에 대해 양국 간에 설치된 직통전화를 통해 소련에 강력한 항의의사를 표시했고, 1980년 1월 카터(Jimmy Carter) 대통령은 미국의 모스크바올림픽 불참을 선언하였다. 이어서 미국과 소련은 모든 문화·경제교류를 중단했으며, 또한 카터 행정부는 미국 해역에서 소련 어선의 어로행위를 금지하는 한편, 소련에 곡물수출과 기술이전을 중지하기로 결정하였다.

이 밖에도 카터 행정부는 소련의 페르시아만에 대한 접근을 사전에 저지하기 위해 1980년 1월 "페르시아만을 지배하려는 모든 기도는 미국의 중대한 이익의 침해로 간주될 것이며, 미국은 이 지역에서 미국의 이익을 보호하기 위해 군사력을 포함한 모든 필요한 수단을 강구하여 대응조치를 취할 것이다”40)라는 소위 ‘카터 독트린(Carter Doctrine)’을 선언하였다. 그러나 소련의 침략적인 행위에도 불구하고 미·소관계가 크게 악화되지는 않았다. 미국은 소련과의 정상적인 관계유지를 강조함으로써 소련의 제3세계 진출이 미국의 중대한 이익을 침해하지 않는 것으로 간주하였다.

한편 1980년대 초 레이건(Ronald Reagan)이 대통령으로 취임하면서 그는 소련을 ‘악의 제국(evil empire)’으로 또 소련의 지도자들을 현대세계에 있어서 ‘모든 악의 근원’이라고 비난하면서 소련에 대해 적대적인 태도를 취하였다.41) 또한 레이건 대통령은 1983년 3월 국방예산에 관한 연설을 통해 “소련의 핵무기에 의한 위협을 제거하기 위해 또 미국의 궁극적인 목적을 달성하기 위해 전략무기의 장기적인 연구 및 발전계획을 준비해야 한다”42)고 말하면서 일명 ‘별들의 전쟁(star wars)’이라고 불리는 ‘전략방위계획(Strategic Defense Initiative; SDI)’을 발표하였다. 또한 미국은 동년 10월 그레나다에 대해서도 군사행동을 감행했는데, 이는 베트남전쟁 종식 이후 미국이 처음으로 취한 군사행동이었다.

비록 레이건 행정부는 표면적으로 대소 강경입장을 표명하였지만, 미국은 실제로 소련에 직접적으로 위협이 되거나 손해를 끼치는 행위를 하지는 않았다. 그렇기 때문에 미·소간에는 직접적인 무력충돌도 없었다. 레이건 행정부의 대소 강경노선이 미·소간에 ‘신냉전(New Cold War)’을 가져오는 것이 아닌가 염려하는 사람들도 있었으나 이는 기우에 그쳤으며, 국제정치나 다른 국가의 대외정책에도 별다른 영향을 미치지 못했다. 또한 소련도 미국의 이러한 입장에 거의 반응하지 않았다.

이와 같이 1970년대 말 이후 미국과 소련 사이에 부분적으로 군사적 대결양상이

---

40) *Weekly Compilation of Presidential Documents*, Vol. 16(January 28, 1980), p. 197.

41) *Weekly Compilation of Presidential Documents*, Vol. 19(March 14, 1983), p. 369.

42) “Transcript of President Ronald Reagan’s March 23 Speech on Military Spending,” *New York Times*(March 24, 1983), p. 20.

나타나기는 했지만, 그것이 양국 간의 직접적인 무력충돌로 발전하지도 않았고 국제사회의 긴장을 고조시키지도 않았다. 오히려 공산주의국가인 소련과 중국은 자국의 낙후된 경제를 발전시키기 위해 적극적으로 개혁·개방정책을 추진하게 됨으로써 군사력 중심의 양극체제는 와해되고, 그 대신 강대국 중심의 정치적·경제적인 다극체제가 존재하게 되었다.

이러한 정치적·경제적 다극체제는 상호공존을 전제로 하여, 과거 냉전시대 초기의 제로·섬 게임 형태의 소극적인 정치가 아니라 자국의 국가이익을 극대화하려는 적극적인 정치가 국제정치의 주류를 형성하게 되었다. 이러한 새로운 국제정치 환경은 미국이 서방 자본주의국가들 위에 군림해서 이 국가들의 안전보장, 경제 등을 책임지는 역할을 할 수 없게 만들었고, 소련도 미국에 대한 극단적인 적대의식과 적대감정을 버리고 미국을 포함한 자본주의국가들과의 공존 및 협조의 필요성을 느끼며 이러한 국가들과 적극적인 대외관계를 유지하려 하였다. 동시에 미국과 소련 간의 정치적 게임도 미국의 이익이 반드시 소련의 손실이 아니며, 미국과 소련이 함께 이익을 얻을 수 있는 상황(non-zero-sum game)으로 국제사회의 환경이 바뀌었다.

4. 냉전 종식과 신국제질서의 형성

(1) 탈냉전체제의 형성과정과 특징

1989년 미국의 부시(George H. W. Bush) 대통령과 소련의 고르바초프(Mikhail Gorbachev) 대통령은 몰타에서 미·소 정상회담을 갖고 냉전 종식을 공식적으로 선언하였다. 다시 말해서, 탈냉전(post Cold War)체제는 1980년대 후반 들어 동유럽 공산주의국가들에서 탈공산화 및 민주화를 추구하는 정치적 대변혁이 발생하고,

1991년 12월 공산주의 종주국인 소련이 붕괴됨에 따라 형성되었다.

동·서 간의 냉전은 시기적으로는 1980년대 중반부터 그 붕괴조짐이 나타나기 시작했다. 특히, 공산주의체제의 변화와 붕괴는 1985년 3월 고르바초프가 새로운 소련공산당 서기장으로 취임하면서 본격적으로 시작되었다. 고르바초프는 집권과 함께 '인간의 얼굴을 가진 사회주의'를 지향하며 페레스트로이카(Perestroika)와 글라스노스트(Glasnost)로 지칭되는 개혁·개방정책을 적극적으로 추진하였다. 특히, 외교적인 측면에서 고르바초프는 1986년 7월 '블라디보스토크 연설'을 통해 중국 및 아시아·태평양국가들과의 관계개선에 중점을 둘 것임을 밝혔다. 또한 1987년 12월에는 미국과 중거리핵전력(INF) 폐기협정을 체결하였고, 1988년 3월에는 '신베오그라드 선언'을 통해 동유럽 공산주의국가들에 대한 불간섭정책을 밝혔다. 그런데 '신베오그라드 선언'은 새로운 국제정치질서의 재편성과정에서 나타난 필연적 산물이라고 할 수 있다. 즉, 서방 민주주의진영에서 점차 정치적 영향력이 퇴조해 가는 미국과 마찬가지로, 공산주의진영에서도 소련의 영향력이 점차 감소해 가는 국제정치의 다극화추세를 반영한 것으로 보인다.

이 밖에도 고르바초프는 1988년 12월 유엔 연설을 통해 동유럽에 주둔하고 있는 소련군 50만 명을 감축하겠다고 선언하였으며, 드디어 1989년 12월에는 미·소 정상회담을 통해 냉전 종식을 선언하게 되었다.

그런데 고르바초프의 적극적인 개혁·개방정책은 연방공화국들의 분리·독립 움직임으로 이어지게 되었다. 그러한 예로, 1989년 10월 아제르바이잔과 키르기스 공화국이 주권선언을 하였고, 1990년에는 발트연안 3개 공화국인 에스토니아, 리투아니아, 라트비아가 소련으로부터 분리·독립을 선언함으로써 소련의 해체가 본격화되기 시작하였다. 특히, 1991년 8월에 강경 보수세력에 의한 쿠데타가 실패로 돌아간 뒤 소련의 해체는 한층 가속화되었다.

이상에서 살펴본 바와 같이, '신사고'에 입각한 고르바초프의 개혁·개방정책은 동유럽 공산권의 정치적 대변혁과 급기야는 소련의 붕괴를 가져옴으로써 냉전 종식에 결정적인 영향을 미쳤다고 하겠다. 또한 1990년 10월에는 냉전의 상징이 되어 온 동·서독이 역사적인 통일을 달성함으로써 1950년대 이래 지속되어 온 동·서 양 진영 간의 첨예한 이념적 대립과 군사적 대결양상은 대부분 소멸되었다. 따라서 1990년대에 들어와서는 과거 냉전시대와 같은 차원의 자본주의와 공산주의 간의 갈등과 대립은 더 이상 국제정치의 주된 특징이 되지 않았다.

탈냉전체제라고 일컬어지는 새로운 국제정치체제는 1990년대에 들어와 구조적인 면에서 냉전시대 미국과 소련 중심의 양극체제가 아닌 '단극체제 하의 다극체제 (uni-multipolar system)'로 변화하였다. 다시 말해서, 냉전시대의 미·소 양극체제는 미국이라는 초강대국과 유럽연합(EU), 중국, 일본, 러시아가 병존하는 다극체제로 변화된 것이다. 냉전이 종식된 후 미국은 정치·경제·군사 등 모든 방면에 걸쳐서 세계적 초강대국의 지위를 차지하게 되었고, 소련을 승계한 러시아는 정치·경제적으로는 불안정하지만 여전히 군사 강대국으로 남아 있으며, 중국과 일본은 아시아에서 정치·경제·군사적 강대국으로서의 지위 확보를 위해 노력하고 있다. 또한 유럽지역에는 유럽연합이라는 거대한 경제공동체가 형성되어 세계무대에서 정치·경제적 역할 증대를 적극 모색하고 있다.

일부의 국제정치학자들은 양극체제나 단극체제가 다극체제보다 국제사회의 안정에 기여한다는 주장을 하기도 했으나, 다극체제 하의 동북아시아에서 강대국 간의 대규모 분쟁이 발생할 가능성은 크게 감소하였다. 미·일·중·러 등 동북아 4강대국은 역내에서 자국의 영향력을 확대하기 위해 경쟁을 벌이면서도 상호간 경제 의존도 증대와 안보대화를 통해 협력을 모색하고 있다. 4강대국은 양자 간 대화와 아시아·태평양경제협력체(APEC) 정상회의 및 아세안지역포럼 등 다자 안보대화를 통해 분쟁의 소지를 줄여나가고 있다.

탈냉전체제 하에서는 국가 간의 '우적(友敵)' 개념이 불분명하며, 역내 국가들 간에 이념적 대립이 크게 완화되고 있다. 냉전시대에는 한국·미국·일본 대 북한·중국·소련 간의 대립구도가 명확했기 때문에 양 진영 간의 안보대화가 거의

이루어지지 못했으나, 탈냉전시대에는 이념적으로 상이한 역내 국가 간의 안보대화
와 협력이 확대되는 추세를 보이고 있다. 한국은 중국, 러시아와 군사관계를 확대
하고 있고, 북한도 미국, 일본과의 고위급대화를 통해 관계개선을 모색하고 있다.
이처럼 국가 간의 우적개념이 불명확해짐에 따라 그 동안 미국과 소련의 안보우산
하에 놓여 있던 국가들은 안보문제를 스스로 해결해야 하는 부담을 갖게 되기도
했지만, 국가 간의 관계에 있어서 이념적 요인이 미치는 영향이 크게 감소한 반면,
오히려 경제적 실리 추구를 위한 협력분위기가 확산되고 있다.

소련 붕괴 이후 세계 유일의 초강대국이 된 미국은 인권과 무역문제를 상호 연
계시키면서 전 세계적으로 자국의 영향력을 확대해 나가고 있다. 1993년에 출범한
클린턴(Bill Clinton) 행정부는 ① 경제안보를 미국 대외정책의 근간으로 삼고, ②
새로운 안보위협에 대처하기 위해 막강한 군사력을 유지하며, ③ 미국이 전통적으
로 지지해 온 주요 가치인 자유민주주의와 시장경제체제를 확산시키는 데 주력하
였다. 이러한 점은 클린턴 행정부 이후에 출범한 공화당의 부시(George W. Bush)
행정부도 마찬가지이다.

중국은 1978년 덩샤오핑(鄧小平)이 중국공산당의 실권을 장악한 이래 '4개 현대
화계획'을 달성하기 위해 적극적으로 개혁·개방정책을 추진하기 시작했으며, 이러
한 정책이 괄목할 만한 성과를 거두게 됨에 따라 이를 바탕으로 아시아지역에서의
패권 확보를 위해 군사력을 강화시켜 나가고 있다.

한편 일본도 막강한 경제력을 바탕으로 점차 국제사회에서 자국의 정치적 영향
력과 군사력을 강화하려는 움직임을 보이고 있다. 즉, 1990년대 이후 일본은 유엔
평화유지활동(PKO)에 적극적으로 참여해 왔을 뿐만 아니라 유엔 안보리 상임이사
국으로의 진출을 적극 모색하고 있다. 또한 1996년 4월에 열린 미·일 정상회담을
통해 '신안보공동선언'이 발표되었는데, 이러한 선언을 계기로 미·일간의 안보관
계는 과거 일본이 미국의 군사력에 일방적으로 의존하던 종속적 관계에서 양국이
실질적으로 안보책임을 분담하는 동맹관계로 전환되었다. 이러한 미·일 신안보체

제의 형성으로 말미암아 앞으로 아시아·태평양지역에서 일본의 군사적 역할이 확대될 것으로 예상된다.

과거 냉전체제의 구조적 특징은 미국과 소련이라는 두 초강대국의 존재, 양극화 현상 그리고 핵무기의 존재와 핵무기에 의한 안보체제로 대별할 수 있다. 다시 말해서, 냉전체제의 특징은 무엇보다도 미·소 두 강대국에 의해 주도되는 동·서 양 진영이 정치, 경제, 군사 및 이데올로기의 측면에서 철저히 대립·대결하는 양상을 보여 왔다는 점이다.

이에 반해서 탈냉전체제는 냉전체제와는 다분히 대조적인 특징을 보이는데, 이를 구체적으로 살펴보면 다음과 같다.[43]

첫째, 냉전기간 동안 미국의 적대국으로서 공산주의진영을 주도해 온 소련이 붕괴함으로써 국제사회에서 초강대국으로서의 지위를 상실했을 뿐만 아니라 더 이상 팽창주의정책을 추진할 수도 없게 되었다. 사실상 소련의 붕괴 이후 그 뒤를 승계한 러시아는 민주주의와 시장경제체제를 지향하기 때문에 더 이상 미국의 적대국이 아니며, 이에 따라 냉전 하의 안보체제의 성격도 바뀌어 가고 있다. 이러한 점은 이미 미국의 전술핵 철수선언과 구소련의 일방적인 핵무기 및 재래식 무기의 감축 등으로 현실화되었다. 특히, 탈냉전체제 하에서는 과거 냉전시대의 미국과 소련에 의한 안보체제가 유럽, 중국 등을 포함하는 다자간 안보체제로 변화될 것으로 보인다.

둘째, 냉전의 종식으로 인해 국제관계에서 군사·안보문제가 분리되었으며, 군사동맹의 존재와는 별도로 경제적 이익을 둘러싼 갈등이 국제사회의 주요 이슈로 제기되고 있다. 즉, 탈냉전체제의 형성 이후 세계 각국의 대외정책은 냉전시대처럼 이데올로기나 동맹관계에 의해 구속되거나 제한받지 않고, 오히려 자국의 국가이익, 특히 경제적 이익을 극대화하려는 방향으로 전개되고 있다. 보다 구체적으로 말해서, 냉전시대에는 동·서 양 진영 간의 정치적·군사적·이념적 대립과 대결로

---

43) 소치형·박치정·강석찬(공저), 앞의 책, pp. 67-69.

인하여 우호국과 적대국의 구분이 명백했으나, 냉전이 종식된 후 우호국과 적대국의 구분이 불분명해지게 되었다. 즉, 과거의 적대국이 새로운 정치·군사적 협력 파트너이자 경제적 지원의 주요 대상이 되고 있는 반면에, 과거의 군사적 동맹국이 정치적 갈등과 무역분쟁의 상대국으로 변모한 것이 탈냉전체제의 두드러진 특징이라고 하겠다.

셋째, 탈냉전체제의 형성 이후 선진 자본주의국가들과 개발도상국들 간의 문제도 '신국제정치경제질서'의 수립이라든가 외채 등과 같은 경제문제에 집중되고 있다. 예를 들어, 중국이 탈냉전시대에 추구하는 외교정책 목표 중의 하나가 바로 '신국제정치경제질서'의 확립인데, 이러한 정책목표는 냉전 종식 이후 미국의 부시 대통령이 추구한 '신세계질서(New World Order)'에 대한 대응으로 나타나게 되었다.

이상에서 살펴본 탈냉전체제의 특징은 전 세계적인 차원에서 나타나는 현상이기도 하지만, 한반도 주변의 동북아 국제질서에도 커다란 변화가 나타나고 있다. 즉, 냉전시대에는 미국, 일본, 한국으로 이어지는 남방 3각관계와 소련, 중국, 북한으로 이어지는 북방 3각관계가 어느 정도 힘의 균형을 이루었으나, 1990년대에 들어와 북한의 우호동맹국인 소련과 중국이 잇달아 한국과 외교관계를 수립함으로써 이러한 기존의 국가관계에 구조적인 변화가 나타나게 되었다. 또한 북한도 한국의 전통적 우호동맹국인 미국 및 일본과의 관계개선과 수교를 적극적으로 추진하고 있기 때문에 이러한 구조적인 변화는 한층 가속화될 것으로 예상된다. 그러나 탈냉전체제의 형성이 곧 국제적인 평화와 안정을 보장해 주는 것은 아니다. 사실상 탈냉전시대에 들어와서도 여전히 국제적으로는 인종문제나 민족주의와 관련된 분쟁이 끊이지 않고 있다.

특히, 미·중관계는 동북아 국제질서에 가장 큰 영향을 미칠 수 있는 변수이다. 미국과 중국은 대만문제, 인권문제 그리고 미국의 국가미사일방어체제 구축문제 등을 둘러싸고 갈등을 보이고 있다. 중국은 미국이 대만문제에 대해 모호한 태도를 취함으로써 대만의 독립을 부추기고 있다고 보고 있으며, 또한 미국이 중국 내 인권문제를 제기하고 국가미사일방어체제와 전역미사일방어체제 구축을 시도하고 있는 목적이 중국을 견제하려는 데 있다고 보고 있다. 한편 미 국방부를 비롯한 보수 진영은 중국이 군사력을 증강하는 이유가 대만을 침공하고 동아시아에서 패권을 장악하려는 데 있다고 판단하고 있다. 이처럼 동북아시아에서 서로가 주도권을 확보하려 함으로써 미국과 중국 간에는 긴장이 지속되고 있다.

그러나 미국과 중국은 서로 경제교류와 협력을 지속할 필요성을 느끼고 있고, 지역안정을 유지하기 위해서도 서로 협력을 필요로 하기 때문에, 양국 간의 갈등이 노골화되지는 않고 있다. 미·중은 1997년과 1998년 정상회담을 통해 '건설적 전략동반자관계'를 구축하기 위해 노력하기로 하였으며, 중국의 세계무역기구(WTO) 가입을 위한 양자협상을 타결짓는 한편, 1995년 5월 유고주재 중국대사관 오폭사건 이후 중단된 안보대화를 재개함으로써 갈등을 완화시켜 나가고 있다.

동북아지역의 두 강대국인 중·일간의 관계도 갈등과 협력이 교차되는 양상을 보이고 있다. 중국과 일본은 경제발전과 정치적·군사적 강대국을 추구하는 과정에서 상호 협력을 필요로 하기 때문에 지도자 교환방문과 엔차관 제공 등을 통해 관계발전을 모색하고 있다. 그러나 중국과 일본은 21세기 동아시아에서 주도권을 확보하려 하기 때문에 구조적으로 경쟁을 벌일 수밖에 없는 상황이다. 중국은 일본의 유엔 안보리 상임이사국 진출과 평화헌법 개정 논의 및 일본 자위대의 활동범위 확대 움직임 등을 극도로 경계하고 있다. 또한 중국은 일본이 미국과 공동으로 전역미사일방어체제를 구축하려는 의도가 중국을 목표로 하고 있다고 보고, 이에 강력히 반대하고 있다. 이에 반해 일본은 중국이 남중국해와 조어도 인근해역에서 해군함정과 전투기 훈련을 강화하고 있는 것에 대해 크게 우려하고 있다. 또한 일본은 중국이 국력을 더욱 증강하게 되면 동아시아의 불안정이 증대될 것으로 판단하고 있다. 과거사문제도 양국 간의 대립을 심화시키는 요인이 되고 있다.

미국의 국가미사일방어체제 구축과 탄도탄요격미사일금지조약 폐지 움직임으로 비롯된 미국과 러시아 간의 이해대립도 동북아 안정에 부정적으로 작용하고 있다.

러시아는 미국이 국가미사일방어망을 구축하게 되면 미·러간 전략핵무기 균형이 깨짐으로써 동아시아뿐만 아니라 세계 평화와 안정에 심각한 위협이 될 것이라고 주장하고 있다.

한편 탈냉전시대의 평화에 대한 전망과 관련해서는 크게 두 가지 견해가 대립되고 있다. 먼저 낙관론을 살펴보면 다음과 같다.

첫째, 미·소 냉전의 종식은 전쟁발발 가능성을 줄이므로 군축회담의 진척, 협상 기반의 확대 등에 대한 낙관적 기대가 가능하다. 이념적·군사적 대결에 따른 위협요소의 감소현상이 더욱 두드러지게 된다.

둘째, 자유경제질서는 평화분위기를 고양시키게 된다. ① 자유경제질서의 정착으로 인해 보다 풍요로운 국제사회가 건설될 수 있다. ② 상호의존으로 국가들 간의 호전적 행위가 억제된다. ③ 정치적 협력이 강화될수록 '국제 레짐(international regime)'을 통한 국가들 간의 이해 조정이 쉽고, 따라서 갈등 해소에 기여할 수 있다.

셋째, 민주주의의 확산과 관련, 국제사회에서 민주주의를 채택하는 국가가 많아질수록 국제사회의 안정에 기여한다. 이는 민주주의국가가 다른 정치체제 하의 국가보다 전쟁에 대한 개입도가 낮다는 주장에 근거한다.

이에 반해 비관론의 관점에서는 냉전의 종식이 특히 유럽에서 전쟁과 위기의 가능성을 증대시킬 것으로 보고 있다. 과거 냉전체제 하의 평화는 ① 유럽 군사력의 양극화, ② 미·소가 주도하는 동·서 양 진영 간의 군사력 균형, ③ 초강대국인 미·소의 핵무장으로 지켜져 왔기 때문이다.

또한 비관론자들은 탈냉전시대에는 인종이나 민족 간의 분쟁뿐만 아니라 영토를 둘러싼 분쟁이 더욱 많이 발생할 것이고, 분화지향적 추세로 인해 갈등요인이 증가할 것으로 보고 있다. 실제로 중·일간의 조어도(鳥魚島) 영유권문제, 일·러간의 북방 4개 도서 반환문제, 한·일간의 독도문제, 한·중·일간 배타적 경제수역 관할권문제, 중·러 간 국경문제 등은 동북아질서의 안정을 저해할 수 있는 요인이 되고 있다. 이러한 영토문제는 각 국가에서 나타나고 있는 애국주의와 민족주의성향으로 인해 근본적으로 해결될 기미를 보이지 않고 있다.

1978년 덩샤오핑의 방일시 중국은 조어도 영유권 분쟁 해결을 후대에 맡기자고 제의함으로써, 1980년대까지 중·일간에 영유권 분쟁이 표면화되지 않았다. 그러나 동아시아에서 중국과 일본의 영향력이 확대되고 해양주권의 중요성이 증대됨에 따라, 양국은 조어도 영유권문제에 대해 큰 관심을 보이게 되었다. 특히, 일본과 중국에서 민족주의자들과 보수 우익세력의 발언권이 강화됨으로써 양국은 국가주권문제에 대해 타협하기 쉽지 않은 상태이다. 1996년 일본의 우익단체가 조어도에 등대를 설치한 후 중·일간 영유권문제를 둘러싼 갈등이 끊이지 않고 있다. 2000년에도 일본 청년사가 조어도에 신사를 세우고, 또한 일본 외무성 관리가 조어도를 일본 영토라고 발언함으로써 양국 간에 외교적 분쟁이 야기되고 있다.

북방 4개 도서 반환을 둘러싼 일본과 러시아 간의 팽팽한 이견도 좀처럼 해소되지 않고 있다. 일본은 러시아에 대해 경제지원을 강화함으로써 북방 4개 도서 반환문제에 대한 러시아의 입장을 완화하고자 노력해 왔으나, 러시아는 이들 4개 도서가 갖는 전략적 중요성과 이것이 대내외에 미칠 수 있는 부정적인 영향을 우려하여 타협적인 모습을 보이지 않고 있다.

또한 독도 영유권문제가 한·일간의 잠재적 마찰요인으로 존재하고 있고, 200해리 배타적 경제수역시대에 황해와 동중국해 자원개발문제를 둘러싸고 한·중·일 3국간에 이해가 상충되는 부분이 있다.

중국과 러시아는 4천㎞가 넘는 국경을 접하고 있다. 양국은 1999년 제2차 비공식 정상회담을 통해 3개의 국경조약에 서명함으로써 30여 년간에 걸친 중·러간 국경분쟁이 종식되었으나, 상대방에 대한 역사적 불신이 남아 있기 때문에 양국이 국경문제로 다시 갈등을 빚을 가능성을 배제할 수 없다.

한편 경제적인 측면에서도 국가들 간의 갈등과 대립이 증대될 가능성이 있다. 그이유는 탈냉전시대에 들어와 각국이 경제이익 우선 논리에 따라 통상문제에 보다많은 관심을 기울이고 있기 때문이다.

신국제질서의 평화와 안정성문제는 국제정치학자들 사이에 관심의 대상이 되고 있다. 먼저 냉전시대가 보다 평화적이라는 입장을 보면, 냉전기간 동안의 평화는 미·소의 핵 균형에 토대를 두고 있었으나, 향후에는 양극체제의 부재로 인해 힘의 균형이 불안정한 다극적 체제가 예상된다는 입장이다. 또한 향후의 국제질서가 더욱 안정적이 될 것이라는 견해는 냉전의 대결요소가 소멸하여 화해와 협력의 시대로 이행하고 있으며, 미국과 러시아 모두 평화와 안정을 추구하고 있기 때문이라는 것이다. 특히, 자유경제질서의 지향으로 인해 국가들 간의 경제교류가 활성화되어, 지역 간 정치적 협력체제에 대한 관심이 증가하고 있다는 데 강조점을 둔다.

신국제질서에 대한 시각이나 접근방법에 있어서도 이견이 존재한다. 첫째, 자유주의적 시각에서는 향후의 국제질서가 보다 평화적이라고 보고 있다. 그 이유로 국제정치는 국가들뿐만 아니라 국민들 간에 이루어지는 협력관계를 중시하고, 민주주의와 인권 그리고 인간존엄성과 관련된 여러 가치로부터 형성된다는 데 근거를 두고 있다. 개인, 집단, 민족 등도 주요 관심대상으로 인식되기 때문에, 새롭게 전개될 국제질서는 화해·협력·상호의존 등에 바탕할 것이며 안정적일 것이라는 입장을 취한다. 예를 들면, 제1·2차 세계대전 이후 국제연맹과 국제연합의 창설과 유럽통합 움직임 그리고 최근의 국제적 상호의존 증대를 강조한다.

둘째, 현실주의적 시각에서는 냉전체제가 보다 평화적이라는 입장을 보이고 있다. 국제질서는 항상 힘(power)의 균형과 배분에 의존한다는 관점에서 출발하므로, 국제정치현상도 상대방의 힘의 균형에 맞추어가는, 주권국가들 간에 발생하는 힘의 역학관계라는 인식이 바탕에 깔려 있다. 예를 들면, 냉전시대에 있어서 국가들 간의 힘의 균형은 국제적 평화를 보장해 준 주요 원인이었고, 미·소간의 갈등과 대립이 오히려 긍정적 역할을 수행했다고 주장한다. 국가안보의 제1의 원칙과 힘의 근원은 강력한 군사력에 토대를 둔다는 주장이 그 핵심이다.

(2) 냉전 종식 이후 국제질서의 변화양상

1980년대 말 냉전이 종식된 이래 국제질서는 여러 가지 모습으로 변화해 왔는데, 그러한 사항들을 구체적으로 살펴보면 다음과 같다.[44]

첫째, 미국 주도의 다극체제가 형성되었다는 점을 들 수 있다. 양극체제의 붕괴 이후 나타나는 국제정치의 양상은 '미국 주도 하의 다극체제'이다. 이를 비판하는 시각은 미국의 패권(hegemony) 추구라는 관점과 연관되어 있다. 우선 미국은 공산주의가 급속히 퇴조했음에도 불구하고 세계 패권 및 동맹국 봉쇄라는 정책을 여전히 지속적으로 추구함으로써 대외정책에 있어서 별다른 변화가 없다는 것이다. 냉전시대에는 물론이거니와 그 이후에도 미국의 주요 외교정책 목표는 비단 공산주의세력의 봉쇄만이 아니라 동·서방 모두에 대한 패권 구축에 있었기 때문이다. 2001년 부시 행정부가 출범한 이후 미국의 국방예산은 수천억 달러를 유지하고 있다. 미 국방부의 「국방계획 지침」을 살펴보면, 미국은 과거 소련과 같은 수준의 위협을 제기할 수 있는 새로운 경쟁국가의 등장을 방지하는 것을 가장 중요한 목표로 삼고 있다. 따라서 미국의 전략은 소련의 붕괴와 관계없이 전 세계적으로 미국의 리더십을 계속 유지해야 함을 강조하고 있다.

1991년 걸프전쟁의 발발은 새로운 국제질서의 모습을 드러내 준 본보기였다. 소련은 국제연합의 결정을 따랐고, 미국은 광범위한 국제적 합의 하에 다국적군을 이끌고서 이라크군을 격퇴시켰다. 미국의 헤게모니는 양극체제 붕괴 이후에도 여전히 굳건히 유지되는 것처럼 보였으며, 부시 대통령의 국내 지지도는 92%에 달했다. 그러나 걸프전쟁은 또한 미국 패권의 한계를 보여주었다. 냉전시대와는 달리 미국은 혼자서 전비를 부담할 능력이 없었다. 경제력이 쇠퇴한 미국은 이러한 상황을 극복하기 위해 불가피하게 전비 분담을 여러 동맹국들에게 요구할 수밖에 없었다. 걸프전쟁의 소요비용 중 미국은 약 60% 정도 부담하였고, 일본이 130억 달러, 독

---

44) 위의 책, pp. 72-76.

일이 90억 달러 그리고 나머지 비용은 기타 연합국들이 분담하였다. 이는 곧 미국의 조정을 바탕으로 하여 선진국 간에 국제협력이 이루어지는 국제체제가 형성되었다고 할 수 있다. 이러한 체제 하에서 미국은 자국의 패권을 달성하기 위한 수단으로 미국이 주도하는 국제연합 등 국제기구를 적절히 이용하고 있다.

독일과 일본이 미국에 대항하는 새로운 패권세력으로 부상하고 있다는 지적도 있다. 물론 독일과 일본은 경제적으로는 거인이지만, 아직 군사적·정치적으로는 미국에 미치지 못하고 있다. 1993년의 경우 영국, 프랑스, 이탈리아는 각각 1조 달러 정도의 국민총생산(GNP)을 기록했고, 독일은 약 1조 7천억 달러를 기록하였다. 이런 점에서 볼 때, 독일이나 혹은 어떤 한 국가가 유럽에서 독주할 것으로 보이지는 않는다. 당시 일본은 3조 5천억 달러를 기록했고, 미국은 7조 달러의 GNP를 기록하였다.

이런 점에서 볼 때, 경제적인 면에서 미국이 패권을 행사할 만한 여력이 부족함으로써 탈냉전시대의 세력균형은 미국의 패권 쇠퇴와 여타 강대국들의 등장으로 점차 다극화되는 양상을 보인다고 하겠다. 보다 정확하게 표현하자면, 군사와 정치적인 면에서는 미국의 패권을 중심으로 한 '단극체제'이지만, 경제적인 면에서는 '다극체제'라고 할 수 있다. 그러나 현 시점에서 미국의 영향력에 필적할 만한 국가는 없으며, 따라서 국제질서에 대한 미국의 주도권은 당분간 유지될 것으로 보인다. 이러한 상황을 고려해 볼 때, 국제정치체제는 미국이 주도하고 일부 국가들이 상층부를 구성하여 미국에 협조하는 다극적 구조를 형성하고 있다고 볼 수 있다. 결국 이러한 체제는 미국을 중심으로 비용을 분담하는 국가들에 의해 유지되는 패권체제이고, 비용 분담국이 비용 분담 이상의 이익을 얻을 수 있을 때 비로소 유지 가능한 체제이며, 국가주도권을 초월한 국제협력이 이루어지는 체제이다.

이러한 세력균형체제는 사실상 불완전한 것으로, 궁극적으로는 다른 패권의 형태로 전환돼 갈 것으로 보인다. 다만 현재처럼 명백한 패권 후보국이 없고, 특히 상층부 국가들의 이해관계가 현 체제의 유지를 선호하는 한, 단기간 내에 새로운 패권국가가 출현할 가능성은 적을 것으로 전망된다.

냉전의 종식과 세계화의 진전으로 인해 강대국들 간의 전면전 가능성은 현저히 감소한 반면에, 국제테러 및 초국가적 범죄, 대량살상무기(WMD)의 확산, 환경과 자연을 둘러싼 갈등과 분쟁 등 다양한 형태의 위협이 개별 국가의 전통적인 주권 영역을 초월하여 범세계적 또는 지역적 차원에서 지속적으로 발생할 가능성이 높아지고 있다. 이에 따라 부시 행정부는 세계적 차원에서의 군사력 재배치, 조직 재구성, 새로운 임무 부여 등 전면적인 재조정을 통하여 21세기 안보환경에 대응할 수 있는 능력을 구비해 나갈 것임을 천명하였고, 기존 동맹체제에 대한 재조정작업도 본격화하였다.

둘째, 국제질서의 제도화가 확대되었다는 점을 들 수 있다. 냉전 종식 이후 국제질서의 양상은 역사상 그 유래를 찾아볼 수 없을 정도의 제도화가 국제사회에 정착되고 있다. 여기에서 말하는 '제도화'란 국가의 행위역할을 제시하고, 활동을 제한하며, 기대를 구성하는 지속적이며 상호 연결된 일련의 규칙이라고 정의할 수 있다. 그런데 국제적인 제도는 다음과 같은 세 가지 형태를 띠고 있다. 첫 번째는 공식적 형태로 존재하는 정부와 비정부 간의 조직체이다. 현재 국제사회에는 수백 개의 '정부간 기구들(IGOs)'이 존재하며, 이들은 명시적인 규칙과 강령을 지니고 있다. 두 번째는 '국제 레짐'으로서, 국제관계에서 특정한 이슈에 대해 정부들이 합의한 명시적 규정을 가진 제도이다. 국가 간의 협약이나 조약 등이 이에 해당되는데, 예를 들면 1944년의 브레튼우즈체제, 미ㆍ소간의 전략무기제한협정 등을 들 수 있다. 세 번째는 전통과 관례를 들 수 있다. 이것은 비공식적인 제도로서, 암묵적인 규칙과 이해관계를 수반한다. 관례는 행위자들의 기대를 예상할 수 있게 해준다. 만약 이것이 없다면 국제적 협약이나 교섭은 이루어질 수 없으며, 설혹 타결된다고 할지라도 지켜질 것으로 기대할 수 없다.

제도와 레짐은 확실히 미국의 패권시대에 형성되었지만, 설혹 미국이 쇠퇴한 이후에라도 계속 기능할 것으로 보인다. 레짐이 헤게모니 쇠퇴 이후에도 국가들에게 가치를 인정받고 유지되는 경향이 있는 것은 레짐이 중요한 기능을 수행하고 있으며, 또 그것들을 창조하거나 재건하는 것이 어려운 작업이기 때문이다.

셋째, 민주주의의 확대를 들 수 있다. 각 국가들의 국내상황을 살펴볼 때, 제1차 세계대전 이전의 전제주의체제, 1930년대의 전체주의 독재체제와는 달리 선진 자본주의국가들은 모두 다원적인 민주정치체제이다. 전 세계적으로 볼 때, 1922년에 29개국에 불과했던 민주주의국가의 수는 1990년에 이르러 59개국으로 증가하였다. 이는 전 세계 국가의 약 46%에 해당하는데, 소련 해체 후 독립한 15개의 공화국들도 포함시킬 경우 50%를 넘어서 역사상 최고의 비율을 기록하고 있다. 모든 선진 자본주의국가에서는 잘 조직된 다양한 유형의 시민운동이 국가권력을 견제·비판하고 있다. 동·서 유럽에서 시민운동은 '철의 장막'을 걷어치우고 냉전을 종식시키는 데 중요한 역할을 담당하기도 하였다.

그러나 민주주의가 국제정치에 미치는 영향에 대해서는 조심스럽게 언급될 필요가 있다. '민주주의국가는 전쟁을 하지 않는다.'라는 명제는 아직 타당성이 없다. 일찍이 민주화된 영국이나 미국도 20세기에 들어와서 많은 전쟁을 치러왔기 때문이다. 그러나 적어도 '민주주의국가들 간에 전쟁은 일어나지 않았다.'라고 말할 수는 있다. 그렇기 때문에 만약 모든 국가들이 민주화된다면, 이러한 체제 내에서 전쟁은 사라질 수도 있을 것이다. 민주주의국가들이 전쟁을 하지 않는 이유는 민주주의국가에서는 타협과 합의에 의하여 정책을 결정하며, 군에 대하여 문민통제가 이루어지고 있고, 특히 국제적 긴장에 의존하지 않고서도 자유민주주의질서가 형성될 수 있기 때문이다. 민주주의국가와 권위주의국가가 전쟁을 할 때에는 민주주의국가가 더 많은 승리를 거둔다는 통계도 나와 있다. 대부분의 민주주의국가들은 전쟁 개입에 대해 보다 신중한 태도를 취하며, 자유로운 토론을 통해서 다양한 정보를 정확하고 효율적으로 처리하는 경향이 있다. 비민주적인 정치체제를 지니고 있을 뿐만 아니라 국제사회에서 인권이 문제시되고 있는 중국이 대만을 상대로 대규모 군사적 시위를 벌이는 등 빈번히 동북아시아의 군사적 긴장을 야기하고 있는 것은 이런 점에서 시사하는 바가 크다고 하겠다.

제 3 장

외교정책의 개념과 목표

1. 외교정책의 개념

일반적으로 말해서 국제관계이론은 행위이론(action theory)과 상호작용이론(interaction theory)'으로 분류되는데, 외교정책은 전자에 속하고, 국제정치와 국제관계는 후자에 속한다. 외교정책은 국가 중심 모델에 기초한 것으로서, 국제환경에 대한 한 국가의 반응과 조치 그리고 자국의 필요를 반영하는 것이다. 외교정책(foreign policy)은 국내정책(domestic policy)에 대한 대립개념이기는 하나, 용어상의 엄격한 의미로는 대내정책(internal policy)과 대립되는 대외정책(external policy)이란 표현이 보다 적합하다. 그러나 통상 외교정책과 대외정책이라는 용어는 혼용되고 있다.

사전적인 의미에서 볼 때, '외교정책'이란 용어는 '외교(diplomacy)'와 '정책(policy)'의 복합어로서, 외교는 정책을 달성하기 위한 수단과 방법을 의미하고, 정책은 목적과 가치를 포함하는 것이다. 다시 말해서, 외교가 최소의 노력과 비용으로 최대의 국가이익을 추구하는 방법 혹은 기술인데 반해, 정책이란 한 국가의 정책결정자가 국가이익을 국가의 목표로 정의내린 것을 말하는 것으로서, 이는 결정(decision)과 행위(action)로 이루어진다. 이런 점에서 외교정책은 한 국가의 외교정책 목표와 그것을 달성하는 수단과 방법을 포함하는 것이라 할 수 있다.

이와 관련하여 외교정책에 대한 국내외 주요 학자들의 정의를 살펴보면 다음과 같다.

먼저 왈라스(William Wallace)는 "외교정책은 한 국가의 국제환경에 대한 정책 또는 국제정치체제의 한 요소인 국제환경의 일부분을 의미한다."45)고 정의하였다.

또한 로스노(James N. Rosenau)는 "외교정책이란 국제환경의 바람직한 상황을 유지하거나 혹은 바람직하지 않은 상황을 변경하기 위해서 국가가 취하는 권위주의적 조치 또는 국가가 국제환경에서 자국의 이익을 증진하기 위해 노력하는 모든 태도와 활동이다."라고 정의하고 있다.

또한 송영우 교수는 "외교정책은 한 국가의 장단기계획인 동시에, 그 국가의 다른 국가에 대한 의사결정이다. 또한 외교정책이란 대외적으로 한 국가의 대외적 진로이며 국가의지의 종합체이다. 이와 함께 외교정책은 한 국가의 흥망성쇠를 좌우할 수 있는 결정이며 국제정치의 핵심이다."[46]라고 정의하고 있다.

이러한 여러 학자들의 정의를 종합해 볼 때, 외교정책은 한 국가가 자국의 국가이익을 보호하고 증진할 목적으로 수립하는 정책을 의미한다. 그런데 외교정책은 외교정책 목표와 외교전략 그리고 외교전술의 세 가지 부분으로 구성되어 있다. 여기에서 말하는 외교전략이란 장기적인 방법으로서, 외교정책 목표가 변하지 않는 한 변치 않는다. 또한 외교전술은 단기적인 방법으로서, 외교정책 목표가 변하지 않더라도 수시로 변할 수 있다. 이와 관련하여 로벨(Lovell)은 "외교전략이란 광의로 타국이 자국의 이익을 침해하지 못하도록 자국의 국가이익을 증진시키는 계획이다"라고 밝히고 있다.

정치체제에 따라 다소 정도의 차이가 있기는 하지만, 대체로 외교정책 목표는 최고 정책결정기관이 결정하고, 외교전략은 외교정책 담당기관이 결정하며, 외교전술은 외교 실무기관이 담당한다. 그러나 외교정책 목표와 외교전략, 외교전술은 반드시 해당기관에서만 전담하는 것은 아니며, 상호간에 영향을 미칠 수도 있다.

---

45) William Wallace, *Foreign Policy and the Political Process*(London: The Macmillan Press, 1971), p. 17.
46) 송영우, 앞의 책, p. 113.

2. 외교정책 목표와 국가이익

한 국가의 외교정책은 일차적으로는 그 정치체제의 이데올로기가 지향하는 가치와 목표를 추구하고 실현하고자 하는 것이며, 이차적으로는 한 국가의 생존과 번영을 위해 요구되는 필요를 충족시키는 것이라고 할 수 있다.

그런데 외교정책 목표와 관련하여 국제정치학자들은 제각기 goal이나 objective와 같은 용어를 사용하고 있다. 일반적인 의미에서 goal은 장기적인 목표를 의미하는 것으로서, 한 국가의 열망(aspiration)이나 숙원 등 궁극적으로 달성해야 할 가치를 포함하고 있다. 이에 비해 objective는 단기적인 목표, 즉 정책결정자가 장기 목표인 goal에 접근하기 위해 설정한 중간단계의 목표를 의미한다. 다시 말해, 이는 당면한 목적이나 적어도 수년 이내에 달성해야 하는 정책계획 속에 포함되어 있는 가치를 의미한다. 예를 들어, 한국 외교정책의 장기 목표는 한반도의 평화적 통일을 달성하는 것이고, 단기 목표는 평화통일을 이루기 위한 중간 단계로서 정상회담을 비롯한 남북고위급회담의 개최, 군사적 신뢰구축 조치, 남북 간 교류·협력의 확대 등을 들 수 있다.

스나이더(Richard C. Snyder)는 "외교정책 목표란 기본적으로 한 국가가 정책결정자들을 통해 국제환경 속에서 영향력을 행사하고, 타국의 정책이나 행위를 자국에게 유리하게끔 변경 내지 유지하는 것을 말한다"고 정의하고 있다. 또한 『국제관계 사전』(*The International Relations Dictionary*)에 따르면, "외교정책 목표란 국가와 관련된 이익을 국제정치적 상황 및 가용한 국가능력의 관련성 속에서 표현하는 구체적 방식"이며, "국제환경 속에서 그 국가와 관련된 특정 외부상황을 변경시키거나 유지하기 위한 목적에서 행해지는 정책결정자의 선택"이라고 정의하고 있다.[47]

---

47) Jack C. Plano and Roy Olton, *The International Relations Dictionary*(Santa Barbara, CA: ABC-Clio, 1982), p. 8.

그런데 외교정책 목표는 국내에서 형성되고, 그것은 국제사회에서 정치적 수단인 외교뿐만 아니라 경제적·군사적·심리적·문화적 수단 등을 통해 실현된다. 또한 외교정책 목표는 다른 국가의 외교정책 변화 속에서 추구되어지기 때문에 한 국가의 외교활동은 타국의 바람직한 정책결정과정을 그 주요대상으로 삼는다. 모든 정부는 자국의 외교정책 목표를 달성하기 위해 자국의 외교실무기관에 훈령과 지시를 내릴 뿐만 아니라 상대국 정부에 대하여 요청, 항의, 주장 등을 행하여 그 국가의 외교정책을 바람직한 방향으로 유도해 나가려고 한다.

외교정책 목표를 수립하는 데 있어서 각국 정부들은 때때로 양립할 수 없는 목표들을 동시에 추구하는 경우가 있는데, 그러한 경우 상충하는 목표들 중에서 우선순위를 정하고 선택하여 구체적 상황 속에서 적합한 것을 결정하는 것이 정책결정자들의 주요 임무가 된다.

한편 어떤 정부들은 장기적인 목표를 달성하기 위해 일관되고 지속적인 외교정책을 추구하는 경우가 있는가 하면, 어떤 정부들은 일상적이고 비계획적으로 외교정책을 추구하는 경우도 있다. 전자에 해당되는 예로서, 과거 서독 정부는 1990년 동독과의 정치적 통일을 이룰 때까지 여러 차례 정권이 변동되었음에도 불구하고 수십 년 동안 동방정책(Ostpolitik)을 일관되고 지속적으로 추구한 바 있다.

그런데 외교정책 목표와 밀접한 연관성을 지니고 있는 것이 바로 '국가이익(national interest)'의 개념이다. 국가이익은 한 국가의 외교정책 목표를 설명하고 분석하는 데 있어 매우 유용한 개념으로 사용되고 있기 때문에 그 중요성이 크다고 할 수 있다. 왜냐하면 국가이익은 외교정책 결정과정에서 정책결정자들의 지표가 되는 핵심적인 목표이자 궁극적인 결정요소이기 때문이다.[48] 한 국가가 추구하는 가치와 이익은 흔히 외교정책 목표로 표현된다. 또한 가치와 이익은 정책결정자들이 외교정책 목표를 수립하는 과정에서 작용하는 내적인 요소이고, 정책결정자들이 목표를 정의하는 선행조건이 되고 있다.

---

48) *Ibid.*, p. 9.

외교정책 목표를 형성하는 데에는 국제환경의 영향과 타국 정부의 이익 및 요구를 고려하게 되어 결국 자국의 이익과 타국의 이익을 조정함으로써 최종적인 정책목표가 결정된다. 통상 정책결정자는 자국의 이익을 정의하고 목표를 설정하는 데 있어 타국의 반응을 고려하게 된다. 만일 국가의 안전보장과 같이 자국에게 있어서 사활적 이익(vital interest)인 경우에, 국가는 그러한 이익을 보호하기 위해서 어떠한 대가라도 지불하고자 한다.

대체로 한 국가의 외교정책 목표는 국가적 이기주의에 기초하며, 국가이익과 거의 동일시되고 있다. 즉, 좁은 의미에서의 국가이익은 국가주의 또는 '국가적 이유(raison d'Etat)'라는 자국 중심주의에 기초한다. 이 경우에 정책결정자들의 행위는 그러한 국가이익에 의해 지배되며, 국가 간의 이익은 종종 상충되기도 한다. 한편 넓은 의미에서의 국가이익은 국제적 보편주의와 동일시되는 것으로서, 이는 19세기 자유방임주의자들의 견해를 대변하는 것이기도 하다.

모겐소(H.J. Morgenthau)는 국가이익을 힘(power) 또는 권력으로 파악하였다. 즉, 그는 국가이익이란 대외적인 정치행위를 하기 위한 판단지침이자 영속적 표준이며, 따라서 외교정책 목표는 국가이익에 의해 정의되어야 한다고 주장하였다. 또한 그는 외교정책 목표는 국가가 사용할 수 있는 능력을 벗어나서 수립되어서는 안 되며, 이는 기본 목표인 국가이익과 바람직한 목표로 구성되어야 한다고 주장하였다.

또한 프랑켈(J. Frankel)은 "국가이익은 국가가 추구하는 모든 가치들의 총합이다"라고 정의하면서, 그러한 가치들에는 ① 정치적 독립, ② 영토적 통합, ③ 군사적 안전, ④ 경제적 복지 등이 포함된다고 하였다.49)

이처럼 국가이익은 국가안전의 보장 및 유지라는 기본적 이익으로부터 넓게는 세계평화의 유지라는 포괄적 이익까지 포함한다. 그러나 국제정치학의 가장 기본적인 개념으로서의 국가이익의 개념은 다차원적이며, 대개 그 국가가 처해 있는 특수한 국내외적 환경이나 국제정치체제 내의 위상에 따라 다양하게 정의되기도 한다.

---

49) Joseph Frankel, *National Interest*(London: Macmillan, 1970), pp. 42-44.

국가이익을 체계적으로 살펴봄에 있어서는 몇 가지 준거의 틀이 적용될 수 있다. 국가이익을 쟁점적 차원, 즉 외교정책이 영향을 미치는 영역이라는 관점에서 보면 대략 다음과 같은 네 가지로 분류할 수 있다.[50]

첫째, 국민의 신체적 안전이다. 국가는 국가 존립의 요체를 이루는 국민들의 생존을 보존하려 하며, 이는 국가로서 더 이상 양보할 수 없는 최소한의 목표이다.

둘째, 경제적 번영을 들 수 있다. 국가는 국민들에게 적절한 수준의 의식주를 비롯한 물질적 욕구를 제공할 의무를 지닌다. 따라서 국가 전체의 경제적 번영이 국가의 중요한 외교정책 목표가 된다.

셋째, 정치적 환경의 보전 또한 국가의 중요한 이익이자 목표이다. 국가가 추구하는 정치적 환경은 국내적 환경과 국제적 환경의 두 가지 영역에서 살펴볼 수 있다. 즉, 국가는 국내적으로 자국의 독자적이고 자율적인 정치사회구조를 선택할 권리를 지니며, 대외적으로도 자국이 선호하는 국제질서를 구축하는 것을 목표로 설정한다.

넷째, 국민적 단합도 중요한 국가이익 중의 하나이다. 근대 국제질서가 민족국가의 형성을 기초로 성립되기 시작한 이후 국가의 존립과 생존은 국민들의 정체성 확보를 중요한 요건으로 하였다. 국민적 정체성이 결여되는 경우, 국가의 대내외적 행위에는 '정통성의 위기(crisis of legitimacy)'가 존재한다. 국민적 정체성의 확립을 통한 국민적 단합을 함양시키는 수단으로 특정한 가치관이나 이념이 이용될 수 있다. 그러나 동시에 국민적 단합을 저해하는 외교정책은 국가이익에 커다란 손실을 가져올 수 있다는 점도 고려되어야 한다.

세계 최강대국인 미국은 광범위하고 다양한 국가이익을 가지고 있는데, 그 중의 일부는 본질적으로 중요한 것이다. 이러한 국가이익은 크게 ① 일반적 이익, ② 본질적 이익, ③ 파생적 이익, ④ 창설적 이익으로 나눠 살펴볼 수 있다.[51]

---

50) John T. Rourke, *International Politics on the World Stage*(Guilford, CT: Dushkin Publishing Co., 1991), pp. 215-216; 구본학 외(공저), 『세계외교정책론』(서울: 을유문화사, 1995), pp. 98-99.

첫째로, 일반적 이익이란 전 세계에 걸친 포괄적 이익을 말한다. 구체적으로 말해서, 미국에 대한 다른 국가의 군사적 공격을 받을 시에 미국의 영토를 방어함은 물론, 세계 어느 곳에서나 핵전쟁을 회피하고, 핵전쟁으로까지 확대될 수 있는 모든 재래식 전쟁을 회피하는 것을 말한다. 또한 일반적 이익에는 침략의 저지와 안정된 세계질서의 수립 및 자국의 방위를 위해서 미국에 의존하고 있는 여러 국가들과의 신뢰 유지 등이 있다.

둘째로, 본질적 이익이란 어떤 특정 시점에 있어서 특정 국가나 지역과 직접적인 관계를 지니고 있는 것이다. 즉, 특정 국가에 대한 미국의 경제적 이해관계, 그 국가 국민들과의 전통적인 유대, 미국의 일반적 이익을 보호하는 데 도움을 줄 수 있는 그 국가의 능력 ─ 예컨대, 미국에 대한 공격을 저지하는 데 사용될 군사기지를 제공하는 것 ─ 등이 미국의 본질적 이익이 되고 있다.

셋째로, 파생적 이익이란 어떤 특정 국가와의 관계에 있어서 본질적인 것은 아니지만, 제3국에 있어서의 미국의 중요한 이익으로부터 파생되는 국가이익을 말한다. 예를 들어, 한국전쟁의 발생 이후 미국이 한반도에서 취한 군사적 행동은 한편으로는 전 세계적인 일반적 이익에서 비롯된 것이기도 했지만, 다른 한편으로는 파생적 이익에 토대를 둔 것이었다. 만약에 미국이 한국전쟁에 참전하지 않았더라면, 일본에 대한 미국의 본질적 이익은 커다란 손상을 입었을 것이다.

넷째, 창설적 이익이란 다른 형태의 이익을 보호하기 위하여 특정 지역이나 국가에서 미국이 군사력을 사용하리라는 예상을 하게 하는 여러 가지 행동 ─ 특히, 군사동맹조약의 체결이나 실제적인 미군의 배치 등 ─ 을 취함으로써 미국 자신이 얻게 되는 이익을 말한다. 미국은 특정 국가와 군사동맹조약을 체결함으로써 과거에는 없었던 새로운 형태의 이익을 창설하게 된다. 즉, 창설적 이익이란 특정 국가에 대한 방위공약을 이행함으로써 그 공약에 대한 우방국과 적대국의 양편에서 신

---

51) Ralph N. Clough, 조재관(역), 『동아시아와 미국의 안보』(서울: 법문사, 1976), pp. 44-46.

뢰를 유지하려는 이익과 같은 것이다. 일단 그러한 이익은 창설되고 나면 폐기하기 어려우며, 더욱이 그러한 이익은 다른 이익을 파생시키는 경향을 가지고 있다.

그런데 외교정책 목표는 ① 외교정책을 결정할 때 정책결정자가 중요하다고 생각하는 것, ② 외교정책을 달성하는 시기, ③ 그 목표가 다른 국가에 대해 요구하는 것과 같은 세 가지 요소에 따라 다음과 같이 분류된다.52)

첫 번째의 외교정책 목표는 핵심적 목표로서, 이는 다른 말로 표현해서 핵심적 이익 및 가치를 의미한다. 핵심적 목표는 국가의 존립과 밀접한 관계를 갖고 있는 것으로서, 여기에는 국가의 안전보장, 영토의 보전, 경제적 복지, 신념체계의 보전 등이 포함된다. 다시 말해서, 핵심적 목표는 한 국가의 사활적 가치를 포함하는 것으로서, 어느 국가든지 핵심적 목표를 보호하고 유지하지 위해 최악의 경우 전쟁에 호소하든가 아니면 최대의 희생도 감수하게 된다.

한 국가의 외교정책에 있어서 가장 핵심적인 목표는 주권과 영토를 보전하고, 자국의 영토 내에서 특유의 정치적·경제적·사회적 체제를 유지해 나가는 것이다. '국가안전(national security)'이란 국가의 지속적 존립, 즉 국제환경에서 발생하는 자국에 대한 침략과 위협으로부터 벗어나는 것을 의미하는 것이다. 모든 국가들은 국제사회에서 생존권의 확보에 노력하고, 이를 외교정책의 최고 기본 목표로 삼고 있다. 이는 국민 대다수의 생명과 생존에 필요한 물적 자원 및 재산을 보호할 뿐만 아니라 국가의 주권과 독립성을 보호·유지하는 것이다. 또한 영토는 국민, 주권과 더불어 국가의 3대 구성요소로서, 영토의 상실은 곧 국가로서의 존립을 중단시킨다. 따라서 국가의 영토적 보전은 그 영토에 거주하는 주민과 재산뿐만 아니라 문화적 전통과 가치 등을 보전하는 것이다.

또한 오늘날 대부분의 국가는 자국 국민에게 기본적으로 경제적·사회적 복지혜택을 제공하는 것을 핵심적 이익이자 가치로 간주하고 있다. 다시 말해서, 외교정책의 핵심적 목표는 국민의 생활수준을 향상시키고, 국민의 기대와 욕구를 충족시

---

52) K.J. Holsti, *op. cit.,* p. 124.

키기 위해 여러 가지 종합적 정책을 마련하는 것이다.

한편 신념체계의 보전이란 국가가 중요한 것으로 여기고 있는 기본 원칙, 문화적 가치, 종교적 신앙, 관습과 전통 그리고 이데올로기 등을 보호·유지하는 것을 말한다. 예를 들어, 미국은 민주주의이념을 유지하고 확대시켜 나가는 것을 외교정책의 최고 목표로 삼아왔으며, 반공주의는 제2차 세계대전 이후 미국의 외교정책 기조가 되어 왔다. 또한 중동의 아랍국가들은 이슬람교의 종교적 신앙과 가치를 유지하는 것을 최고 목표로 삼아 왔다.

이 밖에도 세계 각국은 급속한 국제환경의 변화로부터 현존하는 자국의 정치적·경제적·사회적 체제와 제도를 보호하고자 노력해 왔다. 예를 들어, 냉전시기 동안 미국뿐만 아니라 한국, 일본, 서유럽국가들은 민주주의제도와 자본주의체제를 유지하기 위해 소련을 비롯한 동유럽 공산주의국가들과 첨예한 대립과 대결양상을 보여 왔다.

두 번째의 외교정책 목표는 중기 목표로서, 국제사회에서 국가의 명예와 지위를 제고시키는 것이다. 과거에는 주로 외교적 의식이나 군사력의 과시로 국가의 명예를 제고시켰다. 그러나 현대 국제사회에 있어서 국가의 명예와 지위는 그러한 것들뿐만 아니라 경제발전수준, 과학기술의 발달정도, 대규모 국제회의나 스포츠 행사의 유치 등에 의해서도 제고될 수 있다.

외교정책의 중기 목표는 특별히 시간을 규정하고 있지는 않지만, 개발도상국가의 지도자들은 대체로 그의 통치기간 내에 급속한 경제발전을 이루어 선진국을 따라 잡는 것을 중요한 중기 외교정책 목표로 간주하였다. 우리나라의 역대 통치자들도 경제발전뿐만 아니라 유엔 회원국으로의 가입, 올림픽과 아시안게임 그리고 월드컵의 유치, APEC정상회의나 ASEM 회의, 세계박람회의 유치 등을 중요한 외교정책 목표로 설정하였고, 또한 그러한 대규모 국제회의나 스포츠 행사를 성공적으로 개최함으로써 국제사회에 있어서 한국의 명예와 지위를 제고시켜 왔다.

이에 반해 선진국이나 강대국들은 군사력의 강화, 대외원조, 산업 및 과학기술의 과시, 핵무기 개발 및 우주탐사능력 등을 포함한 다양한 정책과 행위를 통해 국가의 명예와 지위를 제고시켜 왔다.

세 번째의 외교정책 목표는 장기 목표로서, 여기에는 새로운 국제질서의 수립이나 세계평화의 유지, 국제정치체제 내에서 특정 국가의 역할 등이 포함된다. 외교정책의 중기 목표와 장기 목표 간의 차이점은 목표의 실현시기가 다를 뿐만 아니라 목표의 범위도 다르다는 것이다. 중기 목표는 특정 국가에 대해 특정한 요구를 하게 되지만, 장기 목표를 추구하는 국가는 전 세계적인 국제질서를 구축하기 위한 범세계적인 요구를 제시한다. 이러한 장기적인 외교정책 목표는 세계적인 강대국들이 가질 수 있는 것이다. 예를 들어, 냉전시기에 공산주의 종주국인 소련이 세계를 공산화하고자 한 것과 1970년대에 미국이 중국과의 관계개선과 소련과의 데탕트를 통해 새로운 국제정치환경을 조성하고자 했던 것을 들 수 있다.

3. 외교정책의 결정요인

외교정책은 한 국가의 정책일반 중 대외문제에 관한 정책을 말하므로 일반 정책결정에 관한 이론과 모델이 대체로 외교정책결정에도 그대로 적용된다고 할 수 있다. 정책결정에 관한 일반이론은 사회과학의 다른 분야에 비해 비교적 새로운 학문분야이다. 이는 정책 자체가 정치학의 관심분야가 아니었다는 의미가 아니라, 하나의 독립된 분야로서 정책 자체를 분석하려는 움직임이 비교적 최근에 나타났다는 것을 의미한다.

따라서 이러한 의미에서의 정책결정이론은 과학적 연구방법론의 등장과 시기를 같이 했고, 특히 심리학, 경제학, 커뮤니케이션이론 등 인접 학문분야의 이론을 도입함으로써 급격한 발전을 가져오게 되었다.

각국의 외교정책 연구에 있어서 중요한 의미를 갖고 있는 외교정책 결정요인에 대해서는 학자들에 따라 견해가 다르나, 대체로 다음과 같은 몇 가지 요인들이 거론되고 있다.

먼저 프랑켈(J. Frankel)은 외교정책 결정요인으로 다음 다섯 가지 사항을 들고 있다. 그것들은 ① 지리, 영토, 역사적 전통 등을 포함한 국력의 요소, ② 정책결정기구의 특성, ③ 외교정책의 주요 쟁점 및 이에 대한 태도와 결정을 뒷받침하는 여러 수단, ④ 가장 중요한 국가 및 블록(bloc)에 대한 태도, ⑤ 국제질서에 대한 태도 등이다. 프랑켈은 이러한 다섯 가지 외교정책 결정요인을 토대로 하여 미국, 영국, 소련, 중국 등 4개 국가의 외교정책 결정에 있어서 이러한 요인들 간의 유사성과 상위성을 비교하였다.53)

또한 매크리디스(Roy C. Macridis)는 외교정책 결정에 영향을 미치는 일정한 변수들을 정하고, 이에 입각하여 여러 국가들의 외교정책의 유사성과 상위성을 비교분석하고 있다.54) 즉, 매크리디스는 첫째, 비교적 영구적인 물질적 요소로서 지리, 천연자원 — 식량, 광물, 에너지, 전력 등 — 을 들고 있다. 둘째, 비영구적인 물질적 요소로는 산업시설, 군사부문, 산업 및 군사력의 변화 등을 들고 있다. 셋째, 인적 요소 중 수량적인 측면에서는 인구수를, 질적인 측면에서는 지도자 및 정책결정자의 성향, 이데올로기와 정보의 역할 등을 들고 있다.

이 밖에도 매크리디스는 외교정책 결정과정에 영향을 미치는 기구들 가운데 ① 정부기관으로는 행정부와 의회 및 관련 위원회 등을 들고 있고, ② 비정부기관으로는 정당, 이익집단, 매스컴, 여론의 특성 등으로 구분하고 있다.

송영우 교수는 외교정책 결정에 영향을 미치는 요인을 크게 내적 요인과 외적 요인으로 구분하여 설명하고 있다. 먼저 내적 요인으로는 영토의 크기, 지정학적 위치, 인구, 천연자원, 경제력, 군사력, 국내여론 등을 들고 있다. 또한 외적 요인으로는 국제정치환경, 국제적 의무, 외교정책의 대상이 되는 국가와의 외교관계 등을

---

53) J. Frankel, *op. cit.,* p. 45.

54) Roy C. Macridis(ed.), *Foreign Policy in World Politics*(Englewood Cliffs, New Jersey: Prentice-Hall, 1989), p. xv.

들고 있다.55)

한편 박상식 교수는 외교정책 결정요인으로 ① 개인적 요인, ② 역할적 요인, ③ 정치체제적 요인, ④ 경제체제적 요인, ⑤ 사회·문화체제적 요인, ⑥ 국제정치체제적 요인으로 구분하고 있는데, 이를 보다 구체적으로 살펴보면 다음과 같다.56)

첫 번째, 개인적 요인으로서 정책결정자의 의견이나 태도, 이미지, 신념체계 등은 외교정책 결정에 영향을 미친다는 것이다. 즉, 정책결정자의 특정 국가에 대한 이미지는 사태의 해석이나 정책 선택에 중요한 영향을 미친다는 것이다. 예를 들어, 제2차 세계대전 이후 미국의 트루먼(Harry S. Truman) 대통령과 덜레스(Dulles) 국무장관은 소련을 공산주의 이데올로기를 확대시키려는 악마라고 생각했기 때문에 소련이 어떠한 정책을 취하더라도 그들의 소련에 대한 이미지는 변하지 않았다. 이에 따라 냉전체제 하에서 미국의 주요 정책결정자들의 국제문제에 대한 인식이나 소련에 대한 정책도 이러한 이미지에 의해 영향을 받게 되었다. 또한 1981년에 취임한 레이건(Ronald Reagan) 대통령은 소련을 '악의 제국(evil empire)'으로 간주하면서 대소 강경정책을 펼쳤으며, 2001년에 출범한 부시(George W. Bush) 대통령은 이란, 이라크, 북한을 '악의 축'으로 간주하면서 이들 국가에 대해 강경일변도의 대외정책을 추구하였다.

이처럼 최고 정책결정자가 지니고 있는 신념체계, 즉 이데올로기는 외교정책 결정과 긴밀한 연관성을 지니고 있다. 그런데 이데올로기는 외교정책의 형성에는 중요한 영향을 미치나, 구체적인 조치의 결정에는 별로 영향을 미치지 않는다. 예컨대, 과거 소련이 외교정책을 형성하는 데에는 마르크스·레닌주의가 커다란 영향을 미쳤으나, 구체적인 국제문제에 대한 소련의 정책을 결정하는 데에는 별로 영향을 미치지 않았다는 것이다.

두 번째, 역할적 요인이란 한 조직체 내에서 어떤 개인의 행동범위를 정하는 규

---

55) 송영우, 앞의 책, pp. 117-133.
56) 박상식, 앞의 책, pp. 296-316.

범을 말한다. 정책결정자의 역할은 정책결정자의 개성에 따라 영향을 받을 뿐만 아니라 정책결정자가 당면하고 있는 문제의 종류나 대내적 환경에 따라 영향을 받게 된다. 예를 들어, 한 국가가 내우외환(內憂外患)에 빠져있을 경우에 정책결정자의 권한은 평화시기보다 훨씬 강화되는 경향이 있다.

세 번째, 정치체제적 요인이란 정치체제가 개방적이냐 그렇지 않으면 폐쇄적이냐에 따라 외교정책 결정에 미치는 영향이 각기 다르다는 것이다. 즉, 모겐소(H.J. Morgenthau)와 같은 현실주의자들은 미국이나 서유럽국가들처럼 개방적인 체제 하의 국가들에 있어서는 폐쇄체제 하의 국가들에서보다 정책결정자에 영향을 미치는 집단들이 많을 뿐만 아니라 이들 집단의 영향력도 크기 때문에 정책결정이 지연되기 쉬우며, 또한 정책이 일관성이 없고 국가이익을 최대한 반영할 수 없다고 주장하고 있다. 반면에 현실주의자들은 전체주의체제나 권위주의체제는 외교정책 결정에 있어서 민주주의체제보다 신속하고 능률적이라고 보고 있다.

네 번째, 외교정책 결정에 영향을 미치는 경제적 요인이란 주로 경제체제, 경제발전수준, 경제발전단계, 경제상황 등을 말한다. 특히, 경제발전수준과 외교정책 간의 상관성을 살펴볼 때 다음과 같이 상정해 볼 수 있다. 즉, 선진국에서는 개발도상국이나 저개발국에 비해 정당, 이익집단, 매스컴이 더 발달되어 있고, 또한 독립성을 유지하고 있으므로 비교적 정당과 이익집단의 엘리트 그리고 매스컴이 외교정책에 미치는 영향이 크다고 할 수 있다.

다섯 번째, 사회·문화체제적 요인과 관련하여 개방적인 국가의 정책결정자는 폐쇄적인 국가의 정책결정자보다 외교정책을 결정함에 있어서 인종적 갈등이나 종교적 갈등문제에 대하여 관심을 가질 가능성이 높고, 또한 개인의 견해보다는 자기가 속해 있는 사회의 가치관을 반영할 가능성도 높다. 왜냐하면 개방적인 국가에 있어서 정책결정자는 의회, 정당, 시민단체 등 국민의 압력을 더 많이 받기 때문이다.

여섯 번째, 국제정치체제적 요인과 관련하여 특정 국제정치체제는 한 국가의 외교정책 결정에 커다란 영향을 미치게 된다. 국제사회에서 대외관계를 갖거나 대외행위를 하는 국가는 국제정치체제에 의해 영향을 받지 않을 수 없다. 특히, 약소국의 외교정책은 강대국에 비해 국제정치체제의 변화에 의해 커다란 영향을 받게 된다.

이상에서 살펴본 것처럼, 외교정책은 여러 가지 다양한 요인들에 의해 결정되며, 또한 각각의 요인들이 외교정책에 미치는 영향의 정도도 다르다고 할 수 있다. 더욱이 외교정책 결정에 영향을 미치는 요인들을 일일이 다 알 수도 없을 뿐만 아니라 이러한 요인들이 각국의 외교정책 결정에 얼마만큼 영향을 미치는가 하는 점을 구체적으로 밝혀내기란 결코 쉽지 않기 때문에 외교정책 결정요인에 대한 과학적인 이론 정립이 가능한가 하는 점에 대해서는 다소의 회의론이 나타나고 있다.

그럼에도 불구하고, 각국의 외교정책 결정에 실질적으로 영향을 미치고 있는 요인들에 대한 체계적인 분석과 계량화작업은 외교정책의 이론화를 위해 필수적인 과정이 되고 있다고 하겠다.

4. 외교정책의 결정과정

국가의 외교정책이 형성되어지는 기구와 방법 그리고 과정은 매우 다양하고 복잡하다. 한 국가 내에서도 시기에 따라, 최종 정책결정자에 따라, 외교정책의 성격에 따라 정책결정의 절차와 방법 등은 다르다고 할 수 있다. 또한 외교정책 결정과정을 일반화하거나 체계적으로 이론화하는 일은 현실적으로 매우 어려운 일이다. 그럼에도 불구하고, 우리가 외교정책을 올바로 이해하고, 분석하고, 예측하기 위해서는 외교정책 결정의 절차, 과정, 방법 등에 대한 체계적인 연구가 필요하다.

우리가 외교정책을 이해하는 데 있어서 가장 중요하게 고려해야 할 요소는 바로 정책결정의 구조(structure)와 과정(process)이다. 정책결정의 구조란 정책을 결정하는 제도나 기구를 말하는 것이고, 정책결정과정이란 정책결정에 참여하는 사람들의 행태를 지칭하는 것이다. 따라서 외교정책 결정과정을 올바로 이해하기 위해서는 이러한 과정에 참여하는 사람들이 구체적으로 누구이며, 또한 그들의 행태는 어떠한가 하는 점을 중점적으로 살펴봐야 한다.[57]

민주주의국가의 경우, 외교정책을 결정하는 과정에 있어서 대통령과 같은 최고 정책결정자뿐만 아니라 행정부 및 행정부 내의 고위 관료들에게 많은 권한을 부여되고 있다. 그러나 민주주의국가에서도 중요한 외교정책은 국가의 안보를 위해 비밀을 보장해야 한다는 명분 아래 종종 최종 정책결정자나 소수의 지배집단에 의해 은밀히 결정되는 경향이 있다. 심지어 미국은 권력과 권한이 분산되어 있고 또한 정책결정과정이 매우 복잡함에도 불구하고, 중요한 외교정책은 대통령과 대통령의 일부 정책보좌관들에 의해 결정되어지고 있다.[58] 예를 들어, 1962년에 쿠바미사일위기가 발생했을 때 케네디(John F. Kennedy) 대통령과 그의 일부 측근 참모들만이 이 위기에 대한 대책을 논의하였으며, 1970년대 초 미국이 중국과의 관계개선을 이룰 때에도 닉슨(Richard M. Nixon) 대통령과 키신저(Henry A. Kissinger)를 비롯한 일부 정책보좌관들만이 은밀하게 중국에 대한 정책을 추진하였다.

사실상 미국의 대통령은 외교정책을 결정하는 데 있어서 매우 막강한 권한을 지니고 있다. 미국의 헌법은 대통령에게 외교정책 및 국방정책을 결정할 수 있는 독점적인 권한을 부여하고 있다. 그렇기 때문에 역대 미국 대통령들은 의회의 승인 없이 중요한 외교정책을 결정해 왔다. 예를 들면, 1950년에 트루먼(Harry S. Truman) 대통령은 의회의 승인 없이 미군을 한국전쟁에 참전시켰고, 존슨(Lyndon B. Johnson) 대통령도 의회의 승인 없이 월맹에 대한 대대적인 폭격을 명령하였다.[59]

반면에 중국이나 구소련 그리고 북한과 같은 공산주의국가, 즉 일당 독재국가의

---

57) 송영우, 『외교정책론』(서울: 지영사, 2005), pp. 86-87.

58) Lloyd Jensen, *Explaining Foreign Policy*(Englewood Cliffs, New Jersey: Prentice-Hall, 1982), p. 4.

59) Roger Hilsman, *The Politics of Policy Making in Defense and Foreign Affairs*(Englewood Cliffs, New Jersey: Prentice-Hall, 2001), pp. 136-137.

외교정책 결정과정은 민주주의국가의 정책결정과정과는 매우 다르다고 할 수 있다. 중국의 경우, 외교정책을 결정하는 데 있어서 조직이나 기구보다는 통치자 개인이 더 큰 영향력을 발휘해 왔다. 한때 중국의 주요 외교정책 결정은 중국공산당 정치국과 정치국 상무위원회에서 이루어지기도 했으나, 궁극적으로는 최고 통치자가 결정해 왔다.60) 예를 들어, 1949년 정권 수립 이래 마오쩌뚱(毛澤東)이 통치했던 1976년까지 중국의 중요한 외교정책은 마오쩌뚱에 의해 독점적으로 결정되었다. 또한 1970년대 후반에 집권한 덩샤오핑(鄧小平)은 마오쩌뚱처럼 어떤 특정의 정책을 선택하도록 직접 명령하지는 않았지만, 매우 중요한 외교정책은 역시 덩샤오핑에 의해서 결정되었다. 1970년대 후반 중국이 경제발전을 위해 적극적인 개혁·개방정책을 추진하는 과정에서 4개 경제특구를 설치한 것이나 1984년에 중국이 영국과 홍콩 반환협정을 체결한 것은 덩샤오핑에 의해 단독적으로 결정된 것이다.

과거 소련도 다른 공산주의국가들과 마찬가지로 외교정책을 포함한 모든 중요한 정책은 비공개리에 은밀히 결정되어졌다. 강권정치를 행했던 스탈린(Joseph Stalin)의 통치기간 동안에는 물론이거니와, 그 후임 통치자들인 흐루시초프(Nikita Khrushchev)와 브레즈네프(Leonid Brezhnev)도 소련공산당을 장악함으로써 중요한 외교정책은 이들에 의해 독점적으로 결정되었다. 또한 1985년에 집권한 고르바초프(Mikhail M. Gorbachev)는 소련 역사상 가장 강력한 권력과 권한을 지니고 있었다. 즉, 고르바초프는 소련공산당 정치국 및 사무처를 무력화시켜 정책결정기구로 기능할 수 없게 만드는 등 실질적으로 모든 권한을 독점하고 있었기 때문에 모든 국내외 정책은 그에 의해 독점적으로 결정되었다.61)

과거 북한의 통치자였던 김일성뿐만 아니라 현재의 김정일 국방위원장도 철저한 1인 독재체제를 유지하고 있기 때문에 북한의 외교정책 결정은 최종적으로 그에

---

60) A. Doak Barnett, *The Making of Foreign Policy in China*(Boulder, Colorado: Westview Press, 1985), pp. 7-16.

61) Robbin F. Laird and Erik P. Hoffmann(eds.), *Soviet Foreign Policy in a Changing World*(New York: Aldine, 1986), pp. 84-90.

의해 이루어지고 있다. 현재 김정일은 북한 주민 위에 군림하고 있으며 또한 절대적인 권력을 지니고 있기 때문에 그는 외교정책을 결정하는 데 있어서 북한 주민의 눈치를 보거나 여론을 수렴할 필요가 없다. 또한 북한의 최고인민회의는 김정일의 정책결정에 제한을 가하거나 그에 반대하는 일이 없으며, 북한사회에서는 관료제도도 크게 발달되어 있지 않기 때문에 관료들이 정책결정에 참여하는 일이 거의 없다. 그러나 현실적으로 북한 정권을 떠받치고 있는 집단은 군부이기 때문에 중요한 외교정책을 결정할 때에는 군의 고위 간부들이 참여하는 것으로 알려지고 있다.

이상에서 살펴본 바와 같이, 공산주의국가의 경우에 권력이 통치자에게 집중되어 있기 때문에 외교정책 결정에 참여하는 사람의 수는 극소수에 머무른다. 따라서 정책결정의 신속성과 효율성의 측면에서 볼 때 공산주의국가가 민주주의국가에 비해 더 효과적이라고 평가되기도 하지만, 정책 그 자체까지 효율적이라고 말할 수는 없다. 오히려 1인 독재체제의 공산주의국가에서는 정책결정과정이 단순하고 간단하기 때문에 외교정책은 그다지 효율적이지 못하다고 할 수 있다. 왜냐하면 공산주의국가에서 외교정책을 결정하는 과정에서는 국민의 여론을 수렴하지 않고, 또한 풍부한 정보를 적절히 이용하지 못하는 반면, 오히려 절대 권력자의 개인적인 견해나 의지가 많이 작용하기 때문이다.62)

한편 외교정책을 결정하는 과정에 있어서 정부에 대한 국민의 지지도와 외교정책은 밀접한 상관성을 지닌다. 왜냐하면 외교정책을 결정하는 정부에 대한 국민의 지지도가 정책결정에 커다란 영향을 미치기 때문이다. 만약 절대 다수의 국민이 정부를 전폭적으로 지지한다면, 그러한 정부의 정책결정의 폭과 범위는 매우 넓을 것이다. 즉, 국민이 정부와 통치자를 적극적으로 지지한다면, 국민은 정부가 결정하는 정책에 대해서도 지지하게 될 것이다. 그러므로 이러한 정부는 정상적인 과정을 거쳐 외교정책을 결정할 수 있으며, 또한 정책결정과정도 상당한 투명성을 지니게 될 것이다. 그러나 국민이 정부를 지지하지 않거나 또는 지지도가 매우 낮을 경우, 정

---

62) 송영우, 『외교정책론』, pp. 89-93.

부는 투명한 절차를 거쳐 정책을 결정하지 못할 것이다. 왜냐하면 이러한 정부는 국민으로부터 강한 저항을 받기 때문에, 그 정부가 결정하는 중요한 외교정책도 국민의 지지를 받지 못할 것이다. 그러한 예로서, 1961년 5·16 군사쿠데타를 통해 불법적으로 정권을 장악한 박정희 정권은 정치적 정통성을 결여하고 있었기 때문에 국민들로부터 지지를 받지 못했다. 따라서 박정희 정권은 국민여론을 수렴하는 절차를 거치지 않은 채 한국군 부대의 월남 파병과 한·일 국교정상화라는 중요한 외교정책을 일방적으로 결정하였고, 이러한 외교정책은 결국 대다수 국민들로부터 커다란 반대에 직면하게 되었던 것이다.[63]

이상에서 살펴본 것처럼, 국가의 정치체제와 통치자 개인의 성향에 따라 외교정책 결정과정은 제각기 다른 특징을 지니고 있지만, 외교정책 결정과정은 일반적으로 다음과 같은 경향을 지닌다.[64]

첫째, 정책결정자가 외교정책에 관심을 많이 가지면 가질수록 외교정책을 결정할 때에 개인의 영향을 크게 받게 된다. 대통령이나 총리와 같은 최고 정책결정자 가운데에는 국내의 정치·경제·사회문제에 많은 관심을 갖는 사람도 있지만, 어떤 사람은 국내문제보다는 국가 간의 관계나 대외정책에 더 많은 관심을 갖기도 한다.

둘째, 정책결정자에게 정책선택의 폭이 크게 주어지게 되면 외교정책 결정에 있어 개인의 성향이 더 크게 작용하게 된다. 독재정권은 정책결정에 국민의 제약을 거의 받지 않기 때문에 외교정책 결정에 독재자의 개인적인 견해가 크게 작용하며, 따라서 독재정권의 외교정책은 쉽게 변할 수 있다. 외교정책 결정자에게 정책선택의 폭을 넓게 하는 요소는 지도자의 카리스마(charisma)이다. 카리스마가 있는 지도자는 그의 정책에 대한 국민의 지지를 받게 될 것이므로 그러한 지도자는 정책결정에 있어 폭넓은 자유를 누릴 수 있다. 예를 들면, 과거 인도의 네루(Jawaharlal Nehru) 총리는 상당한 카리스마를 지니고 있던 통치자였다. 이와 같은 지도자는

---

63) 위의 책, pp. 102-103.
64) L. Jensen, *op. cit.*, pp. 14-17.

선진국보다 개발도상국에 더 많이 존재하고, 외교정책을 결정할 때 개도국의 지도자는 선진국의 지도자보다 개인적 성향이 더 많이 반영된다. 특히, 개도국은 관료제도가 제대로 발달되지 못하여 관료들이 외교정책 결정과정에 적극적으로 참여하지 못하고 있다.

셋째, 외교정책을 결정하는 데에는 정책결정의 구조보다 개인적인 요소가 더 크게 작용한다. 한 연구결과에 따르면, 외교정책을 결정할 때 개인적 요소와 정책결정 구조 가운데 어느 것이 더 크게 작용하느냐고 관리들에게 질문했을 때 하위직 관리들은 정책결정 구조가 더 크게 작용한다고 답변한 반면에, 고위직 관리들은 개인적 요소가 더 크게 작용한다고 답변했다는 것이다. 그런데 관리들의 답변이 이처럼 상이한 이유는 고위직 관리들의 역할이 명확하게 규정되어 있지 않기 때문이다. 실제로 대부분의 국가에서는 외교정책을 결정할 때 구조의 작용을 억제하고, 그 대신에 개인의 성향이 더 크게 작용할 수 있게끔 되어 있다.

넷째, 외교정책 결정에 있어 비정상적인 상황에서는 기본적인 과정이 작동될 수 없기 때문에 정책을 결정할 때 개인의 역할이 더 중요하다. 위기상황은 지도자들에게 더 커다란 역할을 할 수 있는 기회를 제공한다. 국가 간의 전쟁과 같은 위기상황에서 정책결정을 할 때에는 여기에 참여하는 사람의 수가 크게 제한되기 때문에 이 경우에는 최종 정책결정자의 역할이 그 어느 때보다 더 중요하게 작용한다.

다섯째, 어떤 상황이 매우 유동적이고 예측이 어려울 뿐만 아니라 모순되는 정보가 난무하는 경우 정책을 결정할 때 지도자 개인은 커다란 영향을 미치게 된다. 즉, 국내외적으로 매우 복잡하고 어려운 상황 하에서 정책을 결정할 때에는 지도자 개인의 성향에 의해 정책이 결정되는 경향이 있다. 미래가 불투명한 상황에서는 누구도 정책에 반대할 수 있는 요소들을 갖고 있지 않기 때문에 최종 정책결정자는 정책을 결정하는 데 있어서 반대나 저항에 직면하지 않는다. 그러므로 지도자 개인의 견해와 의지에 따라 비교적 자유롭게 정책을 결정할 수 있는 기회를 갖게 된다.

여섯째, 어떤 상황에 대한 정보가 너무 많거나 또는 너무 적을 때에도 지도자 개인의 성향이 정책결정에 크게 작용한다. 이러한 상태에서는 어느 누구도 상황을 정확하게 파악하기 어렵기 때문에 지도자의 역할이 클 수밖에 없다.

　일곱째, 현재 발생한 사태에 대처하기보다는 장기적인 목표를 달성하기 위한 정책을 결정할 때에도 지도자 개인의 독특한 성향이 크게 작용한다. 장기적인 정책을 결정할 때 지도자는 비교적 시간적인 여유를 갖고 개인의 성향에 따라 정보를 선택할 수 있고, 또한 전문가들로부터 자기의 성향에과 일치하는 조언을 들을 수 있기 때문에 이 경우에도 지도자 개인의 성향은 중요하게 작용한다.

　여덟째, 만일 어떤 상황이나 문제가 국가의 생존에 매우 중대한 영향을 미치는 것으로 지도자가 판단한다면, 이에 대응하는 외교정책을 결정할 때에 지도자 개인의 견해나 성향을 반영하는 것을 자제하게 된다. 왜냐하면 그 문제나 상황이 국가에 매우 커다란 영향을 미치기 때문에 지도자가 단독으로 자신의 견해나 성향에 따라 정책을 결정하는 것이 매우 위험하다고 생각하기 때문이다.

제 **4** 장
외교정책노선의 의미와 유형

1. 외교정책노선의 의미

한 국가가 다른 국가와 외교관계를 갖거나 또는 외교정책을 추구할 때 그러한 것은 그 국가가 채택하고 있는 입장이나 태도에 의해 결정된다. 국가의 이러한 입장이나 태도는 그 국가가 처해 있는 여러 국내외적 상황에 따라 결정된다. 즉, 한 국가가 어떤 외교정책이나 외교정책노선을 채택할 때에는 정치, 경제, 군사, 문화 등 여러 가지 측면을 고려하여 결정하게 된다.

그런데 국제관계에서 한 국가의 외교정책이 어떤 노선과 방향을 취할 것인가 하는 문제는 바로 국가적 정향의 문제라고 할 수 있다. 국가적 정향이란 전체로서의 민족집단 또는 국가집단의 행동정향 내지 태도를 말한다. 외교정책노선은 바로 이러한 국가적 정향에 의해 결정되며, 한 국가의 국제적 문제에 대한 개입 수준과 범위는 그 국가의 일반적 정향의 표현으로 나타난다.

이처럼 '외교정책노선(foreign policy line)'이란 한 국가가 자국의 국가이익을 증진하는 데 가장 유리하다고 생각하는 외교정책이나 외교관계를 결정짓는 데 기준이 되는 노선을 말한다. 다시 말해서, 외교정책노선은 한 국가가 그의 외교정책을 결정하고 외교관계를 갖는 데 있어서 다른 국가와 어떻게 그리고 어느 정도의 유대관계를 가지며, 또 다른 국가 및 세계문제에 대해 어느 정도 간여하느냐를 가늠하는 기준을 의미하는 것이다.[65]

국가는 명확한 외교정책노선을 가져야 일관성 있는 외교관계와 외교정책을 추구

---

65) 송영우, 『국제정치학』, p. 189.

해 나갈 수 있다. 어떤 국가는 외교정책노선을 결정함에 있어 자국이 처해 있는 상황은 물론 다른 국가나 또는 거시적인 측면의 국제정치 등을 고려하여 외교정책노선을 결정하는 반면에, 어떤 국가는 다른 국가들은 전혀 고려치 않고 자국의 입장만을 고려해서 외교정책노선을 결정짓는 경우가 있다. 예를 들어, 미국은 19세기 초반 영국, 프랑스 등 유럽 제국주의 열강과의 관계를 고려하여 고립주의노선을 채택하였으나, 제2차 세계대전 이후에는 자국의 전략적 이익을 고려하여 동맹외교노선을 채택하였다. 또 미얀마 등 일부 국가는 특수한 국내정치상황을 고려하여 고립주의노선을 채택하기도 하였고, 또 인도, 인도네시아, 유고슬라비아 등은 한때 그들 국가의 정치적·경제적 목적을 달성하기 위해 비동맹노선을 추구하기도 하였다.

2. 외교정책노선의 유형

외교정책노선은 국제환경에 대한 한 국가의 대외정책을 조정하는 일반적인 원칙과 기준이 되는 것으로서, 역사적으로 세계 각국 정부는 고립주의노선, 중립주의노선, 비동맹노선, 현상유지노선, 수정주의노선, 제국주의노선, 동맹외교노선 등 여러 가지 외교정책노선을 취해왔다.

(1) 고립주의 외교노선

고립주의 외교노선은 어떤 외교정책노선보다도 가장 소극적인 외교정책노선으로서, 이는 다른 국가와의 관계를 최소화하거나 또는 거의 단절하며 살아가겠다는 의미를 갖고 있다. 그러므로 이러한 정책노선을 취하는 국가는 적극적인 대외활동이나 대외관계를 갖지 않게 된다.

그런데 고립주의노선을 택하는 국가는 우선 군사적으로 영토의 안전에 대한 위협이 없어야 한다. 즉, 지형적으로 커다란 산맥이나 대양과 같은 자연적 보호장벽이 존재하여 다른 국가로부터 쉽게 무력침략을 받지 않는 국가는 고립주의노선을 취하여 성공을 거둘 수 있다.

역사적으로 고립주의노선을 채택했던 대표적인 국가로는 19세기 초반의 미국을 들 수 있다. 1823년 12월 미국의 먼로(James Monroe) 대통령은 의회에 보낸 교서를 통해 소위 '먼로 독트린(Monroe Doctrine)'을 발표했는데, 그것의 주요 내용은 다음과 같은 세 가지이다.

첫째, 독립적이고 자유로운 미주대륙은 금후 유럽 열강의 식민지 대상이 될 수 없다.

둘째, 유럽의 정치제도는 미국의 정치제도와 다르다. 유럽 열강은 그들의 정치제도를 미주대륙에 이식하려 하는데, 이러한 행위는 우리의 안전과 평화를 위태롭게 할 우려가 있다. 따라서 우리는 유럽 열강의 이러한 행위에 반대하며, 그 대신 미주대륙과 유럽 사이에 공평하고 우호적인 관계가 지속되기를 희망한다. 동시에 우리는 유럽 열강의 미주대륙에 대한 간섭을 용납할 수 없다.

셋째, 미국 역시 유럽대륙의 어떠한 문제에 대해서도 간섭하지 않을 것이다.[66]

미국은 유럽 열강이 미주대륙에 간섭할 능력이 있었고, 또 신대륙에 대한 제국주의적 야욕을 가지고 있다고 생각하고 있었다. 그러나 '먼로 독트린'이 선언되었을 당시에 미국은 제2차 세계대전이 발발하기 직전 독일로부터 받았던 것과 같은 군사적 위협은 존재하지 않았다. 그럼에도 불구하고, 미국이 '먼로 독트린'을 발표한 목적은 유럽 열강이 미주대륙의 정치제도를 혼란시키는 행위를 방지하고 미국에 대한 위협을 최소화하려는 것이었으며,[67] 또한 미주대륙에서 미국의 패권주의를 확실히 다지기 위해서였다.[68]

---

66) R.W. Van Alstyne, *op. cit.*, p. 585.

67) C.V. Crabb, Jr., *The Doctrine of American Foreign Policy: Their Meaning, Role and Future*, p. 18.

68) R.W. Van Alstyne, *op. cit.*, p. 588.

이처럼 '먼로 독트린'은 유럽 열강의 미주대륙에 대한 간섭에 반대하고, 또한 미국도 유럽에 대해 개입하지 않겠다는 것으로, 유럽에 대한 고립을 천명한 미국의 외교정책노선이다. 미국이 이러한 정책노선을 채택할 수 있었던 배경은 유럽대륙과 미주대륙 사이에 대서양이 가로놓여 있어 당시의 과학기술이나 무기 등으로 유럽 열강이 쉽게 미주대륙을 침공할 수 없었기 때문이다. 만약 미국이 유럽 열강과 지리적으로 인접해 있었더라면 고립주의노선의 채택은 불가능했을 것이다.

과거의 버마(오늘날의 미얀마)도 1962년부터 20여 년 동안 철저한 고립주의노선을 취해왔다. 이처럼 버마가 고립주의노선을 택한 이유는 버마가 강대국의 경쟁대상이 되는 것을 막고, 버마의 경제가 외국인에 의해 지배되는 것을 방지하며, 버마 사회가 외국 문물에 의해 오염되는 것을 크게 염려했기 때문이었다.[69] 즉, 버마는 몇몇 비정부간 국제기구에 대한 참여를 제외하고, 모든 외국 원조기관을 추방하였고, 외국 방문객의 48시간 이상 버마 체류를 법으로 금지하였으며, 또 지역의 동맹체나 심지어 지역의 경제적·문화적 집단에 대한 가입도 거부하였다. 뿐만 아니라 극히 일부 학생들만의 외국유학을 허용하였고, 모든 외국인 소유의 개인기업을 국유화하였다. 또한 모든 외국 영화와 문학작품은 검열하였고, 새로운 외국자본의 투자는 허용되지 않았다.

이러한 고립주의노선을 취해온 버마는 국내 정치적으로 또 외교적으로 독립성을 유지했고, 경제·사회·문화적으로 순수성을 지켜왔을지는 모르지만, 궁극적으로 국가발전과 국민생활의 향상이라는 측면에서 보면 고립주의노선의 채택은 결코 성공적이었다고 할 수 없다.

오늘날 고립주의 외교정책노선을 채택하는 국가는 대체로 독재국가이거나 공산주의국가이다. 독재국가의 통치자들은 외국과의 접촉과 교류를 차단하여 정통성이 결여된 정권을 유지하려 한다. 이들은 외국으로부터 반정부적인 사조(思潮)가 유입되면 독재정부에 대한 국민의 저항을 강하게 만들 수 있기 때문에 이러한 조류의

---

69) K.J. Holsti, *op. cit.*, p. 96.

유입을 막기 위해서도 고립주의노선을 채택하는 경향이 있다.

마오쩌뚱이 통치하던 시절 중국은 국내정치적 목적에서 고립주의노선을 택하였고, 북한도 이와 비슷한 목적에서 고립주의노선을 견지해 왔다. 그러나 중국은 1972년 미국과의 관계개선을 계기로 점차 대외개방적인 정책을 추진하기 시작했으며, 1978년 덩샤오핑정권이 출범한 후부터는 적극적인 개혁·개방정책을 추진한 결과 중국은 오늘날 급속한 경제성장을 이루게 되었다. 이처럼 중국의 고립주의노선의 포기는 중국의 경제적 발전과 번영을 가져다주었다.

한편 냉전이 종식되고 공산주의 이데올로기가 급격히 퇴조되었음에도 불구하고, 북한은 체제변화를 두려워한 나머지 대외개방을 극히 최소화하며 아직도 고립주의노선을 포기하지 않고 있다. 특히, 1990년대 이후 북한의 경제난이 심화되었고 국제사회에서 외교적 고립이 가중되어 왔지만, 북한은 개혁·개방에 매우 소극적인 자세를 보이고 있다. 정권수립 이래 북한이 오랫동안 추구해 온 고립주의노선, 특히 자력갱생원칙에 입각한 민족경제의 경제건설이라고 하는 폐쇄적인 경제정책기조는 결국 북한경제를 매우 어렵게 만든 주요 요인이 되었다.

이상에서 살펴본 것처럼, 고립주의 외교정책노선의 목적은 정치·외교적으로 독립을 유지하고, 외교정책의 자유와 독자성을 최대한 확보하려는 데 있다. 한 국가가 다른 국가와의 접촉이나 교류를 갖지 않거나 최소화하는 것은 다른 국가의 경제적·문화적 침투를 막을 수 있어 자국의 순수성을 유지할 수 있고, 고유한 전통을 보다 잘 유지할 수도 있을 것이다. 물론 정치적인 독립이나 순수성도 중요하긴 하지만, 그렇다고 해서 이것만을 지나치게 강조하다 보면 자칫 그 국가의 존립이 위태로워질 수도 있고, 국민의 생활이 매우 어려워질 수도 있다.

특히, 현대사회처럼 교통과 통신 등 과학기술의 발달로 세계가 일일생활권에 속해 있고, 또한 국가 간의 상호 교류와 접촉이 확대되고 있는 시점에서 국가가 모든 것을 자급자족할 수 없다면, 고립주의노선의 채택은 국가이익에 전혀 도움이 되지 않는 매우 비적절한 외교노선으로 평가되고 있다.

(2) 중립주의 외교노선

일반적으로 말해서, 중립주의 외교노선이란 한 국가가 대외정책의 원칙으로서 중립을 취하겠다는 정책으로, 기본적으로 타국 간에 벌어지는 군사적 분쟁에 관여하지 않겠다는 것이다. 이를 위해 중립국가들은 평화 시에도 군사동맹에 참여하지 않고, 외국의 군사기지 설치를 불허하는 것을 원칙으로 하며, 장차 발생할지도 모를 타국의 군사적 충돌에 자국이 참여하지 않을 것임을 대외적으로 천명하게 된다.

이처럼 국제정치에 있어 중립주의 외교노선은 한 국가의 외교적·군사적 행태를 결정지어 주는 하나의 기준이자 원칙이 되고 있다. 즉, 중립주의 외교노선을 추구한다는 것은 외교적으로나 군사적으로 어떤 특정 국가를 반대하거나 지지하지 않을 것을 천명하는 외교적 입장을 말하는 것이다. 그런데 중립주의 외교노선 내에는 서로 내용을 달리하는 몇 개의 노선이 있다.

우선 주변의 여러 국가들에 의해 '중립국가(neutralized state)'가 되어 주변 국가들의 필요와 보장에 의해서 외교적으로 중립주의 외교노선을 걷는 국가가 있다. 이는 주로 강대국들이 그들 간의 충돌을 방지하는 완충지대로서의 역할을 할 수 있다고 생각되는 국가를 다변조약에 의해 외교적·군사적으로 중립을 보장하는 것이다. 그러므로 이렇게 중립국가가 되면 평시 또는 전시를 막론하고, 외교적·군사적으로 언제나 어느 측을 반대하거나 지지하지 않는 중립적인 입장을 견지해야 한다. 이 경우에는 스스로 중립주의노선을 택하는 것이 아니기 때문에 이 국가에게는 중립노선을 택하는 동기나 목적은 없다. 오히려 그 동기나 목적은 주변 강대국들 간의 무력충돌을 방지하려는 데 있는 것이다.

이러한 중립국가는 우선 그의 영토적 안전을 보장받는다는 장점을 갖고 있다. 그러나 외교정책이나 국가 간의 관계가 소극적이기 때문에 대외관계나 대외행위에 의해 달성할 수 있는 목표나 정책의 폭은 그다지 크지 않을 것이다. 이와 같이 중립국가가 된 국가들로는 스위스(1815), 벨기에(1831), 룩셈부르크(1867), 오스트리아(1955) 그리고 라오스(1962)가 있다. 그러나 주변 국가의 다변조약이나 법적 보장에 의해 중립이 보장된 국가라고 할지라도 그 지위가 반드시 그리고 영원히 보장되는 것은 아니다. 벨기에, 룩셈부르크 그리고 라오스는 주변 국가의 무력침공으로 인해 중립국가로서의 지위를 상실한 국가들이다. 그러므로 이러한 중립국가의 지위는 주변 국가들, 특히 강대국들이 그 필요성을 인정할 경우에만 계속 유지될 수 있다.

또한 스웨덴은 국제법상으로 또는 강대국에 의해 중립국가로서의 지위가 보장되지는 않았지만, 19세기 이래 외교적으로 중립주의노선을 견지하고 있다. 스웨덴의 중립주의노선의 특징은 전시에는 물론 중립적 입장을 취하고, 평화 시에도 비동맹정책을 고수하고 있다. 스웨덴은 정치적 또는 군사적 의미를 갖는 국제기구에는 일체 참여하지 않고 있다. 예를 들어, 스웨덴은 북대서양조약기구나 바르샤바조약기구와 같은 군사동맹기구에 가입하지 않았고, 경제적 기구인 유럽공동체(EC)에도 가입하지 않았다. 그 이유는 유럽공동체가 정치적 색채를 띠고 있었으므로 스웨덴은 이러한 국제기구에 가입하면 그의 중립주의노선에 제한을 받을 우려가 있다고 판단했기 때문이다. 스웨덴과 같이 독자적인 외교정책을 추진하기 위해 스스로 중립주의노선을 택하는 경우도 있는데, 이러한 노선을 '정치적 중립주의노선'이라 할 수 있다.

다음의 중립주의노선은 세계적인 규모의 전쟁이나 또는 국지적인 전쟁이 발발했을 때 중립적 입장을 취하고자 하는 국가 스스로 중립을 선언하는 경우이다. 이는 교전국가 쌍방 모두에 대해 중립적인 입장을 갖는 것으로, 이러한 중립주의노선은 전쟁이 종결되거나 또는 중립을 선언한 국가가 전쟁에 참가하면 중립적 입장은 자연적으로 해소되는 것이다. 전시에 중립을 선언한 국가는 국제법이 규정하고 있는 전시 중립국가로서의 의무를 준수하여야 한다. 즉, 전시 중립국은 교전국에 대하여 직접 또는 간접적으로 전쟁 수행에 관련된 원조를 제공해서는 안 된다. 이것을 '회피 의무'라고 한다. 군대의 제공은 물론이고, 차관의 공여나 그 지급 보증 또는 교전국 군대에 대한 비호도 해서는 안 된다. 그리고 전시 중립국은 자국의 영역이 교전국의 전쟁목적에 이용되는 것을 방지할 의무가 있는데, 이것을 '방지 의무'라고 한다. 따라서 자국 내에서의 교전국을 위한 징병이나 적대행위의 준비활동 등은 방지되어야 한다.[70] 이러한 의무를 위반할 시에는 전시 중립국가로서의 지위를 상실하게 한다.

전시에 중립을 선언하는 국가는 우선 전쟁에 직접 참여할 이유가 없는 국가 또는 전쟁에 개입하는 것보다 중립적 태도를 견지하는 것이 보다 더 유리하다고 판단하는 경우에 중립을 택할 것이다. 교전국 사이에 중립을 유지하는 것은 그 국가가 임의로 선언하는 것이기 때문에 그 중립이 반드시 보장되는 것은 물론 아니다.

한편 약소국이 중립정책을 성공적으로 유지하기 위해서는 객관적 환경과 더불어 국내적 조건을 갖추어야 한다. 먼저 객관적인 환경으로는 첫째, 상호 경쟁 내지는 적대관계에 있는 강대국 간의 군사력이 어느 정도 균형을 이루어 그들 간에 전쟁 가능성이 없어야 하며, 또한 중립을 지키고자 하는 약소국이 어느 한쪽의 강대국으로부터 직접적인 위협을 받지 않아야 한다. 둘째, 약소국은 정치적으로나 전략적으로 강대국의 주요 관심대상이 되어서는 안 된다. 또한 약소국 스스로가 갖추어야 할 국내적인 조건으로는 첫째, 약소국의 군사적 자위력이 너무 약해서는 안 되며, 또한 타국의 침략에 대해 자국의 독립과 중립지위를 지킬 만한 능력이 어느 정도 있어야 한다. 둘째, 약소국은 강대국에게 중립의 지속성에 대한 신뢰감을 주기 위하여 국내적으로 정치·경제·사회 등 모든 면에서 안정을 유지해야 한다.

(3) 비동맹노선

비동맹노선은 중립주의 외교노선의 하나로서, 이러한 외교정책노선은 제2차 세계대전 이후에 형성된 냉전체제의 산물이라고 할 수 있다. 즉, 비동맹노선은 미국과

---

70) 장효상, 『현대국제법』(서울: 박영사, 1987), pp. 491-492.

소련이 양극체제를 형성·유지하고 있을 때 외교적·군사적으로 동·서 진영 어느 측에도 가담하지 않겠다고 한 외교적 입장을 말한다. 보다 구체적으로 말해서, 비동맹노선이란 제2차 세계대전 이후 미·소 양극체제의 갈등 속에서 신생국가들이 중립을 하나의 공통된 정책으로 택하고, 동·서 어느 진영의 군사블록이나 군사동맹에도 가담하지 않은 채 반제국주의와 반식민주의에 입각하여 새로운 세계질서를 구축해 나가고자 한 대외적 움직임을 말한다. 그러나 비동맹노선을 추구하는 국가들도 경제·사회·문화적으로는 동·서 양진영의 중심국가인 미국이나 소련과 어느 정도 교류를 갖고 있었다.

전통적으로 중립(neutrality), 중립화(neutralization), 중립주의(neutralism), 비동맹(non-alignment) 등의 개념은 모두 유사한 외교정책정향을 의미하였다. 이들 용어의 개괄적인 의미는 다른 국가들 간의 군사적 또는 정치적 갈등이나 분쟁상황 하에서 분쟁 당사국 어느 일부에 대해서도 군사적 내지 외교적 지지나 지원을 삼가한다는 것이다. 그런데 '중립주의'와 '비동맹'의 차이는 '중립주의'가 다른 국가들의 행위에 의해 취득하는 지위인 데 반하해, '비동맹'은 국가 스스로 정책방향을 정하는 것이고 다른 국가에 의해 비동맹의 지위를 보장받지도 못한다.[71]

비동맹을 선언한 국가는 간혹 강대국들 간의 다자조약에 의하여 비동맹의 지위를 보장받음으로써 중립국이 되기도 한다. 그 대표적인 예로는, 국제조약에 의하여 1955년 오스트리아가 중립국이 된 것을 들 수 있는데, 중립조약에 의하여 중립국이 된 국가는 자국의 영토에 외국 군대가 주둔하는 것을 허용하지 말아야 하고, 다른 국가와 군사조약이나 협정을 체결하지 말아야 한다. 중립을 보장하는 국가도 전시 또는 평시에 중립국의 영토나 주권에 대한 침해를 하지 말아야 하고, 중립국가로서의 권리를 훼손하지 말아야 한다.[72]

이런 점에서 '중립'은 법적 개념이고, '비동맹'은 냉전구조 속에서 나타난 정치적

---

71) 구본학 외(공저), 앞의 책, p. 74.
72) K.J. Holsti, *op. cit.,* pp. 101-102.

개념이라고 할 수 있다. 다시 말해서, 중립주의노선이 전통적으로 타국 간의 분쟁에 개입하지 않겠다는 소극적인 의사표시인 데 비해서, 비동맹노선은 반(反)블록선언이자 동·서 양 진영 중 어느 한쪽과도 자동적으로 외교와 군사면에서 동일시되지 않겠다는 적극적인 의지의 표현이라고 할 수 있다.

그런데 비동맹노선은 1947년 8월 인도가 오랜 투쟁 끝에 영국으로부터 정치적 독립을 획득한 후 네루(Pandit J. Nehru) 총리가 "아시아의 독립국가들은 쟁취한 독립을 유지하기 위해 자유주의와 공산주의 어느 진영에도 가담하지 않아야 한다"는 중립적 입장을 비동맹정책이란 이름으로 처음 제창한 데서 비롯되었다.

보다 구체적으로 말해서, 비동맹정책은 제2차 세계대전 이후 신생국들이 강대국들 간의 대결과는 무관하게 정치적으로 자주성을 확보하기 위해 선택한 정책으로, 대체로 다음과 같은 성격을 지니고 있었다.

첫째, 비동맹정책은 냉전이라는 동·서 양 진영 간의 첨예한 대결상태 속에서 그 어느 진영에도 속하는 것을 거부한 신생국가들의 태도 표명이었다.

둘째, 비동맹정책은 신생국에서 나타나고 있는 민족주의의 소산이었다. 즉, 비동맹정책은 강렬한 탈식민지화로의 움직임과 독립국가로서의 자주외교를 중시한 것이 그 대두배경이 되었다.

셋째, 비동맹정책은 국제적인 관점에서 볼 때 대체적으로 군사적인 문제의 범위에 머무르고 있었다.

이처럼 약소국들은 미·소 강대국들의 세력다툼에서 벗어나 정치·외교적 자주성을 높이고, 군사적 안전을 확보하며, 대내 경제발전을 도모할 수 있다는 가능성 때문에 비동맹정책에 대해 많은 관심을 갖게 되었다. 이를 위하여 비동맹국가들은 ① 영토 보전과 주권에 대한 상호 존중, ② 상호 불가침, ③ 내정 불간섭, ④ 동등한 상호 이익, ⑤ 평화공존 등과 같은 국제관계의 5원칙을 제시하였다.[73]

---

73) J.W. Burton, *International Relations*(Cambridge: Cambridge University Press, 1967), p. 202.

이러한 비동맹정책은 당시의 실론(현재의 스리랑카), 버마(현재의 미얀마), 인도네시아 등의 호응을 얻어 1950년 1월 콜롬보회의를 거쳐 1954년 두 차례의 회의를 더 가진 뒤 점차 세계적으로 주목받기 시작하였다. 그 후 1955년 4월 인도네시아의 반둥에서 인도, 인도네시아, 버마, 실론, 파키스탄 5개국은 아시아-아프리카회의를 개최했으며, 이러한 반둥회의는 더욱 발전하여 1961년 9월 유고슬라비아의 베오그라드에서 아시아 11개국, 아프리카 11개국 그리고 중남미 3개국의 국가원수들이 참여한 가운데 제1차 비동맹정상회의가 개최되었다. 비동맹정상회의는 1989년 9월 제9차 회의까지 계속되었고, 이 회의에 참가한 국가의 수는 1백여 개국으로 증가하였다.

이로써 비동맹국가들의 기구가 체계화되기 시작하였고, 또한 비동맹운동이 조직적으로 전개될 수 있는 계기가 마련되었다. 즉, 비동맹국가들은 인도의 네루, 인도네시아의 수카르노, 가나의 엔크루마 등이 중심이 되어 1962년 7월 카이로에서 비동맹국경제회의를 개최하였다. 이 경제회의를 계기로 1964년에 유엔무역개발회의(United Nations Conference on Trade and Development; UNCTAD)가 탄생되었다. 이 기구의 설립목적은 유엔을 통해 기존의 국제경제질서를 개발도상국들의 이익을 증대시킬 수 있는 방향으로 개혁하려는 것이었다. 이 유엔무역개발회의의 회원국들을 일명 '77그룹(the Group 77)'이라고 하는데, 이들은 국제무대에서 한 목소리로 그들의 입장을 표명하였다.

이 '77그룹'은 대체로 아시아와 아프리카지역의 신생 개발도상국가들로 구성되었는데, 이 그룹에 속해 있는 국가들을 소위 '제3세계(the Third World)'라고도 부른다. '77그룹'에 속한 국가들은 제3세계의 단결을 촉구하고, 이 국가들 간의 경제협력 — 소위, 남남협력 — 을 강조하며 새로운 국제경제질서(New International Economic Order; NIEO)의 확립을 주장하였다. 또한 이 국가들은 민족해방운동의 지원과 신식민주의와 패권주의에 대한 반대투쟁을 전개하였다.

아프리카 신생국가들의 국경은 언어, 인종, 문화 등에 근거해서 그어진 것이 아니라, 과거 서방 선진국들의 편의에 의해서 획정되었기 때문에 이들 국가에는 민족이 있을 수 없었다. 그리하여 각 신생국가 내에는 각기 다른 인종, 문화, 언어를 가진 집단 간에 심각하게 분열하여 대립되어 있었고, 국가의 단결과 독립을 위협하였다. 그리하여 전후 아프리카 국가들이 내세운 민족주의는 아프리카주의(Africanism)였다. 아프리카주의는 과거에 대한 반항, 열등한 지위에 대한 반항, 인종적 편견에 대한 반항, 착취에 대한 반항으로 점철되어 있었다.

아시아와 아프리카 국가들이 갖고 있는 민족주의의 특성은 이 지역 국가들을 한데 묶는 반둥회의에서 잘 표출되었다. 즉, 반둥회의에서 비동맹은 아시아·아프리카 민족주의를 대변하게 되었다. 특히, 인도의 네루 총리와 같은 지도자들은 비동맹정책을 강화하기 위하여 민족주의와 자주독립을 이용하였기 때문에 민족주의가 비동맹과 연결되게 되었다. 이와 함께 아시아와 아프리카의 신생국들은 거의 대부분 과거 식민지 통치를 경험하였고, 그리하여 경제적으로 낙후되어 있다는 공통점을 가지고 있었다. 그런데 반둥회의에서 이 두 가지를 회의 주제로 선정하여 더 많은 국가들의 참여를 유도하였고 또 공감도 얻었다. 그리하여 많은 국가들은 비동맹을 민족적 외교정책노선으로 채택하면서 크게 확산되었다.74)

아시아와 아프리카의 비동맹국가들은 미국과 소련 그리고 이들의 동맹국과는 군사적 동맹관계를 갖고 있지 않았지만, 이들 국가 이외의 다른 국가들과는 동맹관계를 갖고 있었다. 예를 들어, 아프리카연합기구(Organization of African Unity)나 서남아프리카인민회의(the Southwest African People's Organization) 등은 순수한 군사동맹기구는 아니지만, 필요한 경우 군사적인 연합전선을 형성하며, 실질적으로는 군사동맹과 같은 역할을 하기도 하였다.

그런데 외교정책노선에 있어서는 똑같이 비동맹노선을 추구하고 있지만, 그 성격과 내용을 달리하는 국가들도 있다. 지역적으로 아시아와 아프리카에 속하지도 않고, 또 신생 개발도상국이 아닌 유럽의 선진국에 속하는 아일랜드, 덴마크, 스웨덴,

---

74) *Ibid.,* pp. 186-192

핀란드와 같은 국가들도 비동맹노선을 추구하고 있다. 이러한 국가들은 군사동맹기구인 북대서양조약기구(NATO)에 가입하고 있지 않다. 그러나 이 국가들은 아시아와 아프리카의 비동맹국가들과는 달리 새로운 세계경제질서의 수립을 요구하지 않고, 또한 민족해방운동도 지원하지 않는다.

특히, 아시아와 아프리카의 신생 개발도상국들이 비동맹노선을 추구하는 목적은 우선 미국과 소련 등 강대국들에 의해서 야기되는 국제적 분쟁에 개입하지 않으려는 것이고, 두 번째 목적은 경제적인 고려에서 비롯된 것이다. 만일 신생 개발도상국들이 어느 한쪽과 깊은 군사적·외교적 관계를 갖게 되면, 이런 관계를 갖지 않는 국가로부터는 경제적 지원을 받을 수 없다. 그렇기 때문에 군사적·외교적으로 중립을 지키며 동·서 양 진영으로부터 경제적 지원을 받기 위한 것이 가장 중요한 목적 중의 하나이다. 또한 강대국과 동맹관계를 갖게 되면 대외행위의 자유를 크게 제한받게 되어 자국의 필요에 의한 대외정책 형성의 기회를 가질 수 없게 된다. 더욱이 강대국과의 동맹은 약소국으로 하여금 강대국의 필요를 위해 약소국의 희생을 강요당하기도 한다. 그렇기 때문에 경제적으로는 동·서 양 진영으로부터 그들의 필요를 충족시키고, 정치적으로는 독자적이고 자유로운 행위와 정책을 향유하려는 것이 그 주된 목적이다.

아시아와 아프리카의 신생 개발도상국들이 비동맹외교노선을 추구하는 세 번째의 목적은 비동맹노선을 국내적인 정치통합에 이용하기 위해서였다. 이 국가들은 과거 서방 선진국가들의 식민지 통치를 경험하였기 때문에 대체로 반서구적이고 반식민지적인 의식을 가지고 있다. 특히, 신생국들은 다양한 언어, 종족, 종교 등을 갖고 있어 이들 간에는 언제나 분쟁의 소지가 잠재해 있다. 그리하여 이들을 통합하는 상징으로 비동맹노선을 강조하며, 이와 함께 반서구·반식민지 의식을 고취시켜 이것을 정치적 이념인 민족주의로 승화시킴으로써 국민통합에도 이용하고 정치적으로도 활용하고자 하였다.[75]

---

75) K.J. Holsti, *op. cit.,* p. 99.

그러나 1970년대에 들어서면서 미국과 소련 간에 긴장이 완화되고 또한 동·서양 진영 간의 적대의식이 약화되는 등 양극체제가 붕괴되기 시작하면서 비동맹노선은 그 의미가 크게 반감되었다. 특히, 미국과 소련의 비동맹국가들에 대한 경쟁이 완화되면서 사실상 이들 국가의 중요성이 줄어들기 시작하였고, 또 비동맹노선을 추구하는 국가들의 수가 크게 늘어나고 질적으로도 다양해짐으로써 이들 국가 간의 결속력도 상대적으로 약화되었다. 특히, 비동맹외교의 종주국이라고 할 수 있는 인도가 비동맹노선의 금기를 깨고 1971년 8월 소련과 평화우호협력조약을 체결함으로써 냉전의 산물이었던 비동맹노선은 정치적으로 더 이상 그 존재의미를 가질 수 없게 되었다.

(4) 동맹외교노선

동맹외교노선 또는 외교연합노선은 중립주의노선이나 비동맹노선과는 달리 한 국가가 다른 국가와 외교적·군사적으로 긴밀한 관계를 갖고, 또한 다른 국가와 외교적·군사적으로 동일한 보조를 취할 수 있다는 것을 기본 원칙으로 삼고 있는 외교정책노선이다. 다시 말해서, 동맹외교노선은 A라는 국가가 B라는 국가와 세력경쟁을 벌이기 위해서 A국가처럼 B국가와 적대관계에 있는 다른 국가 ─ 예를 들면, C국가 또는 D국가와 그렇지 않으면 C, D 두 국가와 공동으로 ─ 와 세력을 규합하는 정책으로, 이는 세력균형을 위해서 가장 보편적으로 사용되어 온 외교노선의 하나이다. 이러한 동맹외교노선은 한 국가의 일방적인 선언만으로 형성되는 것이 아니라, 대체로 당사국 간의 합의에 의해서 형성된다.

그런데 '동맹(alliance)'과 '연합(coalition)'의 개념은 혼용되기도 하고, 구별해서 사용되기도 한다. 예컨대, 페더(Edwin Fedder)는 동맹을 연합의 하위개념으로 간주하는 데 반해, 굴릭(Gulik)은 "동맹에서는 보상이 평등하게 분배되나, 연합에서는 그렇지 않다"고 말하고 있다. 연합의 성격이 주로 외교적·경제적인 데 반해, 동맹은 군사적 성격을 띠고 있다. 연합은 그 연합에 참가하는 국가들의 동기와 이익이 다를 수 있으나, 동맹은 주로 군사적 안보문제에 기초하고 있다. 또한 연합은 특정한 형식적 조약이 없이도 가능하나, 동맹은 통상 조약이나 협정에 기초한다.

국제정치의 현실주의이론에 따르면, 국가들은 두 가지 형태의 수단을 통해 세력균형(balance of power)을 이룬다. 첫 번째는 자체 세력의 강화를 도모하는 것으로서, 이를 위하여 경제력을 향상시키고 군사력을 강화하며 고차원적 전략을 개발한다. 두 번째는 외부적인 노력으로서, 우호국 또는 우호국들과 동맹을 결성하여 힘을 결집시키거나 상대방을 약화시키고 위축시킨다. 따라서 동맹은 국제정치에 있어서 전통적으로 세력균형체제를 유지하는 기본적 요소이다. 다시 말해서, 자국의 안보를 유지하게 하는 세력균형을 독자적으로 달성할 수 없을 경우에 다른 국가와 동맹을 맺음으로써 적대진영과의 균형적 세력을 확보하는 것이다.76)

동맹을 그 성격에 따라 구분해 보면 다음과 같은 세 가지 유형으로 분류할 수 있다. 첫 번째는 공격적 또는 전시 동맹이다. 동맹국들은 제3국에 대항하는 전쟁을 수행하기 위해 동맹에 의한 방법으로 결속한다. 두 번째는 방어적 또는 상호 안보 조약이다. 체결국들은 동맹 내의 한 국가가 적대국으로부터 공격을 받을 경우 이를 물리치기 위하여 지원을 하는 협정을 맺는다. 세 번째는 중립 또는 불가침조약이다. 체결국들은 서로에 대한 전쟁에 개입하지 않을 것을 합의한다. 위에 열거한 세 가지 유형은 넓은 의미의 동맹을 표현한 것이며, 우리가 보편적으로 말하는 동맹은 위의 개념 중 첫 번째와 두 번째를 의미한다.77)

일단 동맹이 형성될 경우 동맹국들이 공동으로 추진해야 할 사항은 ① 적대세력에 대항하기 위한 외교정책의 조화, ② 군사계획의 조정, ③ 군비 부담의 분배, ④ 위기시의 협력 등이다. 동맹체제에서 정책적 조화를 이루어가는 과정에서 동맹국가들은 다음과 같은 두 가지 측면을 우려하게 된다. 첫째는 다른 동맹국이 동맹을 포

---

76) 구본학 외(공저), 앞의 책, pp. 68-69.
77) 위의 책, p. 70.

기할지도 모른다는 두려움이다. 구체적으로 말해서, 다른 동맹국이 새로운 동맹을 결성할지도 모르고, 또한 상대 동맹에 대하여 중립적이 되거나 상대 진영에 합류할 가능성을 우려하게 된다. 또한 동맹을 결성할 때 제시했던 공약을 실행하지 않을 우려도 갖게 된다. 둘째, 자국의 국익에는 별로 연관이 없는 분쟁에 개입해야만 하는 우려도 갖게 된다. 이러한 두 가지 우려를 갖고서 동맹에 참여하는 국가는 안보적 딜레마를 갖게 된다.[78]

한편 동맹의 종류는 동맹국들이 공동행위가 필요할 경우의 대응방법과 책임의 측면에서 살펴봤을 때 다음 두 가지로 구분된다. 첫 번째로는 동맹조약의 서명국들이 자동적으로 군사적 개입을 하는 동맹이다. 이러한 예로는 북대서양조약기구와 바르샤바조약기구를 들 수 있는데, 대체로 동맹조약 자체에 자동적 군사개입 조항이 포함되어 있다. 두 번째로는 호주, 뉴질랜드, 미국이 체결한 앤저스(ANZUS)나 한·미 상호방위조약, 미·일 안보조약 등과 같이 자동적인 군사개입 조항이 애매하게 되어 있는 동맹이다. 이 조약들에는 자동적 군사개입 공약에 대한 조항은 없이 서명국 일방이 위험에 처할 경우 각국의 헌법적 절차에 의하여 조치를 취하도록 되어 있다.[79]

그런데 동맹외교노선을 채택한 국가는 각 연합체나 동맹이 갖고 있는 권리 및 의무조항에 따라 차이가 있지만, 대체로 연합을 형성한 국가와 동일한 입장과 정책을 가지고 행위하며, 경우에 따라서는 상대방 국가를 위해 희생할 수도 있다는 것을 합의하게 된다. 예를 들어, 동맹국 중 한 국가가 다른 국가로부터 무력침공을 받을 때 그 동맹국이 다른 동맹국에게 참전을 요구하거나, 군사적 지원을 요구하거나 또는 군사기지의 제공을 요구한다면 이러한 요구를 받은 동맹국은 이를 거절할 수 없을 것이다. 왜냐하면 동맹을 맺은 국가는 이미 그러한 외교정책노선을 천명하였고, 또 실제로 동맹관계를 갖고 있으므로 희생이 따르더라도 그러한 요구를 거절

---

78) Glen H. Snyder, "The Security Dilemma in Alliance Politics," *World Politics*, Vol. 36, No. 4(July 1984), p. 467.

79) 구본학 외(공저), 앞의 책, p. 71.

하는 것은 그 국가의 신의를 의심하게 만들기 때문이다. 이처럼 동맹외교노선을 갖게 되면 권리와 의무가 따르기 때문에 유리한 경우도 있지만, 반면에 불리한 경우도 있을 수 있다.

그런데 강대국의 경우는 국내적인 요인보다는 국제적인 요인 때문에 동맹외교노선을 갖게 된다. 강대국이라고 해서 그 국가의 안전보장, 경제, 외교 등이 모두 완벽할 수는 없다. 그러나 강대국이 동맹외교노선을 채택하는 이유는 약소국에 비해 세계적으로 보다 많은 지역문제에 관여하기 때문에 내적 요인보다는 외적 요인이 더 크게 작용한다. 제1차 세계대전이 발발하기 전에 영국, 프랑스, 러시아가 연합했던 것이나 독일, 오스트리아-헝가리 그리고 이탈리아가 3국동맹을 형성했던 것 또는 영국과 일본이 동맹관계를 형성했던 것도 그들 국가의 영토적 안전이 위협을 받았기 때문이 아니었다. 더욱이 제2차 세계대전 후 미국이 중심이 되어 서유럽국가들과 북대서양조약기구를 만든 것이나 또한 소련이 바르샤바조약기구를 만든 것도 미국과 소련이 그들의 영토적 안전에 직접적으로 위협을 느꼈기 때문이 아니었다. 특히, 미국이 냉전체제 하에서 한국, 일본, 동남아국가들과 개별적으로 또는 집단적으로 안보동맹조약을 체결한 것은 이들 국가의 안전을 도모하기 위해서였지, 미국의 영토적 안전이 위협받았기 때문이 아니었다. 소련이 북한이나 쿠바와 동맹관계를 가진 것도 미국의 경우와 마찬가지였다. 이러한 경우에 강대국은 약소국들과 동맹관계를 유지하기 위해 경제 및 군사원조를 제공할 뿐만 아니라 약소국의 사회발전을 위해 여러 가지 형태의 지원을 제공한다.

강대국이 다른 국가들과 동맹관계를 갖는 것은 세계적인 정치·군사적 차원에서 이루어진다. 강대국이 동맹을 형성하는 주된 목적은 자국의 정치적 영향력을 확대·강화하기 위해서이고, 다른 한편으로는 자국과 경쟁적인 다른 국가의 영향력이나 세력의 확대·강화를 저지하기 위해서이다. 즉, 강대국은 자국이 절대적으로 필요한 국가와 동맹을 형성하고, 그 다음 그다지 절실하지 않더라도 적대적이거나 경쟁적인 국가로 하여금 그의 동맹국을 얻지 못하도록 먼저 동맹관계를 형성하는 경우가 있다. 미국이 동남아조약기구(SEATO)를 결성한 것은 이러한 의미를 갖고 있는 것이다.

강대국이 약소국과 동맹관계를 갖는 또 다른 목적은 약소국의 안전을 보장하고, 여러 형태의 원조와 지원을 제공해서 이들 국가에 정치적 영향력을 행사하기 위해서이다. 강대국은 여러 형태의 위협, 예를 들면 안전보장의 철회 또는 원조의 중단 등을 수단으로 해서 정치적으로 영향력을 행사할 수 있게 된다. 이 경우에 약소국으로서는 강대국에 많은 것을 크게 의존하고 있기 때문에 그 영향력에 굴복하지 않을 수 없을 것이다. 그러므로 강대국이 약소국과 동맹관계를 갖게 되면, 강대국은 ① 군사적으로 지원군을 얻어 그의 군사력을 증강시킬 수 있고, ② 경쟁국의 힘의 증대나 그의 세력의 확대를 저지할 수 있게 될 것이며, ③ 약소국에 대한 정치적 영향력을 강화시킬 수 있는 이점을 갖게 된다.

한편 약소국이 동맹외교노선을 채택하는 가장 중요한 이유는 영토적 안전보장 때문이다. 약소국은 군사적으로 자국의 안전을 보장할 수 있는 능력이 없기 때문에 강대국의 보호를 받아야 한다. 역사적으로 볼 때, 약소국이 강대국으로부터 군사적 침략을 받아 주권을 상실하여 식민지가 되거나 또는 다른 국가에 흡수되는 경우가 많이 있었다. 그렇기 때문에 약소국이 자력으로 안전을 보장할 수 없다면 강대국과 동맹관계를 갖는 것이 필연적이라고 하겠다.

역사적으로 약소국들은 자국의 안보에 유리한 방향으로 강대국과의 동맹을 추구하였고, 강대국 또한 약소국에 대해 최대한의 영향력을 행사하기 위하여 강대국과 약소국들이 포함되는 '다자간 동맹(multilateral alliance)'보다는 강대국과 약소국 간의 '양자간 동맹(bilateral alliance)'을 더 선호해 왔다.

그러나 객관적인 면에서 볼 때, 강대국과 약소국 간의 양자간 동맹은 약소국에게 있어 많은 문제점을 내포하게 되는데, 그러한 점들을 살펴보면 다음과 같다.

첫째, 강대국과 약소국이 생각하는 '세력균형(balance of power)'의 개념에는 기본적인 차이가 있다. 약소국은 자신이 속해 있는 지역의 균형에 관심을 집중시키는 반면에, 강대국은 전 세계적인 세력균형에 관심을 집중시키는 경향이 있다. 이때 세계적 균형과 지역의 균형이 항상 일치하는 것은 아니다.

둘째, 약소국과 동맹관계에 있는 강대국이 그 약소국과 적대관계에 있는 다른 강대국과 경쟁관계에서 벗어나 타협과 협조단계에 이르렀을 때, 그 약소국의 안보는 결코 보장될 수 없다.

셋째, 강대국은 약소국과의 동맹을 형성함에 있어 그 적용범위를 가능한 한 좁게 하여 자신의 활동범위를 넓히려고 한다.

넷째, 약소국은 강대국과 동맹관계를 유지함에 있어 공동정책의 추구를 위한 협의권을 강조하고, 강대국은 물질적 기여를 강조한다.

다섯째, 강대국과의 동맹 형성을 통해 강대국이 일방적으로 영향력을 행사함으로써 약소국은 위성국으로 전락할 가능성이 있다.

그런데 약소국이 동맹외교노선을 택한다고 해서 그의 뜻대로 강대국과 동맹을 형성할 수 있는 것은 아니다. 강대국과 약소국 간의 동맹관계 형성 여부는 주로 강대국에 의해서 주도적으로 결정된다. 국제정치 현실에서 볼 때, 강대국이 어떤 약소국과 동맹관계를 가질 필요성을 느끼지 않고 또 약소국과 동맹관계를 가짐으로써 희생이 뒤따른다면, 강대국은 굳이 약소국과 동맹관계를 형성하려 하지 않을 것이다. 강대국의 입장에서 다소의 희생이 따르더라도 정치적·군사적으로 필요하다고 판단할 때에는 약소국과 동맹관계를 가질 것이다. 다시 말해서, 강대국은 순수하게 약소국의 안전을 보장하기 위해서만 약소국과 동맹관계를 갖는 것은 아니다. 만약 약소국이 그의 의도대로 강대국과 어느 때라도 동맹관계를 가질 수 있었다면, 역사적으로 강대국에 의해 정복되거나 식민지가 되었던 국가의 수는 크게 줄어들 수 있었을 것이다.

또한 강대국이나 약소국이 동맹외교노선을 채택하는 것은 국제정치체제와도 밀접한 관계를 갖는다. 19세기의 세력균형체제 하에서 또한 제2차 세계대전 이후의 양극체제 하에서 동맹외교노선은 매우 필요하였다. 19세기 세력균형체제 하의 유럽대륙 내에서 동맹의 형성은 원칙적으로 금기시되었으나, 특정 국가가 유럽대륙의 세력균형을 위협할 경우에는 군사적 연합행위가 이루어졌었다. 예를 들어, 러시아가 터키를 장악하려 할 때 이를 저지하기 위해 영국과 프랑스는 군사적 연합작전을 전개하였다. 또한 19세기 말부터 유럽에서 강대국들은 각기 동맹을 형성하여 서로 패권경쟁을 하였다. 이런 상황 하에서 강대국의 동맹관계는 절대로 필요하였다. 세력균형체제 하에서는 무엇보다도 강대국 간에 세력균형을 유지하는 것이 절대적으로 필요했기 때문에 원칙적으로 동맹의 형성은 용납될 수 없었다. 이와는 반대로 19세기 말의 경우에는 동맹을 형성하는 것이 국가 간이나 블록 간의 균형을 유지하는 데 필요하였다.

미국과 소련 두 초강대국이 중심이 되었던 양극체제 하에서 동맹관계는 정치적으로나 군사적으로 매우 중요하였다. 왜냐하면 양극체제 하에서 군사적 동맹관계는 곧 정치적·외교적 동맹관계로까지 확대되었고, 또한 국가 간의 모든 관계는 자유민주주의와 공산주의라는 이데올로기에 입각해서 형성·유지되었기 때문이다. 따라서 약소국이 미국이나 소련 중 어느 한 강대국과 동맹관계를 형성하게 되면, 그의 안전보장뿐만 아니라 경제문제 또는 다른 국가와의 갈등문제도 어느 정도 해결이 가능하였다. 한편 강대국인 미국이나 소련의 경우에 서로 경쟁에서 뒤지지 않기 위해서 또는 정치적·군사적 영향력을 강화하기 위해서 다른 국가와의 동맹관계를 확대할 필요성을 절감하였다.

그러나 1970년대 이래 미국과 소련 간 그리고 사회주의국가와 자본주의국가 간에 긴장이 크게 완화되어 정치적·군사적 경쟁이 줄어들게 되면서 강대국들은 경쟁적으로 많은 군사적 동맹국을 얻기 위해 동분서주할 필요가 없게 되었다. 특히, 군사적 초강대국인 미국과 소련은 핵무기능력 면에서 상호 균형을 인정하고, 또한 1972년에 전략무기제한협정(SALT I)에 서명하는 등 군사적 대결 및 무기 경쟁을 지양하기 시작하였다.[80] 이러한 미국과 소련 간의 경쟁 및 대립의 지양은 양극체

---

80) Raymond L. Garthoff, *Détente and Confrontation*(Washington, D.C.: The Brookings

제의 와해와 함께 군사동맹의 성격과 의미도 희석시키게 되었다.

그리하여 동남아조약기구(Southeast Asia Treaty Organization), 중동조약기구 (Middle East Treaty Organization) 등은 일찍이 기능이 정지되었다. 이와 같은 분위기는 더욱 만연되어 1970년대나 1980년대에 새롭게 군사동맹을 갖는 국가는 거의 찾아볼 수 없게 되었다. 설령 약소국이 강대국과 동맹관계를 갖기를 원할지라도, 강대국이 그 필요성을 느끼지 않기 때문에 새로운 군사동맹관계의 형성은 쉽지 않을 것이다. 이처럼 동맹외교노선은 군사적 강대국 간에 경쟁과 대결이 치열한 상황 하에서 그 의미가 크며, 그렇지 않은 상황 하에서는 정치적으로 별로 큰 의미가 없다고 하겠다.

(5) 현상유지노선

현상유지노선이란 한 국가가 현재의 정치·경제·군사적 상태를 계속해서 유지하려는 외교정책노선으로서, 현상의 변동보다는 안정을 추구하는 정책노선이라고 할 수 있다. 다시 말해서, 현상유지노선은 자국의 독립과 발전을 위하여 유리한 국제적 권력관계를 현상(status quo) 그대로 지속할 것을 목적으로 하여 추진되는 정책노선으로서, 이러한 노선이 가장 전형적으로 나타나는 것은 국가 간의 전쟁이 종결되었을 때이다.[81]

그러나 현상유지노선은 결코 전쟁이 종결될 때에만 시작되는 것이 아니라 전쟁이 끝났을 때 일반적으로 채택되는 정책노선이며, 또한 그러한 노선은 대체로 패전국을 대상으로 하는 것이지만, 때로는 전승국 간의 관계에서도 살펴볼 수 있다. 예를 들어, 전승국 중의 한 국가가 그 세력을 확대함으로써 다른 국가들의 생존과 안전을 위협한다면, 그러한 때에 위협을 받는 국가가 취하는 외교정책노선은 본질적

Institution, 1985), pp. 53ff.

81) H.J. Morgenthau, *op. cit.,* p. 40.

으로 현상유지노선이 될 것이다.

따라서 현상유지노선과 관련하여 유념해야 할 것은 그러한 정책노선이 전적으로 고정적인 것만은 아니라는 점이다. 국력은 가변적인 것이며, 국가 간의 권력관계도 언제나 변화하는 과정 속에 있기 때문에 현상은 발전적인 의미를 내포한다. 이런 점에서 현상유지노선은 국가 간의 안전을 위하여 유리한 지위를 지속적으로 확보하는 것을 최고의 목적으로 한다.

또한 현상유지노선은 전략적인 면에서 수세적이기 때문에 정책을 집행할 때에 세심한 주의를 기울이는 경향이 있으며, 정책결정자는 비교적 위험부담을 줄이기 위해 노력하게 된다. 현상유지노선이 국제적으로 지배적인 경향이 될 경우, 국제정치환경은 비교적 조용하고 완만할 뿐만 아니라 변화가 적고 세력팽창이 제한된다.

이러한 현상유지노선의 가장 대표적인 사례로는 제2차 세계대전 이후 한반도 주변 4강대국인 미국, 일본, 러시아, 중국의 대한반도정책을 들 수 있다. 이 국가들은 냉전시대부터 현재에 이르기까지 상당히 오랜 기간 동안 한반도의 긴장완화와 전쟁억지가 세계평화 및 동북아시아의 안정에 긴요하다고 생각하여 한반도의 현상을 유지하려는 정책을 추진해 왔다.

그런데 현상유지노선은 구체적으로 유화정책, 협조정책, 시위정책과 같은 여러 정책들로 표출되는데, 이를 살펴보면 다음과 같다.

첫 번째로, 유화정책(policy of appeasement)은 현상유지를 달성하기 위해 채택되는 정책 중에서 가장 온건하고 소극적인 정책으로서, 이는 한 국가의 강경한 대외정책에 대해 당사국이나 관련국이 직접적인 무력충돌을 회피한 채 타협하거나 양보함으로써 현상을 유지하려는 정책을 말한다. 예를 들어, 1990년대에 들어와 북한 핵문제가 국제사회의 주요 관심사가 되었을 때 미국의 클린턴 행정부는 무력적인 방법이 아니라 대화를 통해서 이러한 문제를 평화롭게 해결하고자 하였는데, 그러한 정책적 노력의 결과가 1994년 스위스 제네바에서의 북·미 핵합의로 구체화되었다.

그런데 유화정책은 현상을 유지하기 위하여 일종의 대가를 지불하는 것을 기본 특징으로 하며, 그런 점에서 유화정책은 일종의 후퇴정책이라고 할 수 있다.

두 번째로, 협조정책(policy of concert)은 특정한 시기에 형성되어 있는 국제적 권력관계에 대해 대체로 만족하고 있는 국가들이 그들 간에 공통되는 이해관계를 상호 타협정신에 의해 해결함으로써 현상을 유지하기 위해 협력하는 것은 물론, 더 나아가서는 그들의 이익을 증진하기 위해서도 협조하는 정책이다. 유화정책이 대체로 소극적이고 후퇴적인 특징을 지니고 있다면, 협조정책은 적극적이며 발전적인 특징을 지닌다고 할 수 있다.

그런데 국가 간에 협조정책이 이루어지게 되는 것은 일반적으로 공동의 적을 물리치기 위해 여러 국가가 공동으로 투쟁하여 승리를 획득하는 경우이다. 예를 들어, 나폴레옹에 대항하기 위해 영국, 러시아, 오스트리아, 프러시아 등 4개국은 1814년 4국동맹을 형성하여 나폴레옹을 제거하는 데 성공하였다. 그 후에도 그 국가들은 거의 정기적으로 회동하여 공통의 이해관계를 협의하고, 그들의 정치적 안정과 경제적 번영에 유리한 전후 유럽의 평화를 유지하기 위해 협력하였다. 이러한 정책이 바로 '유럽협조(Concert of Europe)'라고 일컬어지는데, 이러한 국제적 협조정책은 본질적으로 현상에 만족하거나 현상의 유지가 필요하다고 생각하는 국가들 간의 협력이었다.

또한 1960년대 프랑스와 서독 간의 긴밀한 협조는 미·소 대립이라는 종전의 상태에 만족하지 않고 유럽국가들이 하나로 결합함으로써 새로운 제3의 세력을 형성하려는 경향을 가지고 있었다. 그것은 유럽의 운명은 그들의 손에 의해 결정되어야 한다는 것을 목표로 하였으며, 또한 미·소 양국을 중심으로 형성된 양극체제를 근본적으로 변혁하려는 움직임이었다.

이처럼 협조정책은 본질적으로 현상유지의 목적을 위해 하기 사용되는 정책이기는 하지만, 간혹 현상을 타파하기 위한 수단으로 이용되기도 한다.

세 번째로, 시위정책(policy of demonstration)은 현상에 만족하는 국가가 자국의

상대적 약화를 미연에 방지하기 위해 자국의 군사적 우위를 과시하거나 또는 전쟁
이 발생하기 직전에 강력한 군사적 조치를 취함으로써 상대국으로 하여금 감히 현
상타파를 위한 행동을 하지 못하게 하는 정책이다. 특히, 시위정책은 무력적 수단
을 과시함으로써 적대국이나 또는 적대국가들에게 심리적 압박을 가하는 것을 그
특징으로 한다.[82]

시위정책은 유화정책이나 협조정책에 비해 훨씬 강경한 성격을 지니고 있으며,
이것은 현상유지를 원하는 국가가 취할 수 있는 가장 효과적인 정책이자 최후의
정책이라고 할 수 있다. 그런데 시위정책이 구체적으로 추구되는 과정에는 보통 두
가지의 방법이 사용된다.

첫째는 자국이 가지고 있는 군사적 능력을 공개하는 것이다. 예를 들어, 1946년
미국이 태평양에서 원자탄실험을 했을 때 그 실험사실을 전 세계적으로 공개한 경
우를 들 수 있다.

둘째는 예방전쟁(preventive war)의 조치를 취하는 것이다. 이는 전쟁의 발생을
예방하기 위해 사전에 강력한 조치를 취함으로써 상대국으로 하여금 적대행위를
단념케 하고, 그 결과 자국이 현재 누리고 있는 권력관계를 지속하려는 데 있다.
그 대표적인 실례로는 1962년에 쿠바미사일위기가 발생했을 때 미국이 쿠바에 대
해 봉쇄정책을 취한 것을 들 수 있다.

(6) 제국주의노선

제국주의노선은 수정주의노선의 하나로서, 일명 패권주의정책(the policy of
hegemonism) 혹은 팽창주의정책(the policy of expansionism)이라고도 한다. 국제
정치학자인 모겐소(H.J. Morgenthau)는 "제국주의란 한 국가의 외교정책이 기존 권
력관계의 변경을 통해 현재보다 더 많은 권력의 획득을 목표로 하는 것이다"[83]라

---

82) *Ibid.,* pp. 74ff.

고 하여 유리한 권력적 지위를 얻고자 하는 국가는 제국주의 외교정책노선을 추구한다고 설명하였다.

사실상 제국주의에 대해서는 여러 가지 정의가 있는데, 이를 세 가지 측면에서 살펴보면 다음과 같다.[84]

첫째, 정치적으로는 제국주의를 국가권력의 팽창이라고 정의한다. 그런데 광의로는 모든 형태의 국가권력의 팽창을 제국주의에 포함시키지만, 협의로는 국가권력의 팽창이 전부 제국주의가 아니라 현존하는 국제권력의 분배상태를 변화시키기 위한 국가권력의 팽창만이 제국주의에 속한다. 예를 들어, 협의의 정의에 의하면 과거 냉전시대에 소련이 서베를린을 소련의 지배하에 두려고 한 행위는 제국주의정책에 속하지만, 미국이 서베를린을 단지 미국의 영향권 하에 두려고 한 행위는 제국주의정책이 아니다.

둘째, 경제적으로는 한 국가가 경제적 착취를 위해 다른 국가를 지배하는 행위나 정책을 제국주의라고 규정한다. 이러한 정의는 주로 마르크스주의자들이 내세우고 있는 것으로서, 이에 따르면 경제적 착취를 위한 팽창만이 제국주의로 간주된다. 그렇기 때문에 다른 목적을 위한 세력팽창은 제국주의가 아닌 반면에, 어떤 종류의 지배이든 경제적 착취를 목적으로 하면 제국주의에 속한다. 따라서 국가권력의 팽창을 목적으로 한 과거 몽골 징기스칸에 의한 아시아와 유럽의 정복은 제국주의가 아니며, 주로 유럽열강의 식민지주의만이 제국주의라는 것이다.

셋째, 문화적으로는 한 민족국가가 다른 민족국가를 자기 지배 하에 두는 행위나 또는 지배하려는 정책을 제국주의라고 한다. 이러한 정의에 따르면, 어떤 민족국가가 다른 국가에 산재해 있는 자기 민족을 통합하려는 행위는 제국주의가 아니라는 것이다. 예를 들면, 동유럽에 산재해 있는 슬라브족을 러시아제국에 통합하려 한 범슬라브주의나 중동 각국에 산재해 있는 아랍민족을 한 국가로 통합하려는 범아

---

83) *Ibid.*, pp. 36-37.
84) 박상식, 앞의 책, pp. 184-186.

랍주의는 제국주의에 속하지 않는다.

그러나 어느 한 국가가 강제적으로 다른 국가에 있는 자기 민족을 통합하려는 운동을 제국주의의 범주에서 제외한다면 제국주의라는 개념 자체가 무의미하게 된다. 왜냐하면 역사상 제국주의의 표본으로 알려진 나치독일의 범게르만주의를 제국주의의 범주에서 제외시켜야 하는 모순에 빠질 것이기 때문이다.

그런데 이러한 정의들은 나름대로의 한계를 지니고 있기 때문에 종합적인 관점에서 "제국주의란 한 국가가 다른 국가를 정치적·경제적·문화적으로 통치하거나 지배하거나 또는 영향을 미치는 행위와 정책"이라고 정의할 수 있다.

현상을 근본적으로 타파하여 자국에게 유리한 새로운 국제질서를 수립하려는 국가는 그 국가가 처한 주관적·객관적 여건에 의해 구속된다. 만약 그러한 의욕을 만족시킬 만한 조건을 구비하고 있다면, 모든 국가는 그 목표를 달성하기 위해 노력하게 되며, 필연적으로 제국주의정책노선을 채택·추진하게 마련이다. 이러한 제국주의노선의 목표에는 세계적 목표와 대륙적 목표 및 지역적 목표의 세 가지가 있다. 첫 번째는 전 세계를 지배하는 것이고, 두 번째는 특정 대륙 내에서 우월한 지위를 획득하는 것이며, 세 번째는 특정 지역 내에서 우월한 지위를 획득하는 것이다.[85]

결론적으로 말해서, 한 국가의 외교정책노선은 대내적으로는 그 국가가 처해 있는 지정학적 위치, 국내외 정치상황, 경제적 필요 등의 요소와 대외적으로는 국제정치환경, 국제정치체제, 주변국과의 관계 등 여러 요소를 고려해서 선택되어진다. 이러한 여러 가지 요소들 중에서 한 국가가 외교정책노선을 선택하는 데 가장 크게 고려해야 할 것은 대내적 요소보다 대외적 요소이다. 예를 들어, 양극체제 하에서 한 국가가 강대국과 군사적 동맹을 형성하여 그의 국내적 필요를 충족시킬 수 있었다고 할지라도, 양극체제가 붕괴되고 또 이념과 체제를 초월하여 국가 간의 교류가 이루어지고 있는 상황 하에서 냉전적인 동맹외교를 고수하는 것은 결코 바람

---

85) H.J. Morgenthau, *op. cit.,* pp. 56-58.

직하다고 할 수 없다. 그뿐만 아니라 탈냉전시대에 들어와 강대국은 더 이상 어떤 국가와 군사적 동맹관계를 맺을 필요성을 느끼지 않기 때문에 양극체제 하에서처럼 정치적 지원이나 대규모의 경제원조는 제공하지 않을 것이다. 이와 함께 다른 외교정책노선의 선택도 대내적 요소보다 대외적 요소를 더 많이 고려해서 이루어질 때 그 외교정책노선의 성공 가능성은 더 높아진다고 하겠다.

제 5 장

외교의 특성과 유형

1. 외교의 의미와 외교행위

제2차 세계대전이 끝날 때까지 국제사회는 약육강식하는 '만인의 만인에 대한 투쟁 상태'라고 여겨졌기 때문에 전쟁이나 무력행사 등은 강한 국력을 가진 국가들이 그들의 외교정책목표를 달성하기 위해 취해온 일반적인 수단이었다. 그러나 2차대전 이후 미·소 양극체제가 형성되어 어느 정도 국제사회의 질서가 안정적으로 확립되고, 또한 미국과 소련이 세계의 군사력을 거의 독점하면서부터 전쟁이나 무력행사는 외교정책 실현수단으로서의 의미가 크게 감소되었다. 이에 따라 국가 간의 문제를 해결하기 위한 수단으로서 그리고 외교정책 실현의 도구로서 외교의 중요성이 더욱 커지게 되었다.

그런데 '외교(diplomacy)'라는 용어는 오늘날 매우 다양한 의미로 사용되고 있다. 즉, '외교'라는 용어는 '외교정책(foreign policy)'이라는 의미로도 사용되기도 하고, 또는 국가 간의 분쟁을 해결하기 위한 '교섭(negotiation)'을 의미하기도 한다. 예를 들어서, 『옥스퍼드 영어사전(*Oxford English Dictionary*)』에서는 "외교란 협상에 의하여 국제관계를 다루는 일이며, 국제관계가 대사나 사절에 의하여 조정·처리되는 방법이며, 외교관의 업무 또는 기술이다"라고 정의하고 있다. 이처럼 '외교'라는 용어는 협의로는 정부가 관리들을 통해 다른 나라의 정부와 소통하는 과정을 말하고, 광의로는 국제정치체제에 영향을 미치는 외교정책의 방법이나 기술을 말한다. 이런 점에서 외교는 국가들 간의 분쟁을 해결하기 위한 교섭을 의미하기도 하며, 교섭을 행하는 과정이나 기구 또는 대외업무를 담당하는 기관, 이 밖에도 교섭의 기술이라는 의미로도 사용되어 왔다.[86]

그런데 현대사회에 들어와 과학기술의 급속한 발달, 대외행위의 다양화, 무력행사나 전쟁행위의 감소추세로 인해 외교의 의미는 보다 현실화되어 오늘날 외교는 교섭에 의한 국제관계의 처리, 국가 간의 관계와 업무를 처리하는 기술, 국가가 국제환경 하에서 그의 목표, 이익, 정책 등을 실천함에 있어 다른 국가와 직접 또는 간접적으로 공공관계를 개설하고 유지하는 정치적 과정 등 매우 다양한 의미를 갖게 되었다.[87] 보다 구체적으로 말해서, 외교란 합리적이고 평화적인 방법으로 국가 간의 갈등과 분쟁을 해결하고, 공동의 이익을 추구하는 국제적 행위나 협상의 원칙, 방법, 기술을 의미한다.[88]

그런데 외교는 문제 해결의 수단과 방법에 따라 정적 외교와 동적 외교로 구별된다. 먼저 정적 외교란 국가들 간에 어떤 문제가 발생했을 때 이 문제의 당사국들이 문제의 발생을 똑같이 인지하고, 또 문제 해결의 필요성을 느껴 호혜적이고 평등한 입장에서 문제의 해결을 도모하는 대외행위를 말한다. 한편 동적 외교란 국가가 자국의 국가이익, 목표, 정책 등의 실현을 위해 일방적으로 또는 상대국가에 비해 적극적이고 주도적으로 행하는 대외행위를 말한다. 다시 말해서, 정적 외교란 합리적·합법적으로 문제 해결을 도모하는 대외행위인 반면, 동적 외교는 정치적인 수단, 즉 힘에 기초하여 그리고 힘을 수단으로 일방적인 승리를 위해 대체로 수직적으로 행해지는 외교를 의미한다. 특히, 동적 외교는 주로 정치적인 목적을 위해 정치적으로 행해지는 대외행위로서, 국가의 외교정책이나 외교정책목표를 구현하고 실현하는 가장 중요한 수단이 되고 있다.[89]

또한 외교행위는 직접적인 외교행위와 간접적인 외교행위로 구별할 수 있다. 즉,

---

86) Harold Nicolson, *Diplomacy*, 3rd ed.(London: Oxford University Press, 1969), pp. 3-4.

87) Elmer Plischke, "Diplomacy-Search for Its Meaning," in Elmer Plischke(ed), *Modern Diplomacy*(Washington, D.C.: American Enterprise Institute, 1979), pp. 27-33; 송영우, 『현대외교론』(서울: 평민사, 1998), p. 19.

88) 전 웅, 『외교정책론』(서울: 법문사, 1986), p. 287.

89) 송영우, 『현대외교론』, pp. 20-22.

외교의 주체가 되는 국가가 자국의 의사나 정책을 객체가 되는 국가의 정책결정자에게 구두나 또는 서면으로 직접 전달하는 직접적 외교행위가 있고, 주체 국가가 객체 국가의 정책결정자에게 간접적으로 주체 국가의 의사나 정책을 알리는 간접적 외교행위가 있다. 직접적 외교행위와 간접적 외교행위는 외교의 주체가 되는 국가가 사안의 중대성, 시간적 여유, 자국 및 상대방 국가의 국내외 상황에 따라 결정된다.[90] 예를 들어, 외교의 주체가 되는 국가의 입장에서 해결해야 할 사안이 중대하거나 또는 문제의 신속한 처리를 필요로 할 경우, 최종 정책결정자의 측근인사를 특사로 임명하여 외국에 파견하거나 주재국의 대사를 상대국가의 정책결정자에게 보내 주체 국가의 의사나 정책을 구두나 서면으로 직접 전달하는 직접적 외교행위 방식을 채택한다.

1960년대 초에 박정희 정권은 일본과의 국교정상화라는 난제를 풀기 위해 그의 측근인 김종필 당시 중앙정보부장을 일본에 파견하여 양국 간의 국교정상화문제를 타결짓도록 하였다. 또한 미국의 닉슨(Richard Nixon) 대통령은 1971년 중국과의 관계개선을 추진하기 위해 대통령 안보담당 특별보좌관인 키신저(Henry A. Kissinger)를 극비리에 중국에 파견하여 이 문제를 해결하도록 한 바 있다.[91]

이에 반해 간접적 외교행위는 문제를 해결하는 데 시간적 여유가 있거나 또는 국가 간에 해결해야 할 문제가 복잡한 경우, 그 밖에 상대국가의 반응을 알아보기 위해 자국의 의사나 정책을 상대국들이 알거나 느낄 수 있도록 하는 외교행위이다. 그러한 예로는, 정부 대변인을 통한 성명서 발표, 외교를 담당하는 부서의 기자회견, 자국 외교관의 철수나 타국 외교관의 추방, 신문이나 방송 등 대중매체 등을 통해 외교의 객체가 되는 국가에 자국의 의사나 정책을 간접적으로 알리는 대외행위를 들 수 있다. 때로는 외교의 주체 국가가 객체가 되는 국가의 국경에 갑자기 많은 병력을 집결시키거나 또는 상대국가의 해역에 항공모함 등 함대를 파견하는

---

90) 위의 책, pp. 22-25.
91) 위의 책, p. 114.

군사적 시위를 벌이기도 한다. 예를 들어, 미국은 1988년 초 이라크가 유엔의 무기 사찰을 거부하자 중동지역에 항공모함 전단을 파견하여 이라크로 하여금 미국의 의사를 수용하도록 하는 간접적인 외교행위를 취하기도 하였다.

2. 외교의 기능과 방법

냉전 종식 이후 새로운 국제정치상황 하에서 협상(negotiation)의 중요성은 날로 커져가고 있다. 전통적으로 국제적인 협상은 자국의 군사력이나 경제력 등에 의해 크게 영향을 받았으나, 현대 국제사회에 있어서 이에 못지않게 큰 영향을 미치는 것이 국력의 증폭기 역할을 하는 협상력이라고 할 수 있다. 왜냐하면 협상력의 유무가 국력에 걸맞는 협상결과를 좌우하기 때문이다.

우리나라의 경우에도 국가이익을 좌우하게 될 협상력의 강화를 위해서는 단기 속성의 국제협상 전문가의 양성과 같은 초보적인 발상을 넘어 보다 구체적인 장기 육성방안을 마련해야 한다. 즉, 협상력의 강화를 위해서는 해당 국가의 외국어 교육은 최소한의 필요조건이며, 또한 전문분야에 대한 체계적인 교육이 이루어져야 한다. 특히, 상대적으로 국력이 강한 국가들과의 협상에서 우리의 국가이익을 극대화하기 위해서는 협상의 틀과 내용을 상대방보다 정확하게 파악해야 하며, 동시에 상대방의 협상전략을 꿰뚫어 볼 수 있어야 한다. 이를 위해서는 국내외의 국제기구, 국제법, 국제정치에 대한 연구와 교육이 국제수준화되지 않으면 안 된다. 또한 협상력을 위한 전문교육의 강화와 더불어 협상을 실질적으로 담당하는 고급 공무원의 선발과정도 대폭적으로 개선할 필요성이 있다.

현대사회에서 외교는 여러 가지의 기능을 지니고 있는데, 그 중에서 대표적인 세 가지 기능을 살펴보면 다음과 같다.[92]

첫째로, 국가들 간의 커뮤니케이션 기능을 들 수 있다. 국제사회에 있어서 국가의 모든 대외행위는 다른 국가들과의 관계 속에서 이루어지기 때문에 외교의 중요한 기능은 상대국에게 자국의 의도를 전달하려는 데 있다. 이와 관련하여, 프랑켈(J. Frankel)은 "외교란 정부 간의 커뮤니케이션을 위한 고도의 정치적 기술"[93]이라고 정의한 바 있다. 사실 무력의 사용도 자국의 의사전달의 한 방법이므로 전쟁은 외교의 광범위한 형태 중의 하나라고 주장할 수도 있다. 그러나 일반적으로 국가의 정책목표를 추구하기 위한 수단으로서 외교를 설명할 때에는 무력사용이나 다른 수단과는 구별되는 비무력적 커뮤니케이션 기능으로 정의된다. 자국의 의도를 보다 명확하게 전달하고, 정부 간 커뮤니케이션 과정에서 오해와 왜곡의 소지를 줄이기 위하여 외교 관행은 의전이나 외교 면책특권, 불간섭주의 등의 몇 가지 원칙으로 발전되었다.[94]

둘째로, 교섭의 기능을 들 수 있다. 교섭은 정부를 대표하는 관리들의 대면관계를 통하여 진행되며, 이해당사국들 간에 행해지는 직접교섭과 제3자의 중재역할을 통한 간섭교섭이 있다. 국가들 간에 이익이 상충되는 경우 국가들은 외교적 교섭이라는 수단을 통하여 상대국을 설득하고, 보상을 제시하며, 경우에 따라 위협 등 강제적 수단을 동원하여 자국의 이익을 추구해 나간다. 실질적인 교섭과정에서는 타협의 원칙이 중요한 덕목이 되며, 타협을 통하여 특정 쟁점사안에 대한 쌍방 간의 문제를 해결하고 국가 간 합의를 유도하는 것이 외교 교섭의 중요한 부분이 된다.[95]

셋째로, 외교는 국제적 위기를 관리하는 메커니즘으로서의 기능을 지니고 있다. 국제적 위기는 대개 국가의 사활적 이익(vital interest)이 관련되어 전쟁이나 무력수단의 사용 가능성이 존재하며, 정책결정과정에 시간적 제약이 가해지는 위급상황

---

92) 구본학 외(공저), 앞의 책, pp. 106-107.

93) J. Frankel, *op. cit.*, p. 136.

94) Ole R. Holsti, "Models of International Relations and Foreign Policy," *Diplomatic History*, Vol. 13, No. 1(Winter 1989), pp. 257-262.

95) B. Russett and H. Starr, *op. cit.*, pp. 164-169.

130

을 의미한다. 이러한 위기상황에서 두 국가 간의 이해관계가 비무력적 수단과 방법으로 해결되지 못하면 무력분쟁으로 발전될 수 있다는 의미에서 외교의 위기관리적 기능은 외교정책 달성수단으로서 외교와 무력사용을 구별하는 경계선에 위치하고 있다. 위기를 외교적으로 관리하고 해결하기 위하여 앞에서 언급한 외교의 커뮤니케이션 기능과 교섭의 기능이 병행되기도 하지만, 자국의 군사력 증강 및 과시도 위기관리의 중요한 관건이 된다고 하겠다.

일반적으로 한 국가의 정책결정자들은 어떤 협정을 체결할 목적에서 협상에 임하게 되는데, 대부분의 경우 협상의 목적은 상호간의 목표나 정책을 변경 또는 유지하거나 어떤 합의에 도달하기 위한 것이다. 외교협상은 1차적으로는 정부의 목표가 갈등을 일으키고 있는 곳에서 합의를 이루거나 해결에 도달하기 위해 이용된다. 이처럼 한 국가의 외교정책 수행은 주로 협상에 의해 이루어지는데, 협상에는 설득, 타협, 위협의 세 가지 방법이 사용된다.[96]

첫 번째로, 설득(persuasion)은 A국가가 B국가로 하여금 A국가의 요구가 옳고 자기의 요구가 그르다는 것을 자인하고 스스로 자기 요구를 철회케 하는 것을 말한다. 자기의 요구를 철회하는 경우는 자기 요구의 가치를 재평가하기 때문에 철회하는 경우와 그러한 요구를 하게 된 여건이 사라졌다고 인정하기 때문에 철회하는 경우로 나눌 수 있다. 예컨대, 미국이 1978년에 대만 정부를 불승인하고, 대신 대륙에 있는 중국 정부를 승인하기로 결정한 것은 대만의 가치를 재평가하게 되었을 뿐만 아니라 동북아시아의 국제정세가 변했다고 판단했기 때문이다.

국제정치에 있어서는 국내정치보다 설득의 효력이 적은 편이다. 그 이유는 한 국가 내에는 국민들 대다수가 동의할 수 있는 법률, 도덕, 사상 등이 존재하고 있으나, 국제사회에는 대다수의 국가들이 동의할 수 있는 법률, 도덕, 사상 등이 드물기 때문이다. 이와 같이 설득의 바탕이 되는 법률적·도덕적·사상적 기준이 없는 상태에서 한 국가가 다른 국가를 설득하기란 매우 어렵다고 하겠다.

---

96) 박상식, 앞의 책, pp. 221-223.

국제정치에 있어서는 설득의 방법만 가지고는 협상에 성공하기 어렵기 때문에 협상을 벌이는 국가는 위협이나 타협 등 다른 방법을 사용할 때 부수적으로 설득의 방법을 사용하는 것이 보통이다.

두 번째로, 타협(compromise)이란 어떤 협상을 벌임에 있어서 A국가가 B국가로 하여금 당초에 요구한 대상물이나 조건을 변경하도록 하기 위해 B국가가 보다 더 가치 있다고 생각하는 대상물이나 조건을 제시하는 것을 말한다. 물론 새로 제시한 대상물이나 조건은 전혀 다른 것일 수도 있고, 당초 요구한 대상물이나 조건에 더 많은 가치를 부여한 것일 수도 있다.

그런데 타협은 일방적 행위일 수도 있고, 상호 보완적 행위일 수도 있다. 전자는 A국가가 B국가에서 새로운 것을 제시하지 않더라도 일방적으로 새로운 것을 제시하는 경우이고, 후자는 협상을 벌이는 당사국들이 서로 새로운 것을 제시하는 경우이다. 전자의 경우를 양보(concession)라 하고, 후자의 경우를 거래(give and take)라고 한다. 미국이 대만 정부를 불승인하지 않으면 미국과 국교를 정상화하지 않겠다는 중국의 요구를 들어준 것은 양보의 예에 속하고, 이집트와 이스라엘 간에 평화협상이 벌어졌을 때 이집트가 이스라엘로부터 1967년의 중동전쟁으로 잃은 시나이반도를 되찾는 대신에 팔레스타인에게 독립이 아닌 자치의 길을 열어준다는 이스라엘의 약속을 받아들인 것은 거래의 예에 해당된다.

세 번째로, 위협(threat)이란 A국가가 B국가로 하여금 당초에 요구한 대상물이나 조건을 변경하도록 하기 위하여 B국가에게 자기 요구를 관철하려면 보다 큰 대가를 치러야 한다고 경고하는 것을 말한다.

위협의 경우에는 흔히 경제적·군사적·정치적 형태를 취한다. 예를 들어, A국가가 B국가의 요구를 거절하기 위해서 혹은 자국의 요구를 수락하도록 하기 위해서 B국가에 대한 경제원조나 투자 혹은 무역을 단절할 수도 있고, 군사원조를 중단할 수도 있으며, 국제무대에서 B국가에 대한 정치적 지지를 거부할 수도 있다.

국제사회에 있어서는 국내사회처럼 도덕과 법의 제재력이 약하기 때문에 힘이나 힘을 바탕으로 한 위협이 설득이나 타협보다 더 자주 이용된다. 그런데 위협은 A국가가 B국이 어떤 행위를 하려는 것을 미리 방지(deterrence)할 목적에서 행하기도 하고, B국이 현재 하고 있는 행위를 금지(compellance)하기 위해서도 행한다.

1990년대 이후 국제사회에서 가장 큰 관심사가 되어온 것은 북한 핵문제로서, 미국을 비롯한 강대국들은 핵무기를 개발·보유하려는 북한에 대해 당근과 채찍 — 즉, 설득과 위협 — 의 강·온 양면전략을 구사해 왔다.

우선 온건전략은 북한이 국제원자력기구(IAEA)의 핵사찰 요구를 수용할 경우, 북한과 미국 간에 고위급회담을 개최하여 북한에 대해 중유를 비롯한 에너지와 경제지원을 하고, 유엔 안전보장이사회의 대북 제재를 보류한다는 것이다. 이에 반해 강경전략은 북한이 국제원자력기구의 핵사찰을 계속 거부하고 핵확산금지조약(NPT)에서 완전 탈퇴할 경우, 유엔 안보리가 중심이 되어 북한에 대해 단계적인 제재를 취하겠다는 것이다. 유엔 안보리의 대북 제재조치는 ① 해외송금 차단 → ② 원유공급 차단 → ③ 식량공급 차단의 순으로 전개될 것으로 예상되는데, 이러한 조치들은 해외주재 북한 외교관의 추방, 북한 항공기의 이·착륙 금지, 해외자산 동결 등의 조치들과 병행될 것으로 전망된다.

이와 관련하여 우리 정부는 유엔 안보리의 대북 제재조치가 ① 원자력의 평화적 이용을 위한 기술지원 등 온건한 교류의 금지 → ② 전략물자의 교류 금지 → ③ 원자재 교류 및 송금 금지 → ④ 북한에 대한 전면 봉쇄의 순으로 이어질 것으로 예상하면서, 원유나 일본 조총련 송금액이 5~10%만 차단되더라도 북한경제는 엄청난 영향을 받게 될 것으로 예상하고 있다.

3. 전통적 외교와 현대 외교

오늘날에는 세계의 거의 모든 국가들이 문호를 개방하고 있기 때문에 과거에 비해 국가들 간의 상호관계 및 상호작용이 폭넓고 다양하게 전개되고 있다. 그만큼 국가가 대외적으로 수행해야 할 일들이 많아졌고, 실제로 대외행위를 수행하는 국가의 관리들도 다양해졌다. 그렇기 때문에 오늘날에는 외교관만이 대외행위를 하는 것이 아니라, 국가 내의 모든 관리와 구성원들도 나름대로의 대외행위를 하고 있다. 다시 말해서, 현대사회에 있어서 대외행위는 직업외교관의 전유물이 아니라, 모든 관리가 국가의 이름으로 국익을 위해 대외행위를 하게 되었다.

사실상 오늘날 외교분야에서 외교관의 비중은 과거에 비해 많이 줄어들었으며, 국제사회에서 외교 또는 대외행위를 해외공관에 상주하는 대사, 공사 등 외교관만이 수행해서는 국가의 외교정책 목표를 성공적으로 달성할 수 없다. 설혹 아무리 잘 훈련된 외교관이라고 할지라도, 현대 국제사회는 그 활동범위가 넓고 국가들 간의 관계도 매우 복잡하기 때문에 외교관이 국가 간에 놓여 있는 여러 현안들을 모두 적절하게 다룰 수는 없다. 또한 오늘날에는 교통과 통신의 급속한 발달로 인해 외국에 주재하는 외교관의 기능과 역할이 과거에 비해 상대적으로 많이 줄어들었다. 그 대신에 국가 간에 어떤 중요한 문제가 발생할 때에는 관계부처의 책임자가 직접 개인적인 접촉을 통해 협상하는 일이 많아졌으며, 어떤 경우에는 대통령이나 총리 등 국가원수가 국익을 위해 직접 외교행위를 수행하는 경우도 있다.[97]

실제로 국가들 간에 발생된 문제를 해결하고, 국가의 이익을 극대화하며, 국가의 목표와 정책을 실현하기 위해 대외적으로 외교가 행해지고 있는데, 오늘날 외교의 범위는 넓고, 또한 방법과 대상도 다양하여 매우 폭넓게 전개되고 있다. 예를 들면, 정상외교, 인권외교, 등거리외교, 북방외교 등 여러 가지 형태의 외교가 전개되고

---

97) Elmer Plischke(ed.), *Modern Diplomacy*(Washington, D.C.: American Enterprise Institute, 1981), p. 347.

있는 것이다. 그렇기 때문에 오늘날 다양하게 행해지는 외교를 교섭의 수단이나 방법 등 전통적 외교의 의미로만 설명하기는 어렵다.[98]

그런데 전통적으로 외교행위를 담당해온 사람은 외교관(diplomat)으로서, 오늘날 외교관의 기능은 일반적으로 자국의 외교정책 목표를 형성할 뿐만 아니라 그것을 타국에 설명하고 설득하여 국제환경 속에서 자국의 외교정책을 조정·실천하는 것이다. 다시 말해서, 외교관은 특정 사태에 대하여 주재국 정부와 자국이 동일한 견해를 갖도록 노력하는 것이고, 타국 정부가 자국 정부의 이익에 유리한 방향으로 행동하도록 유도 내지 유지하는 것이다. 이러한 외교관의 기능과 관련하여 17세기 영국의 유명한 외교관인 워튼(Henry Wotton)경은 "외교관이란 국가의 이익을 위하여 거짓말을 하도록 외국에 파견된 정직한 사람이다"라고 표현하였다.[99] 또한 프랑스 제5공화국의 대통령이었던 드골(Charles De Gaulle)은 "외교관이란 날씨가 좋을 때에만 쓸모가 있다. 비가 오자마자 그들은 빗방울 속에 쓸려 내려간다"고 말한 바 있다. 영국의 「외교정책지침」에서도 외교관을 ① 정직한 브로커, ② 최종적 중재자, ③ 세계평화의 수립자, ④ 마술사 등으로 설명하고 있다. 따라서 현대사회의 외교관은 훈련된 직업외교관으로서, 그 역할은 과업지향적인 기술 전문가형으로 발전되었다. 즉, 직업적 외교관은 복잡하고 다양한 국제사회에 있어서 국가들 간의 관계를 전문적이고 효율적으로 처리할 필요성에서 생겨난 것이다.

그런데 외교의 형태는 제2차 세계대전을 분기점으로 하여 전통적 외교와 현대외교로 구별된다. 제2차 세계대전의 종식을 현대 외교의 시작으로 보는 이유는 이때부터 많은 국가들이 국가들 간의 문제 해결과 국가이익 증대의 결정적인 수단으로 더 이상 전쟁이나 무력사용이 효율적이고 바람직한 것이 될 수 없다는 사실을 인식하게 되었기 때문이다. 제2차 세계대전 이후 미국과 소련 두 강대국은 세계 경찰의 역할 수행을 그들의 중대한 국가적 임무로 생각하여 세계의 군사력을 거의

---

98) 송영우, 『현대외교론』, p. 20.
99) H. Nicolson, *op. cit.*, pp. 7ff.

독점하고, 두 국가를 포함한 모든 국가의 전쟁 또는 무력행사를 국제정치의 수단으로 사용하지 못하도록 견제해 왔다.

그런데 현대 외교는 국가 간의 관계를 우호적이고 협조적으로 유지하고, 국가들 간의 문제 해결을 원만히 도모하기 위해 외교의 행태를 정적 외교와 동적 외교로 나누어 전개한다. 정적 외교는 오랜 역사를 갖고 있는 외교의 행태이다. 그러나 전통적 외교에 있어서 정적 외교는 국가들 간에 발생된 문제의 성격에 관계없이 모든 문제를 이러한 방법을 통해 해결하려 했기 때문에 그 실효성이 크지 못했고, 따라서 문제 해결을 위해 필연적으로 무력을 동원하거나 전쟁이라는 방법을 사용하였다.

사실상 전통적 외교의 가장 큰 특징은 협상이 비밀리에 행해진다는 것이다. 전통적 외교 하에서 회의의 절차는 공개되지 않고 오직 회의 결과만 공개된다. 이러한 전통적 외교의 비밀성은 민주주의원리에 반하고, 또한 전쟁 도발의 원인이 된다고 비판되기도 한다. 구체적으로 말해서, 전통적 외교의 담당자는 지배계급을 대변하는 엘리트로서 일반 국민을 대변하고 있지 않기 때문에 협상과정에 있어서 일반 국민의 이익보다 지배계급의 이익을 반영할 가능성이 높은데, 비밀협상에 있어서는 일반 국민의 여론이나 압력을 우려할 필요가 없기 때문에 그러한 가능성은 매우 높아진다는 것이다. 그리고 전쟁이 발생하더라도 특권계급은 직접 피해를 입을 염려가 없기 때문에 특권계급의 이익을 보호하거나 증진하기 위하여 필요하다고 생각한다면 협상에 의해 목적을 달성할 수 없을 경우, 전쟁에 의해서라도 목적을 달성하려 한다는 것이다.[100]

20세기 전반까지는 정적 외교에 의해 문제해결이 불가능해지면 무력사용이나 전쟁 이외에는 방법이 없었지만, 현대 외교에 있어서는 이러한 무력적인 수단 대신 동적 외교를 이용하게 되었다. 오늘날 모든 국가는 동적 외교가 성공할 수 있도록 국가의 능력을 증대시키는 데 많은 노력을 기울이고 있고, 개발된 능력은 정치적

---

100) 박상식, 앞의 책, p. 236.

목적을 위해 다른 국가에 꾸준히 투자되고 있으며, 필요한 경우 이러한 투자가 정치적 영향력으로 직접 활용될 수 있도록 힘쓰고 있다. 물론 동적 외교가 국가들 간의 모든 문제를 원만하게 해결할 수 있는 것은 아니다. 비록 동적 외교로 문제가 원만하게 해결되지는 않더라도 무력행사나 전쟁이라는 수단의 사용은 상당히 자제되고 있는데, 이것이 바로 외교를 발달시킨 가장 중요한 요인이 되었다.[101]

그런데 현대 국제사회에서 행해지는 외교의 유형으로는 대체로 다음과 같은 세 가지를 열거할 수 있다.

현대 외교의 첫 번째 유형으로는 '정상외교(summit diplomacy)'를 들 수 있다. 오늘날 국가들 간의 외교문제는 정부를 대표하는 관리들에 의해서만 다루어지는 것이 아니라, 국가 정상들 간의 회합이나 정기적인 만남을 통해서도 이루어진다. 교통과 통신수단의 급속한 발달이 이러한 고위급 외교를 가능케 한 배경이 되었다. 실제로 오늘날 국제사회에 있어서는 두 국가 간의 정상외교뿐만 아니라 여러 국가 정상들 간의 외교가 빈번히 이루어지고 있다. 그러한 대표적인 예로는, 어떤 국가의 정상이 상대국가를 방문하여 양국 간의 주요 현안과 관심사를 협의하거나 또는 상대국가의 정상을 초청하여 회담을 갖는 경우를 들 수 있다.

비록 국가들 간의 관계가 동맹관계가 아니라고 할지라도 세계 외교무대에서 국가 정상들 간의 개인적인 친분과 신뢰는 해당 국가 모두에게 있어서 국가적 자산이 된다. 다른 분야와는 달리 외교는 정상들 간의 관계가 곧바로 국가의 대외정책에 영향을 미치는 특수한 영역이라고 할 수 있다. 제2차 세계대전 당시 미국의 루즈벨트(F. Roosevelt) 대통령과 영국의 처칠(W. Churchill) 총리는 2천여 통에 가까운 편지를 주고받으며 연합군을 승리로 이끌었다. 또한 제2차 세계대전 후 미·일 관계가 가장 효율적으로 작동했던 시기는 1980년대 말 레이건(R. Reagan) 대통령과 나카소네(中曾根康弘) 일본 총리 간의 관계가 매우 좋았던 시절이었다. 또한 미국의 부시 대통령과 전 일본 총리인 고이즈미는 대중가요를 함께 부를 정도로 친

---

101) 송영우, 『국제정치학』, pp. 150-154.

분이 두터웠다고 한다. 또한 백악관 관리들은 부시 대통령과 중국의 후진타오 주석 간의 친분관계도 상당하다고 말하고 있다.

1990년대 말 북한의 대량살상무기 개발을 막기 위해 한·미 양국이 '페리 프로세스(Perry Process)'를 적극 추진한 배경에는 김대중 대통령과 클린턴 대통령 간의 신뢰관계가 그 밑바탕이 되었다. 2000년 6월 김대중 정부가 미국과의 사전 협의 없이 남북정상회담을 성사시키며 독자적으로 햇볕정책을 추진할 때 미국은 못마땅한 부분이 많이 있었지만, 클린턴 대통령이 여러 가지 측면에서 김대중 대통령을 배려함으로써 한·미간의 갈등이 확대되지 않았다.[102]

이처럼 정상들 간의 두터운 신뢰관계와 친분은 양국의 외교 실무자들에게도 보이지 않는 영향을 끼쳐 국익에 도움을 가져오게 된다. 국가 정상들 간의 직접적 접촉에 의한 외교방식은 개인적 신뢰감을 증대시키기 때문에 문제 해결의 시간을 단축시킬 수 있고, 국제적 현안의 극적인 타결이 가능하다. 그러나 동시에 정상외교는 현안의 본질보다는 정치적 목적에 따라서 문제 해결방식이 결정될 수 있다는 단점도 지적되고 있다.[103]

현대외교의 두 번째 유형으로는 '다자간 외교(multilateral diplomacy)'를 들 수 있다. 종래에는 정부를 대표하는 외교관들 쌍방 간의 커뮤니케이션으로 외교문제가 협의되었으나, 현대사회에 들어와 다수 국가들이 참여하는 국제회의에서 국제 현안들이 다루어지고 있다. 이러한 예로는 아시아·태평양경제협력체 회원국들이 역내 공동 관심사를 협의할 목적에서 개최하는 APEC정상회의, 아시아지역과 유럽지역 국가의 정상들 사이에 열리는 ASEM회의, 또한 북핵문제의 원만한 해결을 위해 개최되고 있는 6자회담 등을 들 수 있다. 이처럼 다자간 외교가 증대되는 이유는 교통과 통신수단의 발달뿐만 아니라 다수 국가들의 협력이 필요한 국제적 현안의 복잡성(예를 들어, 경제협력문제, 환경문제, 핵문제, 군비통제문제 등), 다자간 외교가

---

102) 조선일보, 2007년 12월 27일; 조선일보, 2008년 1월 24일.

103) J. Rourke, *International Politics on the World Stage*(Guilford, CT: Dushkin Publishing Co., 1991), pp. 329-330.

가능한 국제기구의 증가 등을 들 수 있다.[104]

현대 외교의 세 번째 유형으로는 '의원외교(parliamentary diplomacy)'를 들 수 있다. 오랜 역사를 통해 볼 때, 외교는 사실상 의회의 주요 관심사로 여겨지지 않았다. 전통적으로 외교는 국왕이나 황태자의 관심영역이었을 뿐, 의회의 의원이나 일반 국민대중의 관심사가 아니었다. 사실상 어떤 국가를 막론하고 외교활동에 있어서 의회의 역할은 매우 제한돼 있었다고 할 수 있다. 그것은 국가의 다른 어떤 정책보다도 외교정책이 비공개성과 신속성을 바탕으로 형성되기 때문이며, 특히 외교정책 형성에 있어서는 의회의 역할이 그리 효율적이라고 보지 않았기 때문이다. 그러므로 의회는 정부의 외교활동을 주로 통제하거나 사후 처리하는 측면에서 그의 권한이 강조되어 온 것이 사실이다.

따라서 외교는 기본적으로 행정부가 다루는 고유영역이며, 외교업무의 수행은 외교관의 특권으로 생각되어 왔다. 일반적으로 외교권은 집행권의 일부로서 정부부문에서 행사하는 것이 원칙이지만, 의회는 국가 간에 체결된 각종 조약을 비준하거나 또는 결의안의 채택, 예산안 심의 등과 같은 방법을 통해 행정부의 외교권을 통제하는 방식으로 간접적이나마 외교권을 분할 행사해 왔다. 즉, 의회는 행정부의 외교에 대한 제도적 역할수행에 만족해야 하는 것으로 이해되었던 것이다. 그런데 외교의 개념을 점차 "대외적으로 국가이익을 추구하거나 또는 적법성의 확보를 목적으로 하는 국가적 행위"로 정의하거나, 그렇지 않으면 "한 국가의 외부환경에 적응시키는 계획에 따른 행위" 등으로 확대 정의하려는 경향이 두드러지면서 비로소 외교주체를 행정부에 국한시키지 않게 되었다. 따라서 의원외교도 이러한 광의의 의회의 외교권 행사에 포함시킬 수 있는데, 위의 방식과 다른 점은 직접적이고 적극적인 방식이라는 데 있다.[105]

---

104) J. Frankel, *International Relations in a Changing World*, p. 138; 구본학 외(공저), 앞의 책, p. 108.

105) 김강곤, "의원외교의 효율화방안에 관한 연구," 석사학위논문, 서울대학교 행정대학원, 1977. 12, p. 6.

냉전이 종식된 이래 오늘날에는 전 세계적으로 190여개의 주권국가들이 상호 밀접한 의존관계를 맺고 있다. 참고로 2005년 현재 남북한의 수교현황을 살펴보면, 한국은 세계 190개 국가 중 186개국과 수교를 맺고 있으며, 북한은 155개국과 수교를 맺고 있다. 그런데 남북한 동시수교국은 152개국이다.[106) 한 국가의 외교정책을 제약하는 국제정치적 요인들이 복잡해진 상황 하에서 국가이익의 추구는 비단 행정부의 전담사항이 될 수는 없으며, 모든 국가기관이 혼연일체가 되어 참여하는 이른바 총력외교가 요구되고 있다. 이에 따라 국가의 외교정책분야에서 의회가 차지하는 비중이 점차 높아지게 된 것이 현대 국제정치의 현실이자 특징이기도 하다.

민주주의가 성숙된 국가일수록 의회의 역할은 더욱 커지게 마련이다. 독재정권 하에서는 모든 내정과 외교가 지도자 한 사람의 지시와 의중에 따라 이루어졌고, 해당 부처에서는 이를 잘 실행해 나가면 그만이었다. 그리고 외교행위는 행정부 내의 직업외교관들의 역할이 전부였다.

그러나 오늘날처럼 다원화된 민주주의국가에서 외교는 일반적으로 정부와 민간의 역할이라는 두 갈래(two track systems)로 나뉘어져 이루어지는 게 일반적이다. 행정부, 즉 외교부에서 행하는 직업외교는 '공식외교' 혹은 '정부외교'라고 하고, 민간이 나서서 행하는 외교는 '민간외교'라고 불린다. 그런데 최근에는 '의회외교' 혹은 '의원외교'라는 용어가 생성되었다. 이 의원외교야말로 국익이라는 관점에서 초당적으로 잘 이뤄진다면 정부외교와 민간외교가 갖는 제한적 역할을 뛰어넘을 수 있는 '국가외교' 혹은 '국익외교'라고 일컬을 수 있을 것이다.

우리나라의 경우 행정부의 외교는 외교통상부 주도로 이루어지며, 외교통상부는 대규모의 인력과 자산 및 예산으로 전 세계 대부분의 국가와 국제기구에 공관을 설치하고 외교관을 파견하여 정부 간 교섭이나 교민보호 등의 외교활동을 벌인다. 이에 반해 의원외교는 국회의원의 외교활동으로, 국회사무처 내의 국제국이 사실상 계획의 작성과 집행을 하며, 주로 상대국의 의원, 의회 그리고 의회 간 국제기구를

---

106) 외교통상부, 『2005년 외교백서』(서울: 외교통상부, 2005), pp. 192-193.

대상으로 외교활동을 하는 것이 일반적이다. 그러나 때로는 상대국 정부를 대상으로 직접 교섭을 벌이거나 우리 정부의 교섭을 지원하기도 한다.

외교교섭행위의 제1차적 책임자인 행정부가 공식적인 지위 및 입장 때문에 그 활동이 제약되고 있는 것에 비해, 의원외교는 상대적으로 입장 표명과 의견 개진이 자유로운 위치에 있는 의원들이 외국 정부와의 교섭과정에서 보다 다양한 선택 내지 기회가 가능하다는 장점을 가지고 있으므로, 정부외교를 대체·보완하는 중요한 역할을 할 수 있게 된다. 최근에는 외교환경의 변화 속에서 정부외교의 역할 중재나 정부외교의 측면지원 분야에서 의원외교의 장점과 중요성이 더욱 부각되고 있다.[107]

원래 정부외교와 민간외교가 둘로 나뉘어져 이루어지는 나라일수록 외교적 수완과 기술이 발달되어 있는 나라라고 할 수 있는데, 이는 국가들 간의 관계가 악화될 경우, 그래서 양국 간의 문제 해결이 교착상태에 놓이게 되었을 때, 이에 대한 대응수단으로 새로운 활로를 모색하고, 새로운 분위기를 만들어 문제 해결의 실마리를 찾게 할 수 있는 대안카드가 바로 민간외교이기 때문이다.

그런데 외교적 상황이란 것이 정부와 민간부문이 모두 교착상태에 놓이게 될 경우가 있다. 당사국 간에 양국 정부에 대한 상호적 불신이 너무 높고, 또한 민간이 나서기에는 너무 민감한 문제여서 공신력 있는 대응을 하기 어려운 상황이 벌어질 때가 있다. 이 때 삼권분립으로 행정부를 견제하는 동시에 국민의 대표기관인 의회의 역할, 특히 의원외교의 역할이 중요한 것이다. 왜냐하면 의원외교는 정부 간 신뢰성의 부족과 대표성의 부족 이 모두를 보완할 수 있기 때문이다.

이러한 의원외교는 개념상 크게 다음 두 가지로 나누어 볼 수 있다[108]. 먼저 넓은 의미에서 의원외교는 의원들이 벌이는 각종 대외적 활동을 의미하는데, 이러한 예로는 한 국가의 의원이 다른 국가를 방문하여 해당 국가의 행정부, 입법부, 사법

---

107) 유준상, 『한국의 의원외교: 이론과 실천』 (파주: 나남출판, 2006), pp. 35-36.
108) 국회사무처, "의원외교 활성화에 관한 연구," 2001년도 국회 연구용역 보고서, p. 11.

부 및 언론계의 주요 인사들을 만나서 자국의 국가이익과 관련된 사항을 협의하는 것이다. 반면에 협의의 개념은 의회의 공식 활동으로 승인된 외교활동만을 의미한다. 이러한 의원외교는 국가외교의 핵심적 부분으로서 정부외교와 상호 보완적 관계를 갖고 있는 것이 사실이지만, 적어도 그 형태면에서는 행정부 외교나 의회외교와는 구별된다.

의회외교는 "다각적인 외교교섭의 일종이지만 지속적인 조직을 가지며, 매스미디어에 공개되는 정기적인 토의를 행하고, 일정한 의사진행절차를 가지고 다수결원리 등에 의하여 명확한 결론에 도달하는 방식"을 말한다. 즉, 각국의 대표들이 모여 의회와 비슷한 민주적 의사절차에 따라 국제문제를 다루는 것으로, 국가 간의 민주주의라는 뜻을 내포하고 있다. 이러한 의회외교의 대표는 의원이 아닌 행정부 소속의 외교관일 경우가 대부분이다.109)

이처럼 의회절차에 의한 외교는 1899년과 1907년 헤이그 평화회의와 같은 평화회의를 통해 수행되었다. 반면에 의원외교는 그 행위의 주체가 어디까지나 의원들이며, 객체 역시 일차적으로 다른 국가의 의원들로서, 의원차원의 대외적인 상호작용이다.

이러한 의원외교는 공식적인 지위와 입장 때문에 그 활동이 제약될 수도 있는 행정부 외교의 한계를 보완하는 데 중요한 역할을 하는데, 그 형태는 다음과 같은 두 가지로 나누어 볼 수 있다110). 우선 '문제해결 외교(problem solving diplomacy)'라는 차원에서 보면 의원외교도 가시적인 성과가 바로 나올 수 있는 그런 외교형태이다. 그러나 사실은 '양국 간에 그 이해와 협력관계를 축적시키는 외교(accumulative diplomacy)'라는 차원에서 보면 의원외교가 지니고 있는 장점과 기여에도 불구하고 실질적인 성과가 바로 가시화되는 것은 아니라고 볼 수 있다.

이러한 의원외교가 수행하는 구체적인 활동내용은 대체로 ① 대외교섭, ② 정보

109) 김기상, "외국의 의원외교활동에 관한 연구", 한국의회발전연구회 지원 연구논문, 1989, p. 5; 국회사무처, "의원외교 활성화에 관한 연구," pp. 11-12.
110) 유준상, 앞의 책, pp. 37-38.

수집, ③ 해외사정 인지로 구분된다.

첫 번째의 대외교섭활동은 상대국의 의원, 행정관료, 언론인, 일반시민 등을 접촉하여 자국의 대외정책을 설득하거나 홍보하고, 더 나아가서는 자국에게 유리하도록 조성하는 일이다.

두 번째의 정보수집활동은 상대국의 의원, 행정관료, 언론인, 일반시민 등을 접촉하여 자국에 대한 상대국의 대외정책기조를 탐색하고 추적·조사하는 것이다.

세 번째의 해외사정 인지활동은 해외공관의 현황 파악, 교민실태 확인 그리고 상대국의 일반사정에 대한 지식과 이해력을 증진시키는 일이다.

외교의 과제는 정책결정 그 자체에 있는 것이 아니라, 주로 결정된 정책의 수행, 즉 교섭에 있다. 이처럼 의원외교가 의회와 이를 구성하는 의원에 의해서 이루어지는 외교라면, 의원외교는 당연히 의회에 대한 대외정책의 집행만을 지칭해야 하며, 진정한 의미의 의원외교는 대외 교섭활동만을 뜻해야 한다는 말이다.[111] 이를 도식화하면 다음과 같다.

[표 5-1] 의원외교활동의 기능적 분류

	대외적 관계	대내적 관계
정책집행	① 대외 교섭	
정책결정	② 정보 수집	③ 해외사정 인지

* 출처: 박재창, "대미 의원외교의 논리와 한계,"『한국정치학회보』, 제32권 2호에서 재인용.

위의 표에 의하면, 진정한 의미의 의원외교는 대외교섭의 경우만을 말하며, 협의의 의원외교는 대외교섭과 정보수집의 경우를 의미한다. 그리고 광의의 의원외교는 대외교섭, 정보수집, 해외사정 인지를 모두 포괄하는 개념으로 이해된다.

---

111) 위의 책, pp. 38-39.

4. 강대국 외교와 약소국 외교

국제정치의 역사는 불평등의 역사이다. 현대 국제정치에서 모든 국가는 평등하다고 하며, 상호 평등을 원칙으로 하는 국제기구와 국제조약이 있지만, 실제로 모든 국가는 평등하지 않다. 인구나 영토의 크기, 지정학적 위치, 천연자원뿐만 아니라 정치·군사적 영향력, 경제력 및 과학기술수준 등의 측면에서 볼 때 개별 국가들의 능력에는 분명 차이가 있다.

사실상 국제정치체제도 평등의 이념보다는 현실적으로 불평등한 국가들의 능력을 반영하며 유지·발전해 왔다. 아롱(Raymond Aron)에 따르면, 국제정치체제는 항상 무정부상태이며, 과두지배적이라고 한다. 국제사회에서 폭력의 정당한 독점이란 있을 수 없는데, 이는 무정부적이고 권력이라는 힘에 의존하고 있기 때문이라고 한다. 이러한 점은 국제사회가 본질적으로 무정부주의적이기 때문에 힘 있는 소수 강대국들에 의해서 항상 지배되어 왔다는 것을 의미한다.

역사적으로 볼 때, 강대국들은 세계의 정치질서와 경제질서를 형성·지배해 온 반면에, 약소국들은 이러한 질서 속에서 자국의 생존과 번영을 추구해 왔기 때문에 강대국과 약소국의 외교를 비교하여 살펴보는 것은 현대 국제정치를 이해하는 데에도 매우 유용하다고 하겠다.

(1) 강대국 외교의 특징

국내사회이든 국제사회이든 모든 사회의 구성원들은 필연적으로 상호관계를 갖고 상호작용을 하고 있다. 그러나 사회구성원들 간에 언제나 이해가 일치하는 것은 아니다. 이들 간에 이익이 상충될 때 법적·제도적 장치가 마련되어 있지 않다면, 상대적으로 힘이 강한 자가 더 많은 이익을 갖거나 또는 이익을 독점하게 된다. 특히, 국내사회처럼 법적·제도적 장치가 제대로 마련되어 있지 않은 국제사회에서 강대국의 논리나 강대국이 지니고 있는 이익은 거의 배타적으로 보장받는 것이 현실이다. 이러한 논리에 입각해서 강대국이 그의 이익을 극대화하고 보장하기 위해 마련된 장치가 곧 국제정치체제이다. 이처럼 국제정치체제의 주요 요소는 당시의 국제사회에서 정치적·군사적 영향력이나 경제적 영향력을 크게 행사하는 강대국들(major powers)이다.

강대국이 무엇인가를 살펴보기 위해서는 먼저 국력의 요소를 살펴볼 필요가 있다. 클라인(Ray S. Cline)은 국력(national power)을 현실적으로 측정 가능한 세 가지 요소와 측정 불가능한 두 가지 요소를 종합하여 다음과 같은 공식으로 나타내고 있다.

$$* \ Pp = (C + E + M) \times (S + W)$$

위의 공식에서 Pp는 인지된 국력을 의미하고, C는 국력에서 결정적으로 중요한 요소인 인구와 영토의 크기를 의미한다. E는 경제력으로서, 국민총생산(GNP), 교역액, 주요 자원의 보유량을 의미한다. 그리고 M은 군사력으로, 특히 핵무기의 보유량을 의미한다. 또한 S는 전략목표를 의미하고, W는 국가전략을 추구하려는 의지를 의미한다.[112]

그런데 월츠(K. Waltz)는 "강대국의 지위는 인구, 영토의 크기, 보유자원, 경제력, 군사력, 정치적 안정도 그리고 국민의 능력 등의 총합으로 구성된다. 그런데 오늘날 강대국의 지위는 어느 정도의 경제적 능력이 필수불가결의 요소가 되고 있다"고 말하였다. 또한 브레진스키(Z. Brzezinski)는 강대국의 조건으로 ① 세계적인 군사력, ② 전 세계에 영향을 미칠 수 있는 정치적 영향력, ③ 막강한 경제력과 기술력, ④ 문화적 영향력을 들고 있다. 이런 점에서 볼 때, 현대 국제정치에 있어서

---

112) Ray S. Cline, *World Power Trends and U.S. Foreign Policy for the 1980s*(Boulder, Colorado: Westview Press, 1980), p. 22.

강대국이란 자국의 안전을 보장할 수 있는 군사적 능력을 가지고 있을 뿐만 아니라 동맹국의 안전을 보장할 수 있는 능력과 국제정치환경을 자국의 가치 증대에 유리하게 만들 수 있는 능력을 유지하고 행사할 수 있는 국가를 지칭한다. 또한 강대국은 국제정치체제의 핵심국가로서, 대외적으로 정치적 역량이 매우 클 뿐만 아니라 자국이 설정한 외교정책 목표를 충분히 달성할 수 있는 국가를 말한다.113)

그런데 강대국은 상대적 강대국과 절대적 강대국으로 분류할 수 있다. 먼저 상대적 강대국이란 국력과 능력 등을 단순 비교했을 때 어느 한 국가가 다른 국가에 비해 상대적으로 더 크고 강한 국력과 능력을 지니고 있는 국가를 의미한다. 예를 들면, 미국과 필리핀을 비교해 보면 객관적인 수치로 국력과 능력을 구체적으로 비교하지 않더라도 미국이 필리핀보다 더 크고 강한 국력과 능력을 지닌 국가라는 것을 쉽게 알 수 있다. 이럴 경우 미국은 상대적 강대국이 되는 것이다.

한편 절대적인 강대국이란 다른 국가와 비교할 수 없을 정도로 크고 강한 국력과 능력을 갖고 있는 동시에 그러한 국력과 능력을 이용하여 전 세계나 또는 어느 특정 지역을 지배하려 하거나 실제로 지배할 수 있는 국가를 의미한다. 이러한 국가들이 세계 또는 어느 특정 지역을 지배하는 데 이용할 수 있는 힘에는 군사력, 경제력, 정치적 영향력 등이 있다. 그러므로 절대적 강대국은 또다시 군사적인 절대 강대국, 경제적인 절대 강대국 그리고 정치적인 절대 강대국으로 분류할 수 있다. 이 중에서 군사적인 절대 강대국이란 세계적인 또는 지역적 규모의 전쟁을 감행하여 세계적 또는 지역적으로 패권적 지위를 확보하고 있는 국가를 말한다. 이러한 전쟁을 감행하는 국가는 어느 국가와도 군사력을 비교할 수 없을 정도로 크고 강한 군사력을 갖고 있는 국가이다.114)

강대국들은 그들의 힘과 역량을 토대로 해서 국제정치에서 그들의 국가이익을 극대화할 수 있는 국제정치체제를 형성하고, 이를 위해 그들 나름대로의 원칙을 마련

---

113) 송영우, 『현대외교론』, pp. 156-160.
114) 송영우, 『외교정책론』, p. 196.

하게 되며, 이러한 원칙은 곧 국제정치의 원칙이 된다. 강대국들은 그들이 갖고 있는 우월한 힘을 이용하여 그들의 목적을 달성하기 위한 정치의 장을 마련하며, 동시에 이렇게 만들어진 국제정치환경과 원칙을 다른 약소국들에게 강요하기도 한다.

19세기 초반 유럽에 형성된 세력균형체제는 나폴레옹(B. Napoleon)과의 전쟁을 승리로 이끈 힘 있는 승전국들인 영국, 오스트리아-헝가리, 러시아 그리고 프러시아 4개국에 의해서 형성된 국제정치체제였다. 이들 국가는 유럽대륙에서 전쟁을 억지하고 평화를 유지한다는 거시적인 목적과 함께 유럽에서 이들 국가의 이익을 침해받지 않고, 이미 갖고 있는 정치·경제적 이익을 유지하고 신장시킬 수 있는 방안으로 세력균형체제를 형성하였다.

또한 제2차 세계대전 이후 형성된 양극체제도 그 형성 동기나 배경은 강대국, 특히 미국의 필요에 의해서였다. 제2차 세계대전을 치르면서 미국은 정치·경제·군사 면에서 세계 최대의 강대국이자 부국이 되었다. 물론 영국, 프랑스, 중국도 승전국이었지만, 그들의 국력은 제2차 세계대전 이전 같지는 못했고, 미국에 비해 그들 국가의 국력은 상당히 약화되었다. 한편 독일, 이탈리아, 일본은 패전국이 되어 국력이 거의 소진되고 무장이 해제되었다. 그리하여 이들 국가는 국제정치무대에서 종속적인 역할밖에 할 수 없었다. 한편 연합국의 일원으로 승전국이 된 소련은 서유럽국가들보다 경제적으로 더욱 어려운 상태에 놓여 있었다. 이처럼 미국을 제외한 모든 승전국들과 패전국들은 전쟁으로 인한 피해 복구에 여념이 없었으며, 이들 국가는 미국의 경제적 지원이 없이는 전쟁 복구는 물론 생계유지조차 곤란한 상태였다.

제2차 세계대전을 통해 세계 유일의 강대국으로 부상하게 된 미국은 막강한 군사력과 경제력을 이용하여 국제사회에서 우월한 지위를 보다 확고하게 할 필요성을 느끼게 되었다. 그런데 당시의 국제환경은 세계의 패권을 장악하고자 하는 미국의 바람을 충족시킬 정도로 충분한 여건을 갖추고 있었다. 예를 들어, 양극체제가 형성되기 시작했던 1945년부터 1947년까지의 미국과 소련의 국력을 비교해 보면 이러한 사실을 더욱 명확하게 알 수 있다. 먼저 경제적인 측면에서 볼 때, 당시 소련의 국민총생산(GNP)은 미국의 국민총생산의 1/3에도 못 미쳤다. 또한 군사적인 측면에서도 소련은 단지 지상군 병력수에서만 미국에 앞서 있었을 뿐, 그 밖의 다른 측면에서는 미국이 월등히 앞서 있었다. 즉, 1947년에 미국의 지상군 병력수는 67만 명이었던 반면에, 소련은 2백 80만 명으로 미국의 4배 이상에 달했다. 그러나 미국은 원자탄을 독점하고 있었기 때문에, 오히려 전반적인 군사력에서는 미국이 소련보다 앞서 있었다.

이러한 객관적인 사실로 미루어 볼 때, 제2차 세계대전 직후에 소련은 미국 대외정책의 상대국이 되기에는 역부족이었을 뿐만 아니라 전후의 국내사정으로 인하여 미국에게 도전적인 행동을 취할 만한 여건을 갖추고 있지 못했다. 그러나 미국은 이러한 국제적인 상황에도 불구하고 점차 소련을 적대시하는 대외정책을 펼쳐 나갔다.

결국 제2차 세계대전은 전쟁 전의 독일, 이탈리아, 일본, 영국, 프랑스 등이 할거하던 다극체제를 미국과 소련이 중심이 된 양극체제로 전환시켰다. 이처럼 미국과 소련 두 강대국은 그들의 외교정책 목표를 실현하고 이익을 극대화하기 위해 그들에게 적합한 국제정치체제를 갖게 되었다.

그 후 국제사회의 여러 변화 중에서도 강대국의 국력 변화는 기존 국제정치체제의 지속을 어렵게 만들어 새로운 체제의 등장을 불가피하게 만들었다. 1940년대 후반에 미국과 소련이 수립한 외교정책들은 30여 년이 지난 1970년대에는 적용될 수 없는 새로운 국제정치환경이 조성되었고, 이러한 분위기는 새로운 국제정치체제로서 다극체제를 탄생시키게 되었다. 이러한 변화는 강대국의 국력과 정치적 영향력의 변화에 기초해서 생겨났다. 제2차 세계대전 이후 20여 년 동안 미국과 소련의 정치적 영향력의 격차는 크게 좁혀졌고, 특히 군사력에서 양국의 힘은 대등해져서 상대적으로 미국의 정치적 영향력은 약화된 반면 소련의 영향력은 강화되었다.

한편 미국의 군사적 보호와 경제적 지원 하에 경제발전에 주력했던 서유럽국가

148

들과 일본은 그들의 경제력이 크게 신장됨으로써 국제사회에서 미국에 맞서 경쟁할 수 있게 되었다. 특히, 제2차 세계대전 이후 10여 년 동안 소련 중심의 공산주의진영에서 공고하고 긴밀한 관계를 형성·유지했던 중국과 소련 간의 이념논쟁과 무력분쟁은 공산권 세력의 분열과 약화를 가져왔으며, 동시에 중국은 1970년대에 이르러 독자적으로 정치적인 영향력을 갖게 되었다. 이러한 전반적인 국제정세의 변화에 따라 각국의 국력에도 변화가 나타났으며, 정치적인 영향력에서도 변화를 초래하게 되었다.

이와 같이 국제정치체제는 강대국에 의해서, 또한 강대국을 중심으로 형성되고 변화한다. 다시 말해서, 국제정치체제는 강대국들의 필요를 충족시키고 목적을 달성하기 위한 방편 및 수단으로 형성·변화되어 왔다. 그러므로 국제정치체제는 강대국의 이익과 강대국 간의 상호관계 및 상호작용에 의해서 형성되고 존재하는 것이다.

모든 국제정치의 주체는 국제정치환경 하에서 행위하게 된다. 그러나 이러한 환경은 각 행위자들에게 어떻게 그리고 어떤 원칙에 입각하여 행위하고, 국가 간에 어떻게 상호작용해야 하는지 그 준칙이나 범위를 구체적으로 제공하게 되는데, 그것이 바로 국제정치체제이다. 이러한 준칙이나 범위는 당시의 권력구조와 그 권력구조를 형성하는 강대국들의 대외정책과 그들 간의 상호작용에 의해 결정된다. 예를 들어, 1970년대에 들어와 미국, 소련, 중국, 일본 등 강대국들의 유화적인 대외정책의 추구와 그로 인한 국제적인 데탕트 분위기 형성은 국제정치체제를 양극체제에서 다극체제로 전환시키는 주요 요인이 되었다.

양극체제가 20여 년 지속되는 동안 주요 국가들의 국력에는 많은 변화가 있었다. 먼저 서유럽국가들과 일본의 경제력이 신장되어 양극체제가 시작되던 때와는 다른 모습을 보이게 되었다. 서유럽국가들과 일본의 국력 신장은 상대적으로 미국의 국력 약화를 가져왔다. 이로 인해 미국은 양극체제 하의 대외정책과는 달리 현실을 움직이는 정책이 아니라 현실에 적응하는 정책을 펼칠 수밖에 없었다. 예를 들어,

미국의 닉슨(Richard Nixon) 대통령은 1972년 2월 중국을 방문하였고, 동년 5월에는 소련을 방문하는 등 공산주의국가들과의 적대관계를 청산하고 공존을 모색하는 대외정책을 추구하였다.

한편 중국도 1970년대 이후 국제정치의 주요 강대국으로 등장하여 서방 자본주의국가들을 타도의 대상이 아닌 공존의 대상으로 포용하려 함으로써, 과거와는 크게 다른 대외정책을 펼치게 되었다. 소련도 예외 없이 미국이나 중국과 같은 기조로 대외정책을 추진하게 되면서 국제사회는 한동안 양극체제에서 벗어나 3극체제가 형성되는 모습을 보여주기도 하였다.

모든 외교정책은 국력의 정도에 따라 결정된다. 즉, 국력이 강화된 국가는 그에 상응하는 외교정책을 갖게 될 것이고, 국력이 약화된 국가도 마찬가지이다. 그러므로 국력의 변화는 필연적으로 과거와는 상이한 외교정책의 결정을 가져오게 된다. 이처럼 국제정치체제 내에서 주요 강대국들의 국력이나 외교정책의 변화는 국제정치체제를 지탱하는 강대국의 수를 바꿔 놓음으로써 결국 국제정치체제의 구조를 변화시키게 된다.

이러한 강대국 외교를 탈냉전시대와 관련시켜 볼 때, 다음과 같은 몇 가지 특징을 지적할 수 있다.

첫째, 강대국들은 냉전 종식에 따른 탈이념적 경향으로 인해 동맹정책을 크게 고려하지 않고 있다. 왜냐하면 강대국들 간의 대결상황이 줄어듦으로써 군소의 동맹국들을 그다지 필요로 하지 않기 때문이다.

둘째, 전략적 이해관계의 약화로 인해 개별적 국가이익에 근거한 외교전략을 구사하고 있다. 과거 냉전시대에 있어서 강대국의 약소국에 대한 정책은 동맹체제의 중심국가를 통해 간접적인 규제와 조정이 가능했으나, 이제는 강대국이 약소국에 대하여 보다 직접적인 힘의 행사와 외교적 협상력을 통해 강대국들의 이익을 추구해 나가고 있다.

셋째, 냉전시대와 같은 광범위한 해외 개입의 정도나 규모·범위가 상대적으로

축소되거나 자제되고 있다.

넷째, 강대국의 국력 및 외교적 협상력은 과거 자국의 대외적 이익 보호에 집중되었으나, 지금은 자국의 국내 이익이나 국내정치적 요인에 의해 재조정되고 있다.

(2) 약소국 외교의 특징

오늘날 국제사회를 구성하고 있는 주권국가의 대부분은 약소국들이다. 국제정치의 역사가 불평등의 역사이고, 아직까지도 강대국 중심으로 국제질서가 구축되고 있지만, 약소국의 지위와 역할도 점차 신장되고 있다. 더욱이 1980년대 후반 이래 냉전체제가 와해됨에 따라 강대국이 주도하는 정치·군사 중심의 블록화가 쇠퇴한 반면, 경제 중심의 블록화가 등장하면서 국제사회에서 약소국의 역할과 영향력이 증대되고 있는 실정이다.

약소국 외교의 특징을 구체적으로 살펴보기에 앞서 전제되어야 할 것은 약소국에 대한 개념 정의이다. 약소국은 영어로 weak state 또는 small state라고 표현된다. 사실상 약소국의 개념은 절대적인 개념이 아니라 상대적인 개념이기 때문에 그것을 정의하는 데에는 여러 가지 어려움이 따른다. 더욱이 급속히 변화하는 국제정세 속에서 약소국을 정확하게 정의하기란 매우 어렵지만, 약소국의 외교정책을 연구하는 학자들은 분석 목적에서 약소국의 개념을 다음과 같이 정의하고 있다.

먼저 도이치(Karl Deutsch)는 국민총생산(GNP)을 기준으로 하여 세계 총 생산량의 1% 미만을 생산하는 국가를 약소국이라고 정의하였다. 즉, 약소국은 대외무역에 비교적 많이 의존하고 있으나, 전체적으로 세계 무역에 그다지 기여를 하지 못하고 있으며, 세계 경제에서 차지하는 비중도 절대적으로 작은 국가라는 것이다.

또한 로드스타인(Robert L. Rothstein)은 약소국의 기본적인 특징으로 자신의 군사력만으로는 안보를 확보할 수 없다고 보았다. 보다 구체적으로 말해서, 그는 약소국이란 ① 근본적으로 국가안보를 확보할 수 있을 정도의 자체적인 군사력이나 방위능력이 부족하고, ② 안보를 위해서 다른 강대국이나 국제기구 등에 의존할 수밖에 없다는 사실을 스스로 인식하고 있으며, ③ 다른 국가들에 의해서도 이러한 사실이 충분히 인식되는 국가라고 특징지었다.115)

이러한 개념 정의들을 종합해 볼 때, 약소국은 인구와 영토의 규모가 작을 뿐만 아니라 경제력과 군사력이 미약한 국가로서, 국제정치질서의 형성과 변화에 전혀 영향을 미치지 못하는 국가를 의미한다고 할 수 있다.

과거 제국주의 열강의 식민지 지배로부터 독립을 획득한 약소국들은 대부분 경제적으로 빈곤할 뿐만 아니라 정치·사회적으로도 불안정하고 비민주적인 정치체제를 갖게 되었다. 이는 대부분의 약소국들이 식민통치경험을 갖고 있기 때문에 경제적으로 발전할 수 있는 토대를 갖추지 못했고, 또한 중남미국가들을 제외한 대부분의 약소국들은 독립의 역사가 짧아서 민주정치의 경험을 거의 갖지 못했기 때문이다. 이러한 약소국을 지역별로 살펴보면 다음과 같다.

첫 번째로, 아시아 국가들은 지리적 위치에 따라 동북아시아, 동남아시아, 서남아시아 그리고 중동으로 분류된다. 그런데 일본, 한국, 중국 등 동북아지역의 국가들은 냉전 종식 이후 정치·경제적으로 많은 발전을 이루며 강대국으로 부상하고 있는 반면에, 동남아시아와 서남아시아지역의 국가들은 약소국의 상태에서 벗어나지 못하고 있다. 여기에서는 동남아 국가들을 중심으로 살펴보기로 한다.

동남아지역에 위치하고 있는 국가들은 정치·경제적으로 취약한 국가들이기 때문에 대부분의 국가들은 다른 국가로부터 많은 도움을 필요로 한다. 또한 이 국가들은 경제적 수준은 물론, 정치적인 측면뿐만 아니라 대외관계에서도 많은 차이점을 나타내고 있다.

우선 미국의 식민통치를 경험한 필리핀은 미국과 상호방위조약을 체결하여 미국과 동맹관계를 유지해 왔다. 한편, 인도네시아, 말레이시아, 싱가포르는 비동맹노선

---

115) Robert L. Rothstein, *Alliances and Small Powers*(New York: Columbia University Press, 1968), pp. 24-29.

을 추구하고 있고, 베트남, 캄보디아, 라오스는 사회주의노선을 취하고 있으며, 미얀마는 고립주의노선을 추구하고 있다. 이처럼 동남아 국가들은 대체로 외교정책노선을 달리하고 있기 때문에 이들 국가 간의 외교정책 공조는 원만하지 못하다.

이 지역 국가들 간의 관계도 다양한 편이다. 태국과 미얀마의 관계는 국경문제, 마약거래, 불법노동자문제 등으로 인해 우호적이지 않다. 또한 베트남은 냉전시대에 캄보디아를 침공한 적이 있어 아직도 불편한 관계를 유지하고 있다.

반면에 동남아국가들은 경제·외교적으로 일본과 비교적 긴밀한 관계를 갖고 있다. 예를 들면, 필리핀, 베트남, 라오스, 미얀마는 '외국 정부 원조(ODA)'의 절반 이상을 일본으로부터 받고 있다. 일본은 동남아국가들의 중요한 무역 대상 국가이며, 또한 동남아국가들에게 제공되는 차관이나 투자 등도 주로 일본이 제공하고 있다. 이처럼 동남아시아에서 일본의 경제적 역할은 매우 크기 때문에 동남아국가들은 경제적으로 일본에 대한 의존도가 점차 높아지고 있다. 그렇기 때문에 이들 국가의 대외관계나 외교정책도 주로 일본에 초점을 맞추어 전개되고 있다. 국제정치에서 국가 간의 경제적 의존은 정치·외교적 의존을 가져오는 경향이 있다. 그러므로 향후 동남아시아지역에 대한 일본의 경제적 역할이 줄어들지 않는 한, 동남아국가들은 정치·외교적으로 일본의 영향력으로부터 자유롭지 못할 것이다.

비록 1967년에 동남아지역 국가들 간의 결속과 유대를 강화할 목적으로 동남아국가연합(ASEAN)이 출범하였으나, 회원국들 간에는 정치체제와 경제체제를 달리하고 있을 뿐만 아니라 외교정책 기조와 노선도 크게 다르다. 그렇기 때문에 아세안 회원국가들 간의 협력은 매우 어려우며, 동남아국가들은 지역 내 국가 간의 관계보다는 일본과의 관계를 더욱 중시할 것으로 보인다.

두 번째로, 중동지역에는 25개 국가들이 있는데, 이 가운데 이스라엘을 제외한 24개국은 모두 이슬람국가이다. 그렇기 때문에 중동지역에는 아랍과 이스라엘 간의 대립 및 갈등으로 인한 분쟁이 끊이지 않았고, 또한 아랍 국가들은 범아랍주의(Pan-Arabism)의 이름 아래 지난 40년 이상 각종 분쟁과 투쟁을 계속해 왔다.

이처럼 중동국가들이 사분오열되어 있는 가운데 아랍 국가들은 이스라엘에 대해서만은 공통적으로 적대적인 입장과 정책을 갖고 있다. 아랍 국가들과 이스라엘은 1948년부터 1973년까지 4차례나 전쟁을 치른 바 있다. 이스라엘이 중동에 존재하고 있는 한, 아랍 국가들과 이스라엘 간의 긴장관계는 지속될 것이며, 이러한 상황은 아랍 국가들과 이스라엘의 외교정책 결정에 영향을 미치게 될 것이다.

1970년대 초까지 중동지역에서 미국과 소련의 영향력과 역할은 매우 위력적이었기 때문에 이 기간 동안 중동국가들의 대외정책은 실질적으로 미국과 소련의 통제를 받았다. 제2차 세계대전 이후 미국과 소련은 양극체제를 구축하여 중동지역에서도 크게 경쟁하고 대립하였다. 미국은 대소 봉쇄정책의 일환으로 1955년에 영국, 이라크, 이란과 '바그다드 협정(Baghdad Pact)'을 체결하여 미국 중심의 방위체제를 구축하였다. 한편 소련도 중동지역에서 미국과 경쟁하기 위한 교두보 확보를 위해 미국 중심의 '바그다드 협정'에 참여를 거부한 이집트와 관계증진을 도모하였다. 소련은 1970년대 이후 이집트에 수억 달러의 무기를 판매하였으며, 아스완 댐(Aswan Dam) 건설을 지원하는 등 중동과 아프리카지역의 핵심국가인 이집트와 밀착관계를 모색하였다.

그러나 미국과 소련이 데탕트정책을 추진하기 시작하면서 1970년대 중반 이후 중동에 대한 미국과 소련의 영향력은 약화되었고, 이에 따라 중동국가들은 비교적 자유롭게 외교정책을 결정하였다. 그리하여 중동국가들 간에는 무력충돌이 많아졌고, 중동의 정치적 상황은 안정적이지 못했다.

중동은 내재적으로 여러 불안요소를 갖고 있다. 먼저 팔레스타인 자치정부의 독립문제, 이스라엘에 대한 아랍 국가들의 적대의식, 범아랍주의, 걸프지역 내 국가들 간의 적대의식 등은 향후 중동국가들이 해결해야 할 과제들이다. 그런데 중동국가들은 이러한 갈등적이고 대립적인 문제를 평화적으로 해결할 만한 능력을 가지고 있지 않다. 사실상 중동국가들은 비평화적인 방법으로 그들의 문제를 해결하려는 경향을 보여 왔다. 이러한 상황 하에서 중동국가들은 외교정책을 평화적으로 실천할 수 있는 수단을 갖고 있지 않기 때문에 중동국가들의 외교정책은 존재의미를 상실하고 있다.

세 번째로, 중남미국가들은 19세기 초반에 스페인과 포르투갈의 식민지배에서 벗어난 후 현재까지 정치적 독립을 유지해 오고 있다. 중남미국가들은 지정학적으로 대서양과 태평양에 둘러싸여 있어 유럽 강대국들의 접근이 어려웠다. 또한 1823년 미국의 먼로(J. Monroe) 대통령이 유럽국가들의 중남미지역에 대한 간섭과 개입을 배제할 목적으로 '먼로 독트린(Monroe Doctrine)'을 발표한 이래 미국과 중남미국가들은 자연스럽게 보호자-피보호자 관계를 형성하게 되었다. 더욱이 루즈벨트(Theodore Roosevelt) 대통령을 비롯한 미국의 역대 대통령들은 미국의 국가이익을 위해 중남미국가들의 국내문제에 대한 간섭과 군사적 개입을 정당화함으로써, 중남미국가들은 미국 대외정책의 영향을 크게 받을 수밖에 없었다.

이처럼 미국이 중남미국가들에 대해 커다란 관심을 갖고 이 지역에 대해 배타적이고 독점적인 지위를 견지하려 했던 이유는 중남미지역이 정치·경제·안보적인 측면에서 미국의 국가이익에 본질적으로 중요한 지역으로 간주되었기 때문이다. 예를 들어, 1962년 소련이 미국에 인접해 있는 쿠바에 미사일기지를 설치하고자 했을 때 미국은 소련과 핵전쟁도 불사하겠다는 의지를 갖고 소련에 압력을 가하였고, 그 결과 소련은 그러한 시도를 철회하고 말았다. 또한 1970년대에는 칠레에 공산주의성향을 갖고 있는 아옌데(Salvador Allende)의 대통령 당선을 저지하기 위해 미국의 중앙정보국(CIA)이 직접 개입하였고, 1980년대에는 니카라과의 반정부세력인 콘트라(CONTRAS)를 지원하며 친공산주의 정권의 탄생을 방해하기도 하였다.

이처럼 미국은 중남미지역을 전략적으로 매우 중시하고 있다. 이러한 미국의 관심은 중남미국가들의 정책결정이나 대외행위의 폭을 좁게 만들었을 뿐만 아니라 중남미국가들의 자유를 제한하기도 하였다. 한편 여러 중남미국가들도 1950년대에 이 지역의 방위를 위해 개별적으로 미국과 쌍무적인 군사협정을 체결하였다. 그리하여 이 국가들은 자국 내에 미국의 군사장비를 배치하는 데 동의하였고, 이 지역의 안전을 위협하는 국가와의 무역을 제한하는 데 미국과 협조하기로 합의하였다.

사실상 중남미지역은 미국의 무역과 해외투자 및 경제적·군사적 원조의 주요 대상지역으로서 미국 패권체제의 한 부분이 되어왔다. 이러한 패권체제는 '미주기구(Organization of American States; OAS)'를 통해 유지돼 왔는데, 이러한 체제 하에서 미국은 중남미국가들의 국내외정책을 조정하고 제한을 강요해 왔다. 미주기구는 중남미국가들로 하여금 독립성을 회복하는 데 전혀 도움이 되지 않는 존재로서, 이 기구는 1965년 도미니카공화국에 대한 미국의 간섭을 정당화하는 역할을 담당했을 뿐만 아니라 1982년 아르헨티나와 영국 간의 포클랜드전쟁, 1983년 미국의 그레나다 침공 등 여러 분쟁이 발생했을 때 분쟁 해결에 아무런 역할도 담당하지 못했다.

특히, 중남미국가들의 외교정책과 대외관계를 제약하는 요소는 경제문제이다. 1973년과 1979년 두 차례 원유가의 폭등은 1980년대 세계경제를 크게 침체시켰을 뿐만 아니라 중남미국가들의 수출을 둔화시켜 이 국가들은 경제적으로 어려움을 겪게 되었고, 중남미국가들의 외환이 거의 고갈되었다. 원유를 생산하지 못하는 브라질이나 칠레 같은 국가들은 원유 수입에 대한 부담이 컸고, 동시에 해외부채도 크게 증가하였다. 중남미국가들은 자신들의 부채를 줄이기 위해 대외 교섭활동을 활발히 전개하였고, 또한 중남미국가의 대통령들은 G7국가들의 정기적인 재무장관 및 중앙은행 총재 회의에 부채 탕감을 요구하는 서신을 보내기도 하였다.

그런데 중남미지역 국가들의 채무문제는 여전히 해결되지 않고 있으며, 이러한 문제는 중남미국가들의 외교정책 및 대외관계를 제한할 뿐만 아니라 미국과의 관계에서도 자유롭거나 독립성을 갖기 어렵게 만들고 있다.

네 번째로, 아프리카지역의 국가들은 제2차 세계대전 종식 이후 300여 년 간에 걸친 유럽 제국주의 열강의 식민지통치에서 해방되어 정치적인 독립을 이루었으나, 경제적으로는 여전히 매우 빈곤한 상태에 머물러 있다. 세계은행(World Bank)에 의하면, 세계 40개 최빈국 가운데 27개 국가가 아프리카국가들이고, 이 지역의 연평균 개인소득은 500달러 이하이다.

아프리카국가들은 제2차 세계대전 이후 반세기가 지나도록 산업화와 농업의 현대화정책이 모두 성공을 거두지 못하였다. 아프리카국가들은 수백 년 동안 서양 제국주의국가들로부터 착취를 당하여 생존기반을 완전히 상실하였다. 또한 독립을 이룬 후에도 과거 식민통치를 했던 유럽 국가들은 아프리카국가들의 경제발전을 적극적으로 지원하지 않았다. 오히려 유럽의 국가들과 기업들은 아프리카대륙에 있는 기업들을 완전히 장악하였고, 이들은 아프리카 경제에 상당한 영향력을 행사하였다.

21세기에 들어와서도 아프리카대륙에서 경제발전에 성공한 국가는 찾아보기 힘들다. 아프리카에서 비교적 발전된 국가인 이집트와 나이지리아의 경우에도 많은 부채를 안고 있다. 1990년대 기준으로 아프리카국가들의 외채 총액은 2,300억 달러로서, 이 중에서 이집트의 부채가 400억 달러이고, 나이지리아의 부채는 300억 달러이다. 1990년대에 들어와 아프리카대륙의 절반은 세계은행과 국제통화기금(IMF)의 요구로 구조조정을 실시하고 있다. 이러한 구조조정이 아프리카국가들의 부채 탕감에는 어느 정도 도움이 될 수 있겠지만, 이 지역 국가들의 경제발전에는 별다른 도움을 주지 못하고 있다. 이러한 현실로 인해 아프리카국가들은 자국의 국가목표를 달성하거나 국가이익을 극대화하기 위한 외교정책을 결정하고 추진해 나가기가 매우 어려운 실정이다.

또한 1960년대에 정치적 독립이 이루어진 이후 대부분의 아프리카국가들에서는 비민주적인 군사독재정부가 장기집권을 하고 있어, 외교정책은 독재자 중심으로 결정되고 있다. 대부분의 아프리카국가들은 외교정책을 결정하는 데 고려해야 할 공통 요소를 지니고 있는데, 그것은 다름 아닌 식민통치경험에서 비롯된 반식민주의, 반인종차별 그리고 비동맹노선(non-alignment policy) 세 가지이다. 남아프리카공화국을 제외하고, 아프리카의 모든 국가들은 이러한 요소에 반하여 외교정책을 결정하지 않는다. 또한 아프리카국가들의 국경은 과거 제국주의 열강에 의해 인위적으로 획정되었기 때문에 한 국가 내에 여러 종족이 살고 있거나 또는 한 종족이 여러 국가에 분포되어 살고 있다. 그렇기 때문에 아프리카국가들은 대체로 인접국가와 서로 반목하며 갈등관계를 갖고 있으며, 따라서 아프리카국가들의 외교정책도 일차적으로 지역적 수준의 문제에 초점을 맞추고 있다.

약소국의 외교정책도 강대국의 경우와 마찬가지로 정치·경제·군사 등 여러 분야를 포함하고 있는데, 그 중에서도 안보와 경제 분야가 가장 중요하다. 즉, 약소국 외교정책의 기본 목표는 일차적으로 국가안보문제를 해결하는 것이고, 이차적으로는 경제번영을 위해 대외 경제협력을 강화하는 것이다.

역사적으로 약소국과 강대국 간에 있었던 갈등의 본질은 약소국의 자주성 문제였다. 앞에서도 지적한 것처럼, 약소국의 주요 특징은 강대국으로부터 군사적 위협을 받을 때 스스로를 적절히 방위할 수 없다는 사실이다. 이러한 안보딜레마를 해결할 수 있는 유일한 방법은 외부로부터 도움을 받는 것인데, 이 때 그 대가로서 약소국은 자주성을 상실하게 된다. 약소국은 스스로를 자신의 군사력으로 지킬 수 없다는 사실을 잘 알고 있기 때문에 강대국으로부터 어느 정도 독립적이며, 또한 어떤 이득을 취할 수 있는가를 계산하게 된다. 또한 약소국들은 동맹체제 속에서나 상호관계 속에서 어느 정도 강대국의 간섭을 받아들이고 있다.

이처럼 약소국 외교의 기본 목표는 자주성을 확보하는 데 있다. 일반적으로 자주성이란 다른 국가가 정책결정에 영향을 미치든 그렇지 않든 간에 자국이 국방정책이나 외교정책을 결정함에 있어서 자유를 누릴 수 있는 힘을 갖는 것을 의미한다. 그렇기 때문에 현실적으로 약소국 외교의 핵심사항은 자국의 주권 유지와 안전보장에 영향을 미치는 외세의 영향을 어떻게 약화시키고, 동시에 약한 자주성을 어떻게 강화시키느냐에 있다.

약소국은 국제정치체제에서 기본적으로 자신의 능력으로 안보를 보장할 수 없다는 사실 때문에 자주성을 확보하는 정책을 수행하는 과정에서 강대국과는 달리 행태상 몇 가지 차이점을 나타내고 있다.

첫째, 약소국과 강대국이 국제평화를 보는 관점은 서로 다르다. 강대국의 시각에서 국제평화란 일반적으로 '전쟁 없는 상태'를 의미한다. 강대국은 전쟁이라는 질서 파괴현상만 제거되면 국가의 번영을 자신이 원하는 방식으로 추구할 수 있다. 그러나 약소국의 경우에 강대국에 의해 형성된 국제질서가 자국의 생존과 발전을 제약한다면, 아무리 전쟁이 없는 상태라고 하여도 이를 진정한 평화로 받아들이기 어렵다. 냉전체제 하에서 미·소 양 진영에 속했던 많은 약소국들은 이러한 점을 경험하였다.

둘째, 약소국들은 국제평화와 분쟁이 잘 해결되지 않는 원인을 강대국들의 팽창주의와 군비경쟁 때문이라고 보는 반면에, 강대국들은 분쟁과 같은 국제적인 불안정은 약소국들의 정치·경제적인 혼란과 종족 간의 갈등, 종교상의 차이 그리고 국제정치에 대한 무책임성이 그 원인이라고 주장한다.

셋째, 약소국과 강대국은 관심과 이해의 범위에서도 차이를 나타내고 있다. 강대국은 전 세계의 모든 지역과 국가에 대해 관심을 갖고 있기 때문에 이해의 종류가 다양하고, 장기적인 이득을 바라보고 활동한다. 그러나 약소국은 주로 자신의 생존과 관련이 있는 문제의 해결이 시급하므로 관심과 이해가 단순할 뿐만 아니라 전략도 단기적이다. 실제로 약소국은 인적·물적 자원이 부족하기 때문에 외교정책을 담당하는 기구의 규모와 능력이 작을 수밖에 없으며, 따라서 자국이 관련된 문제에만 집중적으로 관심을 기울이게 된다.

안보분야는 약소국의 외교정책에서 핵심이 되고 있다. 약소국의 외교정책 목표는 국가의 경제적 번영보다 주권국가로서의 생존문제가 더 중요하고, 이러한 목표를 스스로 달성할 수 없기 때문에 약소국의 외교정책 목표는 내적 요인보다는 외적 요인에 의해 보다 큰 영향을 받게 된다. 이에 따라 약소국의 외교는 강대국의 도움을 받거나 그렇지 않으면 강대국의 간섭을 배제하기 위한 정책들을 취하는 경향이 있다. 역사적으로 약소국들은 강대국의 지배에서 벗어나 어느 정도의 자주성을 유지하기 위해 동맹외교노선, 중립주의노선, 비동맹노선 등을 택해 왔다.

일반적으로 약소국의 외교정책은 강대국과 비교하여 '체계변수(systemic variable)'

— 즉, 국제환경에서 일어나는 사건과 행위, 다른 국가의 외교정책 등 — 에 의해 보다 많은 영향을 받는다. 대체로 강대국은 국내정치적 요구에다 외부환경의 도전을 적용시키는 반면에, 약소국은 외부환경에서 오는 요구와 도전에 국내환경을 적응시키려는 경향이 있다.

또한 약소국의 외교정책은 자국이 갖고 있는 물질적·비물질적 능력에 의해 영향을 받는다. 약소국은 유사시 동원 가능한 인적·물적 자원이 적고, 외교정책에 책임을 지고 있는 조직 규모와 능력이 부족하며, 과학기술의 낙후와 정보 부족으로 국제정세에 어두우며, 안보상의 위협을 받을 때 불확실한 외부지원에 의존해야 한다. 특히, 약소국의 통치자들은 이러한 취약점들을 결코 변할 수 없는 것으로 인식하고 있다.

따라서 약소국은 강대국에 비해 정책을 수립함에 있어서 실수를 허용할 수 있는 범위가 좁고, 선택가능한 정책대안도 적은 편이다. 이러한 상황은 약소국들에게 정확하고 신중한 정책결정을 요구하며, 약소국의 정책결정은 강대국들처럼 이익을 극대화하기 위한 것이 아니라 위험을 극소화하는 데 최우선권을 두게 된다.

약소국의 능력은 강대국에 비해 상당히 제한되어 있지만, 상황에 따라서 어느 정도는 자신의 능력으로 강대국의 위협을 저지할 수도 있다. 약소국이 경쟁하는 강대국들 사이에서 지리적·전략적으로 중요한 위치에 놓여 있고 또한 주요 자원을 보유하고 있다면, 이것은 일면 약소국에게 안보상의 위협요인이 될 수도 있는 반면, 자신을 보호할 수 있는 수단이 될 수도 있다. 폭스(Fox)는 제2차 세계대전 중 전략적으로 중요한 위치에 놓여 있던 터키, 핀란드, 노르웨이, 스웨덴, 스페인과 같은 약소국들이 어떻게 힘을 발휘하여 자신의 국토가 전쟁터로 되는 것을 막았는가를 설명하고 있다. 지정학적 위치가 약소국의 외교정책 방향을 결정하는 데에서 가장 중요하다고 말할 수는 없지만, 강대국이 전략상의 득실을 계산할 때 중요한 요인이 되어 온 것은 사실이다. 1990년대 초에 벌어진 걸프전쟁을 통해 이라크에 무력으로 점령당했던 쿠웨이트가 다시 주권을 회복할 수 있었던 중요한 이유는 중동지역에서 쿠웨이트가 차지하고 있는 지정학적 위치와 쿠웨이트가 갖고 있는 석유 때문이었다. 이처럼 과거에는 약소국들이 강대국들과의 갈등 속에서 지정학적 위치와 주요 자원을 수단으로 자신의 외교정책을 용이하게 선택하는 경우도 있었다.

한편 약소국은 강대국들 사이에서 완충지대 역할을 하여 국가안보에 기여할 수 있다. 약소국에게 있어서 완충지대 역할이 항상 안보에 도움이 되는 것은 아니지만, 강대국은 완충국가들이 존재함으로 인해서 국경분쟁의 가능성이 줄어들고, 국경을 통한 영향력 확대를 견제할 수 있기 때문에 자신을 보다 더 안전하게 보호할 수 있다. 완충역할을 하는 약소국은 강대국 사이에서 중립적 입장을 취할 것인지 그렇지 않으면 어느 한 강대국과 보다 긴밀한 관계를 가질 것인지를 결정해야 한다. 또한 약소국은 강대국의 정치적·군사적 팽창정책에서 전진기지나 교두보로서 유용할 수 있는데, 이러한 약소국은 강대국을 위하여 공격기지 또는 방어기지로서 이용될 수 있다. 약소국은 어느 강대국에게 이러한 역할을 제공할 것인가를 결정해야 하며, 그러한 결정이 이루어질 때 강대국으로부터 보호를 받을 수 있다. 역사적으로 볼 때, 동북아시아지역에서는 한반도가 그러한 경우에 해당되었고, 냉전시대의 미·소 대결에서는 쿠바가 그리고 중·소 대결과정에서는 베트남이 그러한 경우에 해당되었다.

사실상 약소국이 특정 외교정책을 선택할 수 있는 범위는 강대국에 비해 상대적으로 좁지만, 외교정책을 결정하고 추진하는 과정에서 약소국의 안보능력을 다소나마 증대시킬 수 있는 요인은 정치지도자의 리더십이라고 할 수 있다. 전쟁 발발원인 중의 하나는 정치지도자의 오해나 오판에서 비롯되므로, 약소국은 오판을 방지하기 위해서 주변정세와 강대국의 의도를 정확하게 판단하는 것이 매우 중요하다.

냉전기간 동안 약소국의 경제적 능력은 매우 취약했기 때문에 경제문제가 약소국의 대외정책에서 커다란 비중을 차지하지는 않았다. 그러나 냉전 종식 후 신국제질서가 형성되는 과정에서 경제문제의 중요성이 증대되고 있기 때문에 앞으로는 강대국과 약소국 간에 경제적 갈등이 보다 자주 발생할 것으로 전망된다. 사실상 냉전이 종식될 때까지 약소국의 대외경제관계는 안보분야의 외교정책과 동일시되어 왔다. 이는 양극체제 하에서 정치·군사 중심으로 국제질서가 형성된 까닭도 있었지만, 약소국의 대외경제활동은 주로 국제경제질서에 어떻게 적응하느냐 하는 데 초점을 맞추었기 때문이다. 또한 약소국은 미국과 같은 선진 자본주의국가에 의해 수립된 국제경제질서에 거의 영향을 미치지 못했고, 세계무역에서 차지하는 비중도 적었으며, 과학기술의 발전에도 거의 기여하지 못했다. 이러한 점은 아시아, 아프리카, 중남미지역에 있는 경제적 후진국들의 경우에 그 정도가 더욱 심했다.

설령 약소국이지만 경제적으로 번영한 국가들도 국내 정치·경제체제를 개혁하는 데 그쳤을 뿐, 대외경제정책을 변화시키지는 못했다. 예를 들어, 유럽의 약소국들인 덴마크, 벨기에, 오스트리아, 스위스 등은 대체로 국제경제질서의 변화에 적응하면서 경제번영을 위하여 국내 정치·경제체제를 개혁하는 데 성공하였다.

그러나 냉전이 종식되면서 지역별로 새로운 경제블록이 형성 중에 있으며, 이에 따라 약소국의 외교정책에서 경제 분야의 중요성은 점차 증가하고 있다. 냉전시대에 비해 안보적 위협을 덜 느끼게 된 약소국들은 자신들의 경제적 이익을 증대시키기 위해 앞으로 경제공동체에 적극적으로 참여하려고 할 것이다.

이상에서 살펴본 약소국 외교를 탈냉전시대와 관련지어서 몇 가지 특징을 지적해 보면 다음과 같다.

첫째, 약소국은 탈이념적 요인 때문에 동맹체제로 다시 돌아가는 것을 회피하고 있다. 이는 강대국에 대한 의존관계나 주종관계로부터의 탈피를 가능케 할 뿐만 아니라 외교의 자율성을 확대시켜 줄 수 있다. 최근 비동맹외교의 약화현상은 이러한 경향과 관련되어 있다.

둘째, 강대국 간의 힘의 우열이 분명해짐에 따라 약소국은 개별적 안전보장과 국익 추구를 위해 독자적인 군사력 증강에 힘을 쏟고 있다.

셋째, 강대국과 약소국 간에는 불평등관계가 현실적으로 존재하지만, 과거처럼 강대국만이 '영향력의 근원'의 기초를 독점하는 것은 아니다. 즉, 약소국과 강대국

간의 상호 의존성이 증대될수록 약소국도 과거 강대국이 독점한 ‘영향력의 근원’에 영향력을 미치게 된다.

넷째, 약소국은 냉전시대보다 강대국과의 갈등관계를 더 많이 가질 수 있다. 왜냐하면 강대국이 약소국을 대함에 있어 이들에게 보다 많은 반대급부나 당근을 주어야 하기 때문이다.

그러나 약소국은 자체의 외교역량이 부족하기 때문에 국제환경으로부터 커다란 영향을 받는다. 따라서 약소국은 국제환경에 적용하고, 그것을 활용하는 외교적 기술과 방법을 배워야 한다. 또한 약소국은 관련 강대국들의 외교정책에 관여하거나 편승하려는 노력을 기울여야 한다. 북한이 냉전시대와 달리 중국과 러시아에 대해 자신의 외교역량을 증대시킬 수 있는 기회를 갖지 못하고 있는 이유는 국제환경의 변화나 강대국들의 정책 변화에 커다란 영향을 받고 있기 때문이다. 따라서 남북한이 탈냉전이라는 국제정치환경의 변화에 적절하게 반응하고 적응하기 위해서는 강대국들의 대한반도정책에 대한 효과적인 정책을 마련해 나가야 할 것이다.

제 6 장

외교정책의 수단

1. 외교정책 목표와 수단

모든 국가는 국력을 신장시키고 국가이익을 극대화하기 위해 외교정책과 외교정책 목표를 갖는다. 외교정책에는 결정과 행위가 포함되어 있다. 그런데 결정에는 목적과 가치가 포함되어 있고, 행위 속에는 수단이 포함되어 있다. 따라서 외교정책은 목표와 수단을 모두 포함하고 있는 것이다. 민주주의국가에서는 먼저 동원 가능한 수단을 고려한 뒤 거기에 기초해서 목표를 설정하는 것처럼 수단이 목표를 결정하는 경향이 있는 반면에, 전체주의국가나 권위주의국가들에서는 대체로 목적지향적이고 수단의 동원은 강제적이다.

세계 각국은 자국이 설정한 외교정책 목표가 최대한 달성될 수 있도록 최선을 수단을 강구하게 된다. 그런데 어떤 국가가 외교정책을 추구해 나가는 과정에는 모두 상대국가가 있기 때문에 이를 결정한 국가의 의도대로 모든 것이 이루어지는 것은 아니다. 그러나 상대국의 저항에도 불구하고 자국이 설정한 외교정책 목표를 반드시 달성해야 할 경우에 각국은 적절한 외교정책 수단을 사용하여 그의 목표를 달성하려 한다.

이러한 외교정책 수단에는 정치적 수단으로서의 외교, 경제적 수단, 군사적 수단, 심리적 수단, 문화적 수단 등을 들 수 있다. 여기에서는 제5장에서 언급한 정치적 수단으로서의 외교를 제외한 다른 수단들에 대해 구체적으로 살펴보기로 한다.

2. 경제적 수단

　오늘날 경제는 한 국가의 부강과 국민의 생활수준 향상의 지표가 될 뿐만 아니라 한 국가가 자국의 외교정책 목표를 달성하기 위한 수단으로 크게 사용되고 있다. 그런데 경제가 국제정치 및 외교정책의 수단으로 그 기능을 적절히 수행하기 위해서는 국가가 부유할 뿐만 아니라 다른 국가에 대해 경제적 혜택을 베풀 수 있는 잉여가치를 갖고 있어야 한다. 그와 동시에 국가가 경제를 외교정책의 수단으로 이용할 의지를 갖고 그의 잉여가치를 다른 국가에 베풀 수 있어야 한다. 이에 대하여 한 국가에 의해서 베풀어지는 잉여가치를 받아들이는 국가가 있어 이들 국가 간에 불평등하고 일방적인 의존적 경제관계가 형성되어 있어야 경제가 국제정치의 수단으로 기능할 수 있다. 만약에 국가 간의 경제관계가 우열을 가릴 수 없을 정도로 대등하다면, 경제는 국제정치의 수단으로 사용되기 어렵다.

　또한 부강한 국가라도 경제가 국제정치의 수단으로 행사될 수 있는 기초가 다른 국가에 형성되어 있지 않다면, 그 국가의 경제는 외교정책의 수단으로 이용될 수 없다. 북유럽의 덴마크나 스웨덴은 경제적으로 매우 풍요로운 국가이지만, 이 국가들은 국제정치에 있어서 영향력이 큰 국가들은 아니다. 그 이유는 그들이 갖고 있는 잉여가치가 정치적 목적을 위하여 다른 국가에 베풀어지지 않았기 때문에 이 국가들은 다른 국가에 영향력 행사의 기초를 만들 수 없었다.

　오늘날 경제가 국제정치 및 외교정책의 주요 수단으로 이용될 수 있게 된 배경으로는 대체로 다음과 같은 사항을 들 수 있다.

　첫째, 냉전 종식 이후 세계의 거의 모든 국가들이 그들의 영토적 안전에 대한 위협을 과거보다 덜 느끼게 되었으며, 그 대신 경제적 이익을 극대화하는 데에 많은 관심을 갖게 되었기 때문이다.

　둘째, 오늘날 모든 국가가 경제발전을 최우선 정책목표로 삼고 있고, 또한 국가 간의 경제적 교류가 활발해져 경제가 국가들의 핵심적인 과제로 부상되었기 때문이다.

그리하여 국가의 경제적 능력이나 경제발달 정도에 관계없이 국가들 간에 경제적인 상호의존도가 점차 심화되고 있다. 즉, 1980년대 후반 이래 세계 각국은 자국의 경제발전을 위해 이념과 체제가 다른 국가들과 외교관계를 수립하고 있다. 그러한 예로서, 과거 소련은 1985년 고르바초프(M. Gorbachev) 소련공산당 서기장이 취임한 이후 경제발전을 위해 페레스트로이카(Perestroika)와 글라스노스트(Glasnost)로 일컬어지는 개혁·개방정책을 적극적인 추진했으며, 1990년에는 한국과 외교관계를 수립하였다. 또한 중국도 1978년 덩샤오핑체제가 출범한 이후 경제발전을 최우선 국가목표로 설정한 후 이를 위해 4개 현대화계획을 수립했으며, 1992년에는 북한의 반대에도 불구하고 한국과 외교관계를 수립하였다.

셋째, 경제가 외교정책의 주요 수단이 된 배경으로는 제2차 세계대전 이후 자원민족주의 또는 경제민족주의가 세계적으로 만연되었다는 점을 들 수 있다. 예를 들어, 1970년대에 석유수출국기구(OPEC)의 회원국들인 중동의 산유국들은 석유를 정치적 무기로 이용한 바 있다.

오늘날에도 석유는 국제사회의 절대 권력으로 등장하고 있다. 유가가 배럴당 100달러에 육박하는 고유가시대를 맞이하여 러시아와 중동 산유국들은 기록적인 경제성장을 하고 있는 반면에, 중국과 인도 등 유류 소비대국들은 물가가 급등하면서 사회·경제적 불안상태에 놓이게 되었다. 2007년 11월 국제에너지기구(IEA)가 발표한 「세계 에너지 전망 보고서」에 따르면, 석유수출국기구 국가들의 산유량이 전 세계 산유량에서 차지하는 비중이 현재 42%에서 2030년 52%로 늘어날 것으로 전망하였다. 한때 원유 수출국이었던 중국은 현재 국내 원유 소비량의 절반을 수입하고 있다. 이에 따라 중국은 최근 원유 공급을 보장받는 대가로 앙골라 등 아프리카국가의 재정 후원자역할을 자처하고 있다. 또한 인도는 원유의 70%를 수입에 의존하고 원유 비축고도 없어 고유가 상황에서 취약한 모습을 보이고 있다. 이에 반해, 1990년대 초만 하더라도 거의 파산상태에 놓였던 러시아는 오일머니를 앞세워 국제무대에서 갈수록 영향력을 확대해 나가고 있다.116)

[표 6-1] 세계 최대의 원유 생산국과 소비국(2006년)

(단위: 백만 배럴/일)

원유 생산국	원유 생산량	원유 소비국	원유 소비량
사우디 아라비아	10.7	미 국	20.6
러시아	9.7	중 국	7.3
미 국	8.4	일 본	5.2
이 란	4.1	러시아	2.9
중 국	3.9	독 일	2.7

* 자료: 국제에너지기구(IEA), 「세계 에너지 전망 보고서」, 2007. 11.

넷째, 경제가 외교정책 목표를 달성하기 위한 수단으로 사용될 수 있는 가장 중요한 바탕은 국가들 간의 빈부 격차이다. 현실적으로는 불가능한 일이지만, 세계의 모든 국가가 자급자족할 수 있다면 경제가 외교정책을 달성하기 위한 수단으로 사용될 수 있는 여지는 존재하지 않는다.

1994년에 미국은 우루과이라운드(UR) 협상의 타결에 있어서 주도적인 역할을 한 데 이어, 동년 3월에는 지난 1990년에 시한이 끝난 '슈퍼 301조'를 2년 시한의 대통령 행정명령인 '미국 무역확대 우선협상대상국 지정명령'으로 부활시킨 바 있다. 이에 따라 미국은 1994년 9월 말까지 불공정무역을 시정하지 않는 국가를 겨냥하여 우선협상대상국(PEC)을 정하고, 그 후 1년에서 1년 6개월 동안의 조사와 협상에도 불구하고 시정이 되지 않을 때에는 일방적인 무역보복조치를 취하였다. 이러한 미국의 '슈퍼 301조'의 부활은 1차적으로 일본을 목표로 하였으며, 그 다음 표적은 중국, 대만, 한국 순이었다. 이와 관련하여 미국은 1994년 4월에 열린 제16차 한·미 무역실무회의를 통해 한국이 자동차시장을 미국의 요구만큼 개방하지 않을 경우 '슈퍼 301조' 등 강력한 보복조치를 취할 것임을 경고한 바 있다.

한편 국제정치에 있어 경제적 수단이 효과를 거두기 위해서는 대체로 다음과 같

---

116) 조선일보, 2007년 11월 9일.

은 조건들을 충족시킬 수 있어야 한다.117)

첫째, 국가들 간에 경제관계가 외부에 대한 취약성의 측면에서 극도로 불평등한 관계가 형성되어 있어야 한다.

둘째, 경제적 수단이 행사되는 대상국이 다른 국가로부터 그가 필요로 하는 자원이나 시장 등을 새로 구할 수 없을 만큼 그 의존도가 철저해야 한다.

셋째, 경제적 영향력 행사의 대상이 되는 국가가 필요로 하는 것을 얻을 수 없을 때 그것을 대체할 수 있는 기술이나 자원을 갖고 있지 않아야 한다.

넷째, 대상이 되는 국가에 대한 경제적 조치인 불매동맹 또는 수출금지로 경제적 어려움을 겪을 때 이에 대해 불만을 갖고 정부에 대해 압력을 가할 수 있는 다수의 국민들이 존재해야 한다.

다섯째, 경제적 조치는 개별국가에 의해서 행해지는 것보다는 여러 국가들이 집단적으로 행해야 보다 효과적이다.

여섯째, 경제적 수단을 행사하는 국가보다 그의 대상이 되는 국가의 손실이 더 커야 한다.

일곱째, 경제적 제재의 대상이 되는 국가가 국제적으로 동정을 받지 않아야 한다.

여덟째, 이러한 경제적 조치는 다른 조치와 함께 구사되어야 한다.

그런데 경제적으로 부유한 선진국들은 경제를 외교정책의 수단으로 사용하고자 할 때 관세, 쿼터, 보이콧, 선적금지, 통화조작 등의 다양한 방법들을 구사한다.118)

첫째로, 관세(tariff)를 이용하는 방법을 들 수 있는데, 정책결정자들은 국제적 영향력을 행사하고 경제적 압력을 가하기 위한 기초수단으로 관세를 조작하는 경향이 있다. 오늘날 많은 국가들은 대외경제행위 가운데 무역을 가장 중요한 수단으로 여기고 있기 때문에 다른 국가들이 자국의 수입상품에 부과하는 관세에 매우 민감

---

117) K. J. Holsti, *op. cit.*, p. 227.

118) William C. Olson, David S. McLellan and Fred A. Sondermann(eds.), *The Theory and Practice of International Relations*, 6th ed.(Englewood Cliffs, New Jersey: Prentice-Hall, Inc., 1983), p. 154에서 인용.

한 반응을 보이게 된다. 특히, 국가들 간에 경제교류가 많아지고 그 중요성이 증대되면서 여러 국가들은 관세를 국제정치의 수단으로 이용하게 되었다.

원칙적으로 관세는 상품을 수입하는 국가가 세금의 수입을 많이 얻기 위해, 그리고 자국의 상품을 보호하고 경쟁력을 높이기 위해 경쟁국가의 상품에 높은 관세를 부과하여 수입상품의 가격을 높여 경쟁력을 약화시키려는 것이 근본 목적이다. 만약 관세가 모든 수출국가에게 같은 비율로 높게 부과된다면, 그 자체는 어떤 특정 국가에게 더 불리하거나 유리하게 작용하지 않을 것이다. 그러나 정치적 목적에서 특정 국가의 특정 상품에 대해서만 높은 관세를 부과한다면, 이는 일종의 경제적 제재와 같은 효과를 갖게 된다. 예를 들어, 한국의 대미정책이 불만족스럽다고 판단하여 미국이 그러한 정책의 수정을 요구하였으나 한국이 그 요구를 받아들이지 않는다면, 미국은 자국의 목표를 관철시키기 위한 수단으로 미국으로 수출되는 한국산 자동차에 대해 일본산 자동차보다 높은 관세를 부과할 수 있다. 그럴 경우 한국산 자동차 가격은 상대적으로 일본산 자동차보다 더 비싸게 될 것이고, 이는 미국 내의 자동차 시장에서 경쟁력을 상실하게 되어 결과적으로 한국의 대미 자동차 수출을 크게 위축시킬 것이다.

이처럼 관세를 높게 부과하는 것과는 반대로 어느 특정 국가에 정치적 목적으로 무역상 큰 혜택을 부여할 수도 있는데, 이러한 방법으로 최혜국(MFN) 대우를 하는 것이 있다. 최혜국 대우를 받게 되면 낮은 관세로 자국의 상품을 수출할 수 있어 외국 시장에서 강한 경쟁력을 가질 수 있다. 과거 냉전시대에 미국은 바르샤바조약 기구의 회원국인 루마니아, 폴란드, 유고슬라비아에게 최혜국 대우를 부여했는데, 그 목적은 이 국가들로 하여금 소련의 정책에서 벗어나 독자적인 대외정책을 추구할 수 있도록 하기 위해서였다. 그러나 1981년 폴란드 정부가 공산통치를 강화하기 위해 계엄령을 선포하자 미국의 레이건 행정부는 이에 대한 불만의 표시로 폴란드에 대한 최혜국 대우 지위를 박탈한 바 있다.

미국은 중국에 대해서도 정치적 목적에서 관세를 이용하였다. 한때 중국은 '관세 및 무역에 관한 일반협정'(GATT)에 서명하지 않아 미국으로부터 최혜국 대우를 받을 수 없었으나, 미국은 1979년 7월 중국과 무역협정을 체결하여 중국에 처음으로 최혜국 대우를 하였다. 만약 중국의 상품이 관세 혜택을 받지 못하면 중국의 상품은 미국 시장에서 경쟁력을 가질 수 없다. 중국은 미국으로부터 많은 무역흑자를 얻고 있는 국가이기 때문에 미국이 중국에게 최혜국 대우를 하는 것은 중국으로서는 매우 중요한 일이다. 미국은 중국이 미국의 지적재산권을 보호하지 않는다고 하여 1990년대 중반 여러 차례 중국 정부에 주의를 환기시켰으나, 중국은 미국의 지적재산권 보호를 소홀히 하였다. 그러자 미국 정부는 1996년 5월 30억 달러 상당의 중국산 의류, 전자제품 등에 대해 100% 보복관세 등을 포함한 무역 예비보복조치를 발표하였다. 만약 이 조치가 발효될 경우 중국의 대미 수출은 큰 타격을 받을 것으로 예상되었기 때문에 중국 정부는 미국의 지적재산권 보호의지를 표명하였고, 그 결과 미국의 중국에 대한 보복조치는 취해지지 않았다.119)

둘째로, 외국 상품의 수입량을 조절하는 방법인 쿼터(quota)로서, 가격은 수출국이 결정하되, 수입량은 수입국이 결정하는 방식을 말한다. 어떤 국가가 특정 국가에 대해 압력을 행사하려고 할 때에는 수입하는 물량을 줄이고, 그 반대로 우호적이고 협조적인 정책이나 태도를 유도하려 할 때는 수입량을 크게 증가시켜 주기도 한다.

미국을 비롯한 선진국들은 대체로 한국, 대만, 중국 등 개발도상국들에 대해 신발류, 섬유류, TV 등과 같은 가전제품에 대해 쿼터를 적용해 왔다. 이처럼 수입량을 외교정책의 수단으로 이용하려는 국가는 미국처럼 넓은 시장과 강한 구매력을 갖고 있어야 하고, 다른 한편 이러한 정책의 대상이 되는 국가는 해외시장이 다변화되어 있지 못하고 특정 국가의 시장에 크게 의존하고 있어야 한다. 이러한 의존적 관계는 정치적으로도 불평등한 의존적 관계를 형성하게 되고, 이러한 관계는 국제정치의 수단으로 이용될 수 있다.

---

119) 송영우, 『국제정치학』, pp. 330-333.

셋째로, 특정 국가로부터 수입을 거부하거나 선별적으로 수입하는 보이콧(boycott)의 방법을 들 수 있다. 이는 정부에 의해 조직적으로 특정 국가의 상품 수입을 부분적으로 또는 전면적으로 금지하는 것을 의미한다. 다시 말해, 정부가 민간 수입업자들로 하여금 거부된 국가로부터 어떤 상품을 구매하려 할 때에는 정부의 허가를 받도록 함으로써 사실상 수입을 거부하는 것이다. 이러한 방법도 외교정책 목표를 달성하기 위해 특정 국가에 대한 압력이나 보복의 수단으로 행해진다.

미국 정부는 공산주의국가인 쿠바에 대해 광범위한 경제적 제재를 가해왔는데, 그러한 제재 중의 하나가 바로 쿠바로부터 일체의 상품 수입을 거부하는 것이었다. 예를 들어, 1959년 카스트로(Fidel Castro)가 사회주의혁명을 일으켜 쿠바의 정권을 장악하고 친소련정책을 추진했을 때, 또한 쿠바 내에 있는 미국의 자산을 몰수하고 미국에 대한 부채 5,000만 달러의 지불을 거부하자 미국 행정부와 의회는 이에 대한 보복으로 쿠바의 주요 수출품목인 설탕의 수입을 금지하는 조치를 취한 바 있다. 즉, 미국은 쿠바의 친소정책 추진을 중지하도록 압력을 가하기 위해 설탕의 수입금지 조치를 결정하게 되었던 것이다.

넷째로, 다른 국가에 대해 자국의 상품 수출을 목표국에 금지하는 통상정지(embargo)의 방법을 들 수 있다. 이는 한 국가가 정치적 또는 경제적 목적을 위해 특정 국가에 대해 특정한 상품이나 또는 모든 상품의 수출을 금지하는 것이다. 예를 들어, 미국은 1950년 한국전쟁 이후 북한에 대해, 1960년 이후에는 쿠바에 대해 그리고 1970년대 후반 아프가니스탄 침공사태 이후에는 소련에 대해 통상정지를 단행한 바 있다. 특히, 1979년 12월 소련이 아프가니스탄을 무력침공하자 미국 정부는 1980년 1월 소련의 침략행위에 대한 불만 표시 및 보복조치로 소련에 대한 고급기술 및 전략적 물자, 곡물 등의 수출을 금지하는 조치를 취하였다.[120]

또한 냉전시대에 미국과 북대서양조약기구의 회원국들은 '대공산권 수출통제위원회'를 결성했는데, 이 기구의 목적은 소련과 중국을 비롯한 공산주의국가들에 전략

---

120) *Presidential Documents*, Vol. 16(January 14, 1980), pp. 26-27.

물자와 장비의 수출을 금지하거나 통제하여 그 국가들의 군사력이 강화되는 것을 막기 위한 것이었다.

이 밖에도 1973년 10월 제4차 중동전쟁이 발발한 직후에 중동의 석유수출국기구(OPEC) 회원국들은 이스라엘을 지원하는 미국 등 서방 선진국들에게 경제적 압력을 가하기로 결정하고 동년 10월에 석유가격을 70% 인상하기로 결정하였다. 또한 이 회원국들은 ① 이스라엘이 그의 점령지로부터 완전히 철수하고, ② 팔레스타인 사람들의 합법적인 권리가 보장되어야 하며, ③ 유엔의 적절한 결의가 이행되어야 한다는 세 가지 조건이 충족될 때까지 매월 5%씩 원유를 감량 생산한다고 선언하였다.[121]

실제로 아랍 국가들은 서방국가들에 원유 금수조치를 단행하여 중동으로부터 많은 양의 원유를 수입하는 국가들은 원유 수급에 많은 어려움을 겪게 되었다. 원유 금수조치가 단행되자 일본은 처음 공개적으로 이스라엘에 대한 외교적 지지 포기를 선언하였다. 또한 미국은 이스라엘에 대한 군사적 지원을 중단하지는 않았지만, 이스라엘에게 중요한 지역을 아랍 국가들에게 양보하라고 권고하는 등 중동정책을 일부 수정하였다. 결국 미국이 중동의 평화를 보장하고, 이스라엘과 아랍 국가들이 영토문제를 해결하게 되면서 원유가 다시 서방국가들에게 공급되기 시작하였다.

다섯째로, 재정조작으로서 환율을 조작하는 방법이 있다. 이는 경쟁적인 상대국의 화폐가치를 자국에 유리한 방향으로 조작하는 경제적 행위를 말하는 것이다. 예를 들면, 상대국의 인플레이션을 가중시켜 그 국가의 화폐가치를 떨어뜨려 상대적으로 자국 화폐에 대한 가치를 높게 만드는 것을 들 수 있다. 물론 필요하다면 그 반대로 상대국의 화폐가치를 절상시키는 경우도 있다. 이러한 재정조작이 다른 국가에 의해 인위적으로 이루어질 수 있다면 그 국가의 경제는 대단히 취약한 경제구조를 갖고 있는 것으로 평가할 수 있고, 다분히 의존적인 경제구조를 갖고 있는 국가라고 말할 수 있다.

---

121) R.L. Wendzel, *op. cit.,* p. 243 참고.

한 국가의 화폐가치를 파괴시킬 수 있는 방법 중에는 상대국가에 투자된 많은 돈을 일시에 인출하여 본국으로 가져가는 경우가 있다. 이렇게 되면 다른 투자국들도 투자한 국가로부터 역시 많은 돈을 인출하여 본국으로 송금하게 될 것이다. 이처럼 갑작스럽게 많은 돈이 한꺼번에 외국으로 빠져나가게 되면 은행들은 자금 부족을 느끼게 될 것이고, 은행의 자금 부족은 결과적으로 인플레이션을 유발하게 되어 화폐가치는 떨어지게 되며, 이는 결과적으로 그 국가의 경제에 치명적으로 나쁜 영향을 미치게 될 것이다. 또 다른 경우로서 국제금융계에서 주도적 역할을 하는 국가가 어떤 특정 국가 은행의 보증을 철회하고 이 국가는 외채를 상환할 수 없는 국가라는 선언을 한다면, 그 은행은 파산하게 되고 이러한 여파는 다른 은행에도 연쇄적으로 미치게 될 것이다. 그렇게 되면 그 국가의 인플레이션은 불을 보듯 명확하며, 이 결과는 국가경제에도 심각한 영향을 미치게 될 것이다.[122]

여섯째로, 자국의 상품을 의도적으로 해외시장에서 염가로 판매하는 덤핑(dumping)의 방법으로서, 이는 동일한 상품을 판매하는 목표국가를 불리하게 만드는 것이다. 이러한 예로는 미국, 영국 등 비(非)OPEC 산유국들이 석유가격을 인하함으로써 OPEC산 유가의 인하를 초래한 경우를 들 수 있다.

일곱째로, 다른 국가로 하여금 어떤 물품을 구입할 수 없도록 하기 위해 상품의 매점매석행위를 하는 방법을 들 수 있다.

이러한 방법들 이외에도 자산 동결의 방법도 있다. 이는 경제적 제재의 대상이 되는 국가, 기업 또는 개인이 자국에 투자를 했거나 부동산을 소유하고 있거나 또는 은행에 예금을 하고 있다면 정치적 목적에서 경제제재의 대상이 되는 국가의 자산을 동결하기도 한다. 예를 들어, 1979년 이란인들에 의해 테헤란 주재 미국대사관이 점령당했을 때 미국의 카터 행정부는 이에 대한 보복조치로 미국 내에 있는 이란의 자산 120억 달러를 동결시킨 바 있다. 또한 카스트로의 친소련정책의 추구로 미국과 영국의 석유회사들이 미국 정부의 요구에 의해 쿠바에 대한 석유

---

122) *Ibid.*, pp. 138-139.

공급을 중단하자 카스트로는 쿠바 내에 있는 미국과 영국의 자산을 몰수하기도 하였다. 이와 같이 자산의 동결과 몰수조치도 정치적 목적을 위한 경제정책으로 이용되고 있다.123)

이 밖에도 전시에 군사작전의 일환으로서 사용되는 경제정책으로는 전쟁수행에 필요한 물자를 고갈시키기 위해 행하는 봉쇄(blockade)의 방법, 요시찰명부(blacklist)의 작성, 선매(先買)의 방법, 보상(rewards)의 방법 등을 들 수 있다.

요컨대, 경제적 제재의 목적은 제재를 가하는 국가의 정치적 목적을 달성하려는 것이다. 이렇게 하려면 경제제재의 효과를 극대화해야 하는데, 그러한 방법으로는 과격하고 극단적인 것보다는 제재를 가하는 기간이 길고 온건한 방법이 훨씬 효과적이다. 만일 통상정지나 불매운동과 같은 과격한 제재방법을 취한다면, 이러한 제재를 받는 국가는 생존을 위한 방편으로 극단적인 정책을 모색하게 될 것이고, 이렇게 되면 경제제재는 실패할 수도 있다.

이러한 극단적인 정책을 모색하지 않게 하고 또 경제적 제재를 가하는 국가에 순응하도록 하기 위해서는 조용한 경제제재가 실효성이 있다. 그러한 방법으로는 ① 투자를 줄이는 것, ② 이전되어야 할 물품의 전달을 지연시키는 것, ③ 기술의 이전이나 기술의 사용을 방해하는 것, ④ 쌍무적 또는 다변적 차관과 재정적 지원을 줄이거나 중단하는 것, ⑤ 외국의 부채에 대한 지원 거부 등이 있다.

이와 같은 방법은 제재를 받는 국가경제에 심각한 불안을 야기할 수 있고, 사회적·정치적 불안을 한층 악화시키게 된다. 그렇게 되면 이러한 상황은 시민적 봉기를 조장하거나 쿠데타를 일으킬 가능성을 증대시킬 수 있다. 이것이 더 심화되면 국가경제를 훨씬 어렵게 만들고, 더 나아가 정권이 붕괴되거나 아니면 경제적 제재를 가하는 국가의 경제적 목적에 굴복하게 될 것이다.

---

123) K.J. Holsti, *op. cit.*, p. 218ff 참고.

3. 군사적 수단

한 국가가 외교정책 목표를 달성하는 데 있어서는 경제뿐만 아니라 군사력도 매우 중요한 수단이 되고 있다. 역사적으로 군사력은 모든 국가의 생존과 안전을 보장하는 수단으로 또한 국가이익을 증대하고 외교정책 목표를 달성하기 위한 수단으로 이용되어 왔다. 그렇기 때문에 군사력은 국제정치의 핵심요소라고 할 수 있다.

카아(E. H. Carr)는 "국가가 생존하는 데 가장 중요한 요소인 군사력은 그 자체가 수단일 뿐만 아니라 목적이다. 지난 수백 년 동안에 있었던 몇몇 중요한 전쟁은 무역이나 영토를 확대시키기 위해 의도적으로 수행되었다. 그런 가운데 가장 심각했던 전쟁은 자국의 군사력을 더 강하게 하기 위해서 또는 다른 국가가 군사적으로 더 강해지는 것을 방지하기 위해 치러졌다"고 하였다. 또한 카아는 "잠재적 전쟁은 국제정치에 있어 가장 중요한 요소이며, 군사력은 인정된 정치적 가치의 요소이다"[124]라고 말하였다. 또한 유명한 전쟁이론가인 클라우제비츠(Karl von Clausewitz)도 "전쟁은 적국에게 군사적 패배를 안겨주기 위해서가 아니라, 정치적 목적을 달성하기 위해 수행된다"[125]고 하였다.

일반적으로 군사력이란 한 국가가 보유하고 있는 병력의 수, 사용 가능한 무기의 질과 양 및 그의 군사기지, 군의 훈련정도 그리고 군을 유지하는 지휘관과 참모의 전략적·기술적 지식을 총망라한 힘을 말한다.[126] 그런데 한 국가가 군사력을 유지하고 강화하는 목적은 크게 두 가지로 나누어 볼 수 있다.

첫째로, 군사적 측면에서 자국의 안전을 보장하기 위해서이다. 국제사회에서 군

---

124) E.H. Carr, *The Twenty Years' Crisis, 1919~1939*(London : Macmillan & Co., Ltd., 1958), pp. 109-111.

125) W.C. Olson, D.S. McLellan and F.A. Sondermann(eds.), *op. cit.*, p. 193에서 인용.

126) Peter Bernholz, *The International Game of Power*(Berlin : Walter de Gruyer & Co., 1985), p. 77.

사력이 약한 국가는 강한 국가에 의해 정복되거나 침략의 대상이 될 수 있기 때문에 군사력의 유지와 강화는 필수적이라고 할 수 있다. 그런데 한 국가가 강력한 군사력을 보유하기 위해서는 무엇보다도 막강한 경제력과 기술력을 갖고 있어야 한다. 군사력을 강화하여 다른 국가의 침략이나 위협에 대해 자국의 절대적 안전을 보장할 수 있는 국가라면 군사력을 유지하는 것은 당연한 일이다.

둘째로, 국가가 강한 군사력을 갖는 목적은 그 국가의 정책결정자들이나 국민들에게 심리적인 안정감을 줄 수 있을 뿐만 아니라 다른 국가에게도 영향을 미칠 수 있다고 생각하기 때문이다. 어떤 국가든지 약한 군사력을 가진 국가는 다른 국가에 대해 아무런 위협도 주지 못할 뿐만 아니라 아무런 저항능력도 없다고 판단되면 다른 국가로부터 무력행사의 대상이 되기 쉽다. 실제로 제2차 세계대전의 마지막 단계에서 독일은 스위스 침공을 고려하였다. 그러나 스위스는 잘 훈련된 50개 사단을 보유하고 있었기 때문에 독일은 스위스의 저항이 강할 것으로 판단하여 스위스에 대한 침공을 감행하지 못했다.[127]

외교정책 목표의 달성을 위해 군사력을 사용할 때에는 어떤 적합성의 표준이 논의될 수 있다. 정책결정자들은 군사적 수단의 사용이 다른 어떤 수단보다 비용이 많이 들고 위험부담이 큰 것임을 인식하고, 따라서 다른 수단으로는 국가생존과 같은 기본적인 국가목표를 달성하는 데 불충분하다고 판단될 경우에만 고려될 수 있는 최후수단으로 생각해야 한다.

정치적인 측면에서 볼 때 각국이 군사력을 유지·강화하려는 목적은 군사력을 수단으로 다른 국가의 정책노선, 역할, 목적, 행위 등에 영향력을 행사하여 자국의 목적을 성취하고 또 국가이익을 수호하기 위한 것이다. 군사력의 행사 자체는 수단일 수도 있고 목적일 수도 있다. 예를 들어, 소련은 1956년 헝가리의 자유화운동을 진압하고 1968년 민주화를 지향하는 체코슬로바키아를 억압하기 위해 자국의 군대를 파견하는 등 군사력을 사용한 바 있다. 이러한 실례를 통해서도 살펴볼 수 있는 것

---

127) Dean Acheson, *Present to the Creation*(New York: Norton, 1969), p. 61.

처럼, 군사력은 대체로 군사적인 목적뿐만 아니라 정치적인 목적으로도 사용된다.

또한 정치적인 목적에서 군사력을 위협의 수단으로 사용하는 예로는 화력의 사용, 영구적 또는 잠정적인 군사기지의 설치 및 폐쇄, 봉쇄, 군사적 위력의 시위 및 연습, 일상적이 아닌 정찰이나 순찰, 다른 국가의 병력이나 군수물자의 수송 또는 호위행위, 자국 군대 ― 전투기, 군함 등 ― 의 외국기지 방문, 예비군의 동원, 특정 지역으로의 군의 이동배치, 경계상태의 변화 등이 있다. 그 대표적인 예로서, 1990년대에 들어와 미국은 북한이 유엔 안보리의 핵사찰 요구를 받아들이지 않을 경우에 팀 스피리트 훈련의 재개, 패트리어트 미사일 및 지대지 미사일의 한국 배치, 주한미군 40만 명 증강, 미항공모함의 한국 근해 이동배치 등을 천명하였다. 이러한 미국의 입장 천명에 대해 중국은 1994년 3월 한·중 정상회담 직후에 가진 외교부 성명을 통해 "북한이 핵무기 개발계획을 포기하도록 압력을 가해달라는 한국의 요구를 거부하고, 팀 스피리트 합동군사훈련과 패트리어트 미사일 배치에도 반대한다"는 입장을 밝힌 바 있다.

그런데 이러한 행위들은 군사력을 정치적 수단으로 이용해서 다른 국가에 영향력을 행사하려는 것이 그 목적이다. 이러한 군사적 행위는 직접 목적을 달성하는 것이 아니라, 다른 국가에 의해 이루어지는 결정이나 행위에 물리적으로 영향을 미쳐서 목적을 달성하려는 것이다.[128] 또한 이러한 군사적 행위는 자국의 외교에는 자신감을 불어넣고, 상대국가에는 위협이 되는 행위들이다. 국가가 막강한 군사력을 보유하고 있으면 실제로 그것을 행사하지 않거나 또 위협을 가하지 않더라도 군사력은 외교정책을 추진함에 있어서 강력한 기초를 제공하며, 또한 군사적 능력에 따라 국가의 위신을 높일 수도 있다.

또한 정책결정자들이 강한 군사력을 가지려는 목적은 그들 자신이나 정권의 위신을 제고시키기 위한 측면도 있다. 특히, 신생국가의 지도자들은 자국의 군사력에

---

128) Stephen S. Kaplan, *Diplomacy of Power*(Washington, D.C.: The Brookings Institution, 1981), pp. 15-16.

크게 도움이 되지도 않고 필요성도 그다지 크지 않은 무기를 보유하려 한다.129) 정권을 담당하고 있는 사람들이 강한 군사력을 갖는 이유는 군사적인 측면보다는 다른 측면이 더 강하게 작용하기 때문이다. 특히, 핵무기를 보유하려는 것은 이러한 측면을 더욱 잘 설명해주고 있다.

군사력을 정치적 수단으로 이용하는 경우에도 군사적 행위를 통한 위협만으로 정치적 목적을 달성할 수 있는 경우가 있고, 또 위협만으로 소기의 목적을 달성하지 못하는 경우가 있다. 이런 경우에는 무력을 실제로 사용하여 그의 목적을 달성한다.

더욱이 현대사회에 있어서 가공할 파괴력을 지닌 핵무기의 출현은 외교정책 목표의 달성에 군사력 사용의 적합성 여부를 더욱 어렵게 만들고 있으며, 그 유용성에 대하여도 깊은 회의를 갖게 하고 있다. 핵무기의 전략목표는 한 국가의 사활적 이익에 대한 공격을 억지하는 데 있다. 전략핵무기가 이러한 역할을 수행하여 전후 수십 년 동안 세계의 주변지역에서는 때때로 전쟁이 발생하기도 했지만, 국제정치의 중심지역에서는 평화가 유지돼 왔다. 즉, 핵무기야말로 보유국의 사활적 이익을 지키는 것과 동시에 국제적인 질서를 지탱해 왔던 것이다.

이러한 점에서도 현대 국제사회에 있어서 핵무기의 보유는 군사적 강대국 지위를 확보하기 위해서 필수불가결한 요소가 되고 있다. 핵무기가 등장한 이후 여러 국가들이 핵무기를 보유하고 있고 또 보유하려는 움직임을 보이고 있다. 예를 들어, 현재 미국, 러시아, 중국, 프랑스, 인도, 파키스탄 등이 핵무기를 보유하고 있고, 일본, 북한, 이란 등 여러 국가들도 핵무기를 보유하려 하고 있다. 2006년 10월 북한이 미국을 비롯한 강대국들의 거듭된 경고에도 불구하고 핵실험을 단행하자 핵무기 보유의 도미노현상이 국제사회의 관심사로 떠오르게 되었다. 일본 정부는 북한의 핵실험이 일본의 안보는 물론 동북아 안정에 매우 부정적인 영향을 미

---

129) Maurice A. East, "Size and Foreign Policy Behavior: A Test of Two Models," *World Politics*, Vol. xxv, No. 4(July, 1973), pp. 556-576.

칠 것이라고 강력히 비난하면서 핵무기 보유의 필요성을 절실히 느끼게 되었다. 1995년 일본의 과학기술청이 발표한 『원자력백서』에 따르면, 1994년 말 현재 일본이 국내에 보유하고 있는 플루토늄의 양은 약 11t에 달하며, 핵무기 전용이 가능한 분말상태의 플루토늄은 2.4t가량이라고 밝혔다. 핵무기 전문가들은 통상 핵폭탄 1개를 제조하는 데 약 8kg의 분말상태의 플루토늄이 소요된다고 보고 있다. 이런 점에서 볼 때, 일본은 1990년대 중반을 기준으로 약 3백 개의 핵폭탄을 제조할 수 있는 양의 플루토늄을 보유하고 있다고 하겠다.

그런데 핵무기의 능력면에서 볼 때, 미국과 러시아가 보유하고 있는 핵무기의 능력은 다른 국가들에 비해 우월하다. 오늘날 핵무기를 보유하여 그 안전을 보장하려면 상대국에 대한 핵공격 능력과 함께 만일 상대국으로부터 공격을 받은 후라도 보복공격(the second-strike) 능력을 갖고 있어야 한다. 그런데 인도, 프랑스, 중국 등은 선제 핵공격 능력도 미국이나 러시아에 크게 뒤져 있을 뿐만 아니라 보복공격의 능력을 거의 갖고 있지 않다.[130] 다시 말해서, 인도, 프랑스, 중국 등은 핵무기를 갖고 있지만, 이들 국가는 핵공격으로부터 절대적인 안전을 보장받을 수 없다. 그럼에도 불구하고, 이 국가들이 핵무기를 보유하고 있는 목적은 상대적인 안전보장과 그것을 보유하고 있지 못한 국가에 대한 군사적 우위를 가질 수 있다는 심리적인 효과 때문이라고 할 수 있다.

루크(J.T. Rourke)는 외교정책의 수단으로서 핵무기의 역할을 다음 네 가지로 설명하고 있다.[131]

첫째, 핵무기는 외교행위의 보강수단으로서의 군사적 기능을 담당한다. 핵무기의 실전적 사용이 가능하든 그렇지 않든 간에 엄청난 대량살상능력을 지닌 핵무기의 보유만으로 국가의 외교적 영향력이 증대될 수 있다는 것이다. 비록 핵보유가 현실적으로 상징적 의미를 지니고 있다고 할지라도, 핵보유 자체는 상대국가에게 힘을

---

130) Herbert F. York, "Military Technology and National Security," in Morton A. Kaplan(ed.), *Great Issue in International Politics*(Chicago: Aldine, 1970), pp. 217ff.

131) J.T. Rourke, *op. cit.,* p. 273; 구본학 외(공저), 앞의 책, p. 113.

인지하는 근거가 되고 있다.

둘째, 핵무기는 '억지전략(deterrence strategy)'의 기초가 된다. 억지는 상대국의 특정 행위가 이익보다는 더 많은 비용이나 위험 부담을 초래할 것이라는 점을 상대국에게 설득함으로써 특정 행위의 시도를 제한하는 것이다. '방어(defense)'가 물리적인 것이라면, '억지(deterrence)'는 심리적인 것이다. 대량살상능력을 지닌 핵무기의 보유는 상대국의 선제공격을 충분히 억지할 수 있다.

셋째, 핵무기는 상대국의 자국에 대한 억지효과뿐만 아니라 동맹국들에 대한 재래식 공격까지도 억지하는 역할, 즉 '확대적 억'의 역할을 수행한다. 핵보유국은 핵을 보유하고 있지 않은 동맹국들에 대해 안전보장의 의지를 명백히 밝힘으로써 국지적 분쟁까지도 효과적으로 억지할 수 있다.

넷째, 무력사용의 현실적 대안으로서 핵무기의 역할을 들 수 있다. 제2차 세계대전이 종식된 이래 핵무기가 실제로 사용된 적은 없지만, 핵보유국들의 전략이 핵무기의 실제적 사용을 완전히 배제하고 있지 않다는 점을 고려할 때, 핵무기가 무력사용의 수단으로 사용될 수 있는 가능성은 여전히 존재한다고 하겠다.

그런데 군사적으로 위협을 가하는 국가가 그의 정책목표를 성공적으로 달성하기 위해서는 첫째, 막강한 군사력을 갖추고 있어야 하며, 둘째, 필요한 경우 군사력의 행사의지를 갖고 또 그 의지가 위협을 받는 국가에 인지되어야 한다. 위협을 가하는 국가의 의지의 강약은 대체로 그 국가가 상대국에게 요구하는 내용의 중요성에 따라 결정된다. 위협을 가하는 국가가 반드시 달성하고자 하는 문제라면 군사력 행사의 의지는 강할 것이고, 그렇지 않다면 그 의지는 비교적 강하게 표현되지 않을 것이다. 그리고 위협을 받는 국가에게 요구하는 내용이 어떤 것인가에 따라 그 위협의 성패가 좌우된다. 예를 들어, 위협을 받는 국가가 해야 할 것이 그 국가에게 결정적으로 중대한 이익을 해치는 것이라면 위협받는 국가는 어떠한 위협이 있더라도 또 어떠한 희생이 뒤따르더라도 자국에게 가해지는 위협에 굴복하지 않을 것이다. 이러한 경우 군사적 위협은 결코 성공할 수 없다.

4. 문화적 수단

제2차 세계대전 이후 정치적 수단으로서의 외교와 군사적 수단이 주로 특정 사건의 해결을 위해 일시적인 처방책으로 사용돼왔다면, 문화적 수단은 보다 근본적인 사고방식과 생활양식의 변화를 통해 상호간의 이해와 공감대를 넓혀가기 위한 보다 장기적인 안목에서 이용되고 있다. 문화적 수단은 외교정책을 직접 실천하는 수단이라기보다 앞으로 자국의 외교정책이 성공적으로 추진될 수 있는 조건과 환경 등을 조성하기 위해 행해지는 간접적인 대외행위이다. 이러한 대외행위를 가장 폭넓고 다양하게 수행하는 행위는 대중외교(public diplomacy)이다.[132]

소에쟈트모코(Soedjatmoko)와 톰슨(K.W. Thompson)은 문화적 외교의 중요성으로서 다음과 같은 사항들을 지적하고 있다.[133]

첫째, 문화적 외교는 냉전체제 하에서 동·서 간의 긴장이 완화됨에 따라 국제적 권력패턴의 재정립에 기여하고,

둘째, 문화적 외교는 국가들로 하여금 과학적·교육적·기술적 목적을 위해 국경을 초월한 비군사적 관계의 수립과 성장을 추구케 하며, 또한 새로운 국제체제와 지역체제의 구성을 위한 주요 수단으로서 기능한다는 점이다.

또한 소에쟈트모코와 톰슨은 문화적 외교의 목적을 다음 세 가지로 설명하고 있다.[134]

첫째, 문화적 외교는 다른 국가의 국민들로 하여금 자국에 대한 신뢰와 믿음을 가져다주고, 국가적 인식의 변화를 추구케 하는 것이다. 신뢰와 믿음을 유지하고

---

132) 송영우, 『외교정책론』, p. 138

133) Soedjatmoko and Kenneth W. Thompson, "Cultural Diplomacy," in James N. Rosenau, Kenneth W. Thompson and Gavin Boyd(eds.), *World Politics: An Introduction*(New York: Free Press, 1976), pp. 404-412.

134) *Ibid.*, pp. 406-407.

있는 나라는 다른 국가의 정부와 국민들의 행위에 영향을 미칠 수 있다.

둘째, 문화적 외교는 국민들 사이나 국가들 사이에 보다 안정된 관계와 우호관계의 발전을 위해 다른 국가 내에서 그러한 문제들에 대한 지식과 감수성을 가지는 새로운 계층을 형성하기 위한 것이다.

셋째, 어떤 국가도 다른 국가 국민의 이익, 열망, 두려움과 희망사항들을 명백히 인식하지 못하는 경우 국제사회에서 적절한 기능을 담당할 수 없기 때문에, 문화적 외교는 바로 그러한 점들을 상호인식, 이해시켜주기 위해 전개되는 것이다.

이처럼 외교정책의 수행이 실제 어떤 가치의 극대화를 목적으로 하는 것이라면, 문화적 수단의 사용은 외교정책 목표 달성을 위한 보다 장기적이고도 근본적인 기도라고 할 수 있다. 이러한 문화적 수단의 범위에는 토착문화, 전통, 관습, 예술, 제도, 생활양식, 학술, 과학과 기술 등 전반적인 사항이 포함되고 있다.

문화적 수단으로 행해지는 대중외교는 다른 국가의 국민들에게 자국은 평화를 사랑하고, 자유민주주의를 신봉하며, 다른 지역에 살고 있는 사람들을 돕고 더불어 살 수 있는 국가로 인식시켜 자국을 신뢰하고 자국의 정책에 협조할 수 있게 만드는 대외행위이다. 이러한 대중외교의 목적은 대체로 다음과 같다.

첫째, 다른 국가의 국민들에게 자국의 가치관, 체제 및 여러 정책들을 보다 정확히 이해시키는 것이다.

둘째, 자국 국민들에게 다른 국가와 자국 간의 우호관계의 필요성을 정확히 알리는 것이다.

셋째, 국가 간 문화적 차이점과 국경을 초월해서 개인적 또는 집단적으로 체제 간의 상호관계를 증진시켜 상호 이해의 폭을 넓히는 것이다.

넷째, 자국 정부가 다른 국가에 대한 외교정책을 결정할 때 그 정부가 다른 국가의 가치 및 이익의 우선순위를 충분히 고려할 수 있도록 만들기 위한 것이다.

이처럼 대중외교를 전개하는 주요 목적은 다른 국가의 국민들로 하여금 자국에 대해 호의적인 태도를 갖고 자국을 이해하도록 만들어 자국의 외교정책을 지지하도록 만드는 데 있다.[135] 예를 들어, 한국인들은 과거 일본의 식민지 통치경험 때문에 일본에 대해 좋지 않은 감정을 가지고 있다. 그렇기 때문에 한국 정부의 일본에 대한 정책결정은 매우 신중하고 소극적이다. 따라서 한국 정부가 일본에 대해 우호적이고 적극적인 외교정책을 결정하도록 하기 위해서는 일본 정부가 대중외교를 적극적으로 전개해서 한국인들이 일본에 대해 호의적인 감정을 갖도록 해야 할 것이다.

오늘날 모든 국가의 해외주재 공관에는 문화적 외교를 전개하기 위한 부서가 설치되어 있어서 자국의 문화적 선전계획과 활동이 매우 적극적으로 추진되고 있다. 대중외교는 일차적으로 다양한 문화교류를 통해 이루어진다. 즉, 다른 국가의 국민들에게 자국의 여러 가지 장점을 알리고 각인시킬 수 있는 것들을 외국에 소개하는 것이 가장 많이 이용되는 수단이다. 예를 들어, 자국이 자랑할 만한 예술가, 학자, 스포츠 선수들을 외국에 파견하여 외국인에게 자국의 수준 높은 문화를 소개하고, 또 외국의 정치지도자, 학자, 학생들에게 장학금을 주어 자국에서 연구할 기회를 제공함으로써 자국에 대한 이해도를 높이고 좋은 인상을 갖도록 하는 것이다.

미국 정부는 이러한 대중외교의 중요성을 일찍이 인식한 나머지 1953년 국무부 산하에 미국공보원을 설치하고, 여러 국가에서 미국문화원을 운영해 왔다. 특히, 미국문화원은 다양한 교육 및 문화 프로그램을 통해 미국의 대외정책과 행위의 근간이 되는 미국의 문화를 외국인들에게 올바로 이해시켜서 궁극적으로 미국 정부의 정책과 목적을 외국인들에게 알리는 일을 주요 임무로 하고 있다.

프랑스는 대중외교를 강화하기 위해 1978년 정보 및 문화기구를 재편성하였으며, 1980년에 약 10억 달러를 해외 정보 및 문화사업에 사용하였다. 독일은 외교부를 포함해서 10개 이상의 부서가 대중외교에 참여하고 있으며, 정보 및 문화사업에 국가 예산의 1%가량을 사용하고 있다. 영국은 BBC방송 해외지국과 영국문화

---

135) Allen C. Hansen, *USIA-Public Diplomacy in the Computer Age*(New York: Praeger Publishers, 1984), pp. 3-4.

원 등이 중심이 되어 활발한 대중외교를 전개하고 있는데, 이 기구들이 수행하는 주요 사업은 영어교육, 영국의 문화 소개 및 교류 등이다.

과거 소련도 서방국가들 못지않게 대중외교를 적극적으로 전개하였다. 냉전시대에 소련의 대중외교 예산은 최대 경쟁국인 미국보다 4배 이상 더 많았다. 소련의 대중외교 활동은 '라디오 모스크바'를 비롯한 방송국 운영을 통해 공산주의 이념과 체제를 선전하고, 학술 및 문화교류를 적극적으로 전개하는 것이었다.[136]

한편 한국도 1990년대 이후 문화외교에 더욱 주력하고 있다. 우리 정부는 전 세계 여러 국가들과의 문화협정 체결을 통해 문화, 예술, 교육, 학술, 스포츠 등 여러 분야에서 실질적인 교류 확대를 통한 상호 이해 심화와 우호·친선 강화에 주력하고 있다. 특히, 1992년에 한국국제교류재단이 발족됨으로써 세계 각국과의 각종 교류사업 시행을 통해 한국에 대한 국제사회의 이해를 도모하고, 우호협력관계를 더욱 굳건히 하는 발판이 마련되었다.[137]

그런데 신생국이나 약소국들은 외래 사조나 문물에 의해 자국의 전통적인 생활양식과 의식 그리고 문화적 가치가 침식되고 있는 점을 우려하면서 주로 강대국들에 의해서 행해지고 있는 문화외교활동을 '문화적 제국주의'라고 비난하였다. 예를 들어, 프랑스는 과거 아시아와 아프리카 등지에서 자국의 영향력을 증대시키기 위해 불어와 프랑스 문화를 적극적으로 보급했는데, 이를 두고 "프랑스의 문화외교는 처음부터 프랑스 제국주의와 연결되었다"는 비난을 받기도 하였다. 이처럼 문화적 제국주의란 군사적·경제적 방법을 사용하지 않고 목표국가 국민들의 마음과 정신을 정복하는 방법으로서, 그것은 국가 간의 권력관계를 변경시키는 도구로도 이용되고 있다.

대중외교의 핵심적인 행위 중의 하나는 선전(propaganda)이다. 선전도 한 국가의 대외행위로서 외교정책 목표를 달성하기 위해 사용된다. 대외적인 선전의 주요 대상

---

136) 송영우, 『외교정책론』, pp. 141-145.

137) 이에 대한 구체적인 내용은 외교통상부, 『한국외교 50년: 1948-1998』, pp. 249-268을 참고하기 바람.

은 여러 계층의 국민들로서, 선전은 다른 국가의 국민들에게 자국의 장점과 좋은 것들을 알려서 그 국가의 국민들로 하여금 자국에 대한 이해의 폭을 넓히고 보다 많은 관심을 갖게 하려는 것이 일반적인 목적이다. 다시 말해서, 선전은 주로 다른 국가의 국민들에게 자국의 이상과 상징 그리고 본질을 알리는 데 중점을 두고 있다.

또한 선전은 한 국가의 대외정책이나 대외행위의 기초를 강화하기 위한 행위이다. 국가에 따라서 중요한 대외정책의 결정을 국민투표에 의해 결정하는 경우가 있다. 이러한 경우 선전은 다른 국가의 대외정책 결정에 직접적으로 영향을 미치는 대외행위가 될 수 있다. 그러나 한 국가의 대외정책은 정부에 의해 결정된다. 그러므로 선전은 표면적으로 그 대상이 일반국민이지만, 실질적인 표적은 상대국 정부의 정책결정자라고 할 수 있다.

선전의 수단은 매우 다양한 편이다. 선전에는 신문, 잡지, 책을 포함한 인쇄물과 TV, 라디오 등 방송매체 등이 주로 이용되고, 그 외에도 문화·예술단체의 해외공연, 스포츠 선수들의 교환 방문, 문화행사나 학술회의 등도 선전의 수단이 되고 있다.

제 7 장
한반도 주변 4강대국의 외교정책

1. 미국의 외교정책

(1) 미국의 외교정책 기조와 목표

제2차 세계대전이 종식된 이후 미국의 외교정책은 표면상 일관되지 않고 다소 모순된 측면이 있는 것처럼 보인다. 그러나 실제로 미국의 정책결정자들은 제2차 세계대전 이래 국제환경에 대해 일관되고도 지속적인 입장을 지녀왔을 뿐만 아니라 국제사회에 있어서 미국의 적절한 역할을 강구해 왔다.

전후 미국의 외교정책결정자들이 외교정책의 기조이자 주요 목표로 설정해 온 것들은 대체로 다음과 같다.

첫 번째, 미국의 외교정책 기조이자 목표는 세계주의(globalism)로서, 미국은 영원히 고립주의를 배척하고, 그 대신 국제사회에서 발생하고 있는 여러 문제들에 대해 적극적인 책임과 역할을 담당해야 한다는 것을 말한다. 미국은 1776년 건국 이래 대외문제에 있어서 두 가지 상반된 입장을 둘러싸고 논쟁을 벌여왔는데, 그것이 바로 고립주의(isolationism)와 국제주의(internationalism)를 둘러싼 논쟁이다. 미국은 1823년 당시 먼로 대통령에 의해 대외적으로 고립주의노선을 표방한 '먼로 독트린(Monroe Doctrine)'을 발표하기도 했으나, 제2차 세계대전에 참전하기 시작하면서 이러한 고립주의노선에서 벗어나 국제주의노선을 추구하게 되었다.

건국 이후 미국의 정책결정자들 사이에서는 어떠한 역할의 수행이 미국의 국익에 가장 바람직한가 하는 문제를 놓고 여러 차례의 논쟁이 벌어졌지만, 이에 대한 결론이 완전히 내려지지 않았다. 그 대신에 어떤 특정 시기에 지배적이었던 외교정책 입장이 국제환경의 변화에 따라 다른 입장으로 대체되었다.

특히, 미국은 제2차 세계대전을 전후하여 기존의 고립주의노선에서 탈피하여 국제사회에서 자국의 정치적 영향력을 확대하려는 노력을 기울여 왔으며, 또한 세계에서 가장 우월한 지위를 차지하기 위한 노력을 해왔다. 미국 외교정책에 있어서 이러한 팽창주의적 경향은 '문호개방정책(open door policy)'에서도 살펴볼 수 있는 것처럼, 경제적으로는 주로 경제적 제국주의와 해외투자 혹은 무역 등의 형태로 나타났으며, 군사적으로는 해외파병이나 무기지원 등의 형태로 나타났다.

두 번째, 미국의 외교정책 기조와 목표로는 반공주의(anti-communism)를 들 수 있다. 미국은 공산주의 이데올로기가 세계평화와 안전을 위협하는 요소로 간주하였기 때문에, 이의 확산을 막기 위해 미국은 동원가능한 모든 힘을 사용해야만 한다는 입장을 지녀왔다. 즉, 루즈벨트 대통령 이후 미국의 역대 최고 정책결정자들은 공산주의를 미국의 생활방식과는 상반된 조직화되고 교조주의적인 신념체계로 여겨왔다. 따라서 반공주의라는 외교정책 목표는 마르크스·레닌주의가 미국에게 커다란 위협이 된다는 확신에 기초하고 있었는데, 그러한 확신은 향후 미국이 대외적으로 추구하는 목표들을 규정지어 주었다.

공산주의가 침략적이고 팽창주의적이라고 하는 전제는 사실상 냉전(Cold War)의 기원이 되었을 뿐만 아니라 전후 국제정치의 이데올로기적 지향이 되었다. 이러한 반공주의적 입장은 미국의 외교정책결정자들이 세계는 인간의 마음을 사로잡기 위해 서로 대결을 벌이는 민주주의진영과 공산주의진영 간의 싸움으로 인식하게 됨에 따라 점차 제도화되었다.

미국의 세계적 목표에 대한 공식적인 성명은 공산주의 이데올로기가 미국의 국익에 커다란 위협요소가 되고 있다는 사실을 계속해서 강조하였다. 예를 들어, 아이젠하워(Dwight Eisenhower) 대통령은 "우리는 범위에 있어 세계적이고, 성격에 있어 무신론적이며, 목적에 있어 잔인하고, 방법에 있어 교활한 적대적 이데올로기에 직면해 있다"고 말하였다. 특히, 한국전쟁 이후 소련의 군사력이 급속도로 증강되어 미국의 군사적 우위를 위협하자, 아이젠하워 행정부는 '대량보복' 원칙을 수립하여 소련이 서유럽에 대해 재래식 공격을 가할 경우 전략핵무기에 의한 직접적인 대응을 하겠다는 전략을 대내외에 천명하였다. 또한 중동지역에 대한 공산주의세력의 침투가 우려되자 아이젠하워 대통령은 1957년 1월 미국 상·하 양원 합동회의에서의 연설을 통해 "국제공산주의의 통제 하에 놓여 있는 국가의 무력공격에 대항하기 위해 도움을 요청하는 국가에 대해 미국은 군대를 파견할 준비가 되어있다."는 내용을 발표했는데, 이것이 바로 '아이젠하워 독트린(Eisenhower Doctrine)'이다.138) 이러한 독트린의 발표를 계기로 미국은 이집트를 비롯한 중동국가들의 영토적·정치적 독립을 보호하는 데 미국의 군대를 사용할 수 있게 되었을 뿐만 아니라 군사적 지원도 제공할 수 있게 되었다.

세 번째, 미국의 외교정책 기조와 목표로는 봉쇄정책(containment policy)을 들 수 있다. 미국은 소련이 공산주의세력 확대의 최선봉국가이므로 미국의 외교정책은 소련의 팽창주의와 영향력을 봉쇄하는 데 중점을 둬야 한다고 보았다. 즉, 트루먼(H.S. Truman) 행정부 당시 케난이나 클리포드와 같은 미국의 고위 관리들이 지적한 것처럼, 공산주의 이데올로기는 미국의 정책결정자들에게 있어서 주요 위험요소로 인식되었고, 특히 소련은 공산주의세력 확대의 예리한 날로 간주되었다. 따라서 이러한 인식은 전후 미국의 대외정책을 '소련중심적'으로 만들어 버렸다.

그런데 미국이 봉쇄정책을 취함에 있어 공산주의에 대해 지니고 있었던 몇 가지 가정은 다음과 같다.

첫째, 공산주의는 군사적 정복과 혁명수출을 통해 힘을 극대화시키기 위해 소련에 의해 주도되는 팽창주의적인 철학이다.

둘째, 세계를 지배하려는 소련의 목표는 영구적이며 변경될 수 없는 것이다. 따라서 만약에 그것이 강력한 군사적 저지에 의해 봉쇄되지 않는다면 소련의 목표는

---

138) C.V. Crabb, Jr., *The Doctrines of American Foreign Policy*, pp. 153-154.

성공하고 말 것이다.

셋째, 미국은 자유세계의 지도국이자 소련의 침략을 격퇴하고 세력균형을 확보할 만한 위치에 놓여 있는 유일한 국가이다.

넷째, 유화정책은 무용한 것이며, 힘에는 힘으로 맞서야만 한다. 미국은 소련의 팽창을 저지하고 세계평화를 유지하기 위해 싸울 의무가 있다.

다섯째, 세계의 운명은 강대국관계에 의해 결정되며, 비교적 덜 강력한 국가들과의 관계는 부차적인 것이다. 미국의 외교정책에 있어서는 다른 무엇보다도 동·서양 진영 간의 군사적 대결에 초점을 맞추는 정책이 우선시되어야 한다.

이러한 점과 관련하여 대부분의 국제정치학자들은 냉전의 기원이 공산주의 침략에 대한 미국의 적극적인 대응에서 비롯되었으며, 이러한 미국의 대소 봉쇄정책은 정당한 것이었다고 주장하고 있다. 한편 일부의 수정주의 학자들은 냉전이 제2차 세계대전 이후 미국의 대외정책에 의한 독단적 산물로서, 이는 다분히 미국의 의도에 의한 것이었다고 주장한다. 그런가 하면 냉전은 미·소간의 상호 적대감과 이데올로기적 대립 이외에도, 상호 오해에서 비롯된 것이라고 보는 견해도 있다.

냉전이 종식된 후 동북아 국제체제는 미국을 정점으로 하는 '일초다강(一超多強)' 체제의 특징을 보이고 있다. 소련 붕괴 이후 세계 유일 패권국의 지위를 누리고 있는 미국은 동아시아에 10만 명의 전진배치병력을 유지하고, 5개의 동아시아 국가들과 동맹관계를 통해 역내 질서를 주도해 나가고 있다. 미국은 세계 최강의 군사력과 경제력 그리고 정보력을 바탕으로 동북아시아에서 균형자 역할을 지속하고 있다. 미국의 국력을 감안할 때, 향후 상당기간 동안 동아시아에서 미국의 영향력이 유지될 것으로 보인다.

미국의 동북아정책의 기본 목표는 동북아지역의 현상유지를 기하여 이 지역에서의 평화와 안정을 유지하는 것으로서, 이러한 정책목표는 강대국 간의 세력균형을 통해서 달성되고 있다. 다소 유동적이기는 하지만, 동북아 4강체제는 무엇보다도 미국의 균형자적 역할에 의존하여 그 안정성이 유지되고 있다.

그러나 미국은 독자적으로 동북아시아의 안정을 유지해 나가기보다는 역내 동맹국들과의 역할분담을 통해 지역질서를 유지해 나가고자 한다. 이는 동북아시아에서 일본, 중국, 러시아의 역할이 상대적으로 강화되고 있기 때문이기도 하다. 다시 말해서, 냉전시대와는 달리 동북아 국제질서는 어느 특정의 강대국이 좌지우지할 수 없는 상황이 조성되고 있다. 미국의 독자적인 힘으로 동북아질서를 유지하기 어렵고, 역내 강대국들과의 협력을 통해서 지역질서를 안정적으로 유지해 나갈 수밖에 없게 된 것이다.

미국은 베트남전쟁과 같이 비싼 대가를 치른 국제적 안보공약으로 인해 많은 곤경에 처해왔기 때문에 비교적 위험도가 낮고 경비도 덜 드는 실리주의적인 외교정책을 추구하고 있다. 따라서 미국은 그들 자원의 보다 많은 부분을 국내문제로 돌리고, 오랫동안 미국이 부담해 왔던 군사비를 미국의 맹방들이 더 많이 분담할 것을 바라고 있으며, 미국과의 관계개선을 추구하는 국가들의 국내외정책을 보다 면밀하게 검토할 것을 요구하고 있다.

미국의 동북아정책과 관련하여 또 한 가지 중요한 문제는 인권문제와 정치적 개방에 관한 것이다. 즉, 미국은 외교정책에 있어서 도덕성을 강조하고 있는데, 이러한 도덕성의 본질은 인권의 존중뿐만 아니라 정치적 개방과 민주주의를 정착시키기 위해 여러 가지 자유를 보장하는 것에 중점을 두고 있다.

1980년대 후반 이후 소련과 동유럽 국가들의 정치적 변혁으로 인해 냉전체제가 탈냉전체제로 탈바꿈한 뒤 미국의 외교정책도 새로운 국제질서에 부응하는 방향으로 재조정되었다. 1993년에 출범한 클린턴(Bill Clinton) 행정부는 ① 경제안보를 미국 외교정책의 근간으로 삼고, ② 새로운 안보위협에 대처하기 위해 미국은 막강한 군사력을 계속 유지하며, ③ 미국이 전통적으로 지지해온 주요 가치인 자유민주주의와 시장경제체제를 확산시키는 데 중점을 두었다. 이와 관련하여 클린턴 대통령은 1993년 2월 아메리카 대학에서의 연설을 통해 미국의 외교정책 기조를 "이제 우리는 무역문제를 우리 안보의 중요한 요소로 고려해야 할 때가 되었다."고 밝힌 바 있다.

1990년대 미국의 동북아정책과 관련하여 군사안보정책을 재검토한 내용은 1990년 4월 발표된 「21C 아시아·태평양 전략보고서(East Asia Strategic Initiative; EASI)」와 1992년 8월 위의 보고서를 수정한 EASI II가 있다. 그 주요 내용은 ① 아시아·태평양지역에서 군사적·정치적·경제적 이익 보호를 위하여 미국은 역내세력으로 계속 잔류한다. ② 탈냉전의 국방체제 구축과정에서 동맹국과 우방국들이 적당한 수준의 책임 분담을 고려한다. ③ 향후 미국은 해군력 증강과 이를 보조하기 위한 수단으로 공군 및 지상군을 계속 배치한다는 것이다.

클린턴 대통령이 1993년 7월 동경에서 열린 G7 정상회담에서 밝힌 '신태평양공동체(New Pacific Community)'의 내용은 이 지역에 대한 미국의 주요 이해관계를 담고 있다. ① 미국 방위공약의 지속적 실천과 한국, 일본, 호주, 필리핀, 태국 등과 미국 간의 안보협력관계의 재확인, ② 핵무기를 비롯한 대량살상무기의 확산 억제, ③ 공동안보에 대한 도전을 논의할 수 있는 다자간 안보대화 및 지원, ④ 아시아·태평양지역 내 민주주의 확산을 위한 지원 등이다.[139]

이러한 클린턴 행정부의 동북아정책은 역대 행정부의 정책과 커다란 차이를 보이지 않고 있다. 즉, 미국은 먼저 정치이념적인 측면에서 자유민주주의체제를 확산시키고, 안보적인 측면에서 미국의 국익 보호를 위해 동북아지역에 군사적 개입을 할 수 있는 발판을 확보·유지하며, 경제적인 측면에서는 시장경제체제를 확산시킴으로써 미국 기업들의 자유로운 활동을 보장하는 것을 정책기조로 삼고 있다.

이러한 정책기조에 토대를 둔 클린턴 행정부의 동북아지역에 대한 정책목표는 대체로 다음과 같다.

첫째, 탈냉전시대에 있어서 세계문제에 대해 미국과 함께 보다 적극적인 역할이 기대되는 일본과의 동반자관계를 구축하는 것이다.

둘째, 한반도에서의 핵위협을 제거하고, 평화적 분위기를 유지하는 것이다.

---

139) 소치형·박치정·강석찬(공저), 앞의 책, pp. 164-166.

셋째, 경제개혁과 함께 정치적 개방을 추진할 수 있도록 중국과의 협력기반을 확충하는 것이다.

넷째, 아시아·태평양 경제협력의 기초로서의 APEC체제를 강화하는 것이다.

다섯째, 중국이나 북한처럼 자유가 보장되지 못한 국가들에 대해 민주주의와 인권을 신장하는 것이다.

여섯째, 양자 간 동맹관계의 견고한 기반 유지와 함께 안보협의를 위한 다자간 논의의 장을 마련하는 것이다.

이러한 정책목표 하에 클린턴 행정부의 동북아정책은 한국과 일본 등 역내 국가와의 쌍무적 안보동맹을 기초로 하여 아시아·태평양지역에서의 전진배치전략에 급격한 수정을 가하지는 않았다. 그러나 방위비 삭감차원에서 아·태지역에 주둔하고 있는 미군 병력을 점진적으로 감축하고, 미군이 주둔하고 있는 한국과 일본의 방위비 분담액을 대폭 증액시킬 것을 촉구하였다.

이상에서 살펴본 클린턴 행정부의 동북아정책과 관련하여, 과거 공화당 행정부의 정책과 다른 점이 있다면 정치·안보적 고려에서 상대적으로 소홀히 다루어져 온 인권과 민주주의의 확산문제를 적극적으로 언급하겠다는 의지의 표명이었다. 따라서 중국과 북한 등 역내 국가들의 정치적 민주화와 시장경제체제의 도입이 궁극적으로 이 지역 안정에 긍정적으로 작용할 것이라는 판단 하에 클린턴 행정부의 동북아정책에서는 인권문제와 민주주의 신장 등이 새롭게 강조되었다.

한편 클린턴 행정부 당시 크리스토퍼(Christopher) 국무장관은 1995년 2월 상원 외교관계위원회에서 개최한 청문회에 참석하여 미 국무부가 추진할 '5대 중점 외교정책'을 다음과 같이 밝혔다.[140]

첫 번째는 해외시장의 개방이다. 그는 개별 통상관련 업무를 담당하는 것은 무역대표부이지만, 국가적 차원의 개방 유도에 대해서는 국무부가 앞장서겠다는 의사표시를 분명히 하였다. 특히, 그는 아시아·태평양지역 국가들의 시장개방을 강력히

---

140) *The Washington Post*, Feb. 14, 1995.

요구하겠다는 점을 강조하였다.

두 번째는 새로운 유럽 안보질서의 구축이다. 이는 구체적으로 북대서양조약기구 (NATO)의 범위를 어디까지 확대하느냐 하는 문제로서, 미국은 과거 동유럽 공산주의국가들을 가급적 북대서양조약기구 내로 끌어들이겠다는 계획이었지만, 러시아는 이러한 미국의 구상에 대해 강한 불만을 표시하였다.

세 번째는 포괄적인 중동의 평화정착이다. 이는 이스라엘과 요르단, 이스라엘과 팔레스타인 간에 형성되기 시작한 평화관계를 보다 공고히 하고, 중동평화의 마지막 걸림돌인 이스라엘과 시리아 간의 평화협정 체결을 이끌어 내겠다는 것이었다.

네 번째는 대량살상무기(WMD)의 확산 방지인데, 그 중에서도 핵심사항은 핵확산을 방지하는 것이다. 1995년 5월 재연장여부가 결정되는 핵확산금지조약(NPT)을 미국의 의도대로 무조건 무기 연장할 수 있을 것인지가 관건이었다. 북한이 제네바에서의 북·미 핵합의사항을 준수하도록 유도하는 것도 바로 이러한 범주에 속하는 과제였다.

다섯 번째는 국제범죄, 마약 및 테러조직과의 전쟁이다. 이와 관련하여 크리스토퍼 국무장관은 국제 범죄조직의 자산 동결, 돈세탁 저지, 비자 발급절차 강화 등 구체적인 방안을 밝혔다.

한편 21세기 탈냉전시대라는 새로운 국제환경 하에서 미국은 새로운 대외정책을 모색하기 시작하였다. 2001년 부시(George W. Bush) 행정부가 출범한 이후 미국은 안보의 핵심적 목표를 미국 중심의 압도적인 힘의 우위 유지와 테러에 대한 적극적인 대응에 두게 되었다. 국가가 아닌 비국가적 행위자의 테러행위는 종래의 봉쇄나 억지와 같은 전통적 전략개념으로는 적절히 대처할 수 없다는 안보관이 제기되기에 이르렀다.

더욱이 9·11테러사건은 미국이 자국의 안보를 위해 선제공격을 정당시하는 계기가 되었고, 이를 새로운 국가안보전략을 통해 공식화한 '부시 독트린(Bush Doctrine)'은 기존의 동맹정책에 대한 재검토를 요구하게 되었다. 따라서 미국은 자체의 미사일방어(Missile Defense; MD) 계획을 재정비하는 가운데 핵무기의 국제적 관리체계인 NPT의 효율적인 관리와 대량살상무기의 거래 차단과 이의 효과적 실행을 위한 WMD 확산방지구상(Proliferation Security Initiative; PSI) 등을 주요 정책으로 표방하였다.

(2) 미국의 대한반도정책

제2차 세계대전 이후의 한·미관계를 살펴볼 때, 북한의 소비에트화에 대응하여 추진된 '남한의 미국화'는 곧 미국식 민주주의의 이식작업을 의미하였다. 한국전쟁 발생 이전의 상황에서는 최소한의 경제적·군사적 원조를 통해 현상을 유지해 나가는 것이 미국의 대한반도정책 목표였다. 한국전쟁 발생과 이후 미국의 대아시아 정책, 즉 봉쇄정책은 안보상 한·미 방위체제의 성립과 지역 안보체제 구축의 형식으로 정형화되어, 중국에 대한 포위 및 대북방 3각관계에서 파행적 전개로 일관하였다. 예를 들면, 1951년 미·일 안보조약의 체결, 1954년 동남아조약기구(SEATO)의 형성과 미·대만 상호방위조약의 체결 등은 당시 미국이 공산권에 대해 취했던 아시아 전략의 특징을 보여주는 것이다.

1960년대 초에 미국에서는 케네디(John F. Kennedy) 행정부가 출범하였고, 한국에서는 4·19혁명 직후 민주당의 장면 정부가 출범하였다. 그런데 미국은 종래 한국에 대한 무상원조에서 차관형식으로 전환하여 원조를 제공하였다. 특히, '바이 아메리칸(Buy American)' 정책이 그 전형적인 실례였다. 1961년 한국에서 5·16 군사쿠데타가 발생했을 때, 미국은 처음에는 군사쿠데타에 반대했다가 결국 지지하는 자세를 보여줌으로써 전통적 한·미관계를 유지해 나갈 수 있는 기회를 허용하였다. 또한 병력 이동에 관한 양국의 이견을 조정한 결과, 군사작전 지휘권문제는 공산군의 침략시 한국군을 유엔군의 지휘 아래 둔다고 양해함으로써 안보차원에서 한국의 대미 의존형태는 지속되었다. 미국의 월남전 개입은 한·일 양국이 관계를 개선하는 하나의 계기가 되었다. 1961년 미국의 케네디 대통령과 일본의 이케다(池田) 총리 간의 회담을 비롯하여 한·일회담을 위한 예비회담이 연속 개최되었고, 이를 계기로 해서 한·미·일 3각 협력관계가 모색되기에 이르렀다.

1969년에는 '닉슨 독트린(Nixon Doctrine)'이 발표됨으로써 미국의 군사적 탈(脫)아시아 입장이 표면화되었으며, 비군사적 수단에 의한 대아시아 정책이 조정됨으로써 해외주둔 미군 70만 명을 40만 명 수준으로 감축하였다. 정치적 측면에서 볼 때, '닉슨 독트린'은 '아시아 문제의 아시아화'를 의미하는 것이었고, 아시아적 민족주의를 재평가하는 것이기도 했다. 이에 따라 미국은 중국을 국제사회로 이끌어 내는 데 성공했고, 중·소관계가 조정되었으며, 긴장완화 분위기가 조성되는 가운데 남북한의 대화도 시작되었다. 군사적 측면에서는 아시아에서 미국의 군사 봉쇄선이 해체되기에 이르렀고, 군사적 '반패권(anti-hegemony)'을 전 지역으로 적용하려고 시도하였다. 그 결과로 미국은 지상군 및 지상기지 중심체제에서 기술집약적인 해·공군 중심체제로 전환하게 되었다.

1970년대의 한·미관계는 1972년 한국에 유신체제가 등장함으로써 새로운 국면에 접어들게 되었다. 미국은 도덕성 및 인권문제를 점차 한국의 안보와 연계시키기 시작했으며, 미국의 한국에 대한 비판은 한국에서 일시적인 반미 입장의 표방과 대미 자주화 감정의 표출을 가져오기도 하였다. 그러나 한국은 한반도 통일문제와 관련하여 남북한 간의 '7·4 공동성명'을 이끌어 내는 데 성공했으며, 미국도 이에 호응하여 교차승인안, 4자회담과 6자회담 등을 제의하였다. 한편 미국은 카터(Jimmy Carter) 행정부시절 3천 6백여 명의 주한미군을 철수시키는 한편, 한미연합사를 설치·운영함으로써 한국군에게 작전권을 이양할 수 있도록 준비하는 데 한·미 양국이 합의하였다. 한편 1977년 카터 대통령이 한국 내에서의 인권상황 개선이 미흡하다는 점을 지적하며 주한미군의 전면 철수를 주장하자, 박정희 대통령은 그 대안으로 한국의 핵보유가 불가피하다는 입장을 보임으로써 양국은 심각한 마찰을 빚기도 하였다.

1980년대에 들어와 한국에 제5공화국 전두환 정권이 출범하고, 미국에는 보수적인 레이건(Ronald Reagan) 행정부가 출범함으로써 한·미 양국관계는 비교적 원만한 상태로 복원되었다. 그 당시 미국의 대한(對韓) 인식은 정권의 정치적 정통성을 불문하고 반공정책을 지지하는 종래의 입장으로 되돌아갔다. 그러나 1980년 5월 한국에서 광주민주화운동이 발생하고, 국내정치가 경직성을 띠게 되어 반미운동이 대두됨에 따라 양국은 일시 경색국면을 맞이하였다. 특히, 미국의 보호무역주의 경향이 표출되고, 한·미간의 현안이 표면화되기 시작함으로써 미국은 한국에서 최대의 딜레마에 빠지게 되었다. 즉, 변화와 안정 그리고 지속성이 문제가 되었다. 미국은 이전의 한국에 대한 입장을 어느 한쪽으로 정리하려고 했다. 변화는 진보적 경향을 띤 것으로, 민주주의에의 새로운 도전을 뜻하는 것이었다. 이에 반하여 보수적 경향은 기존의 부도덕성을 묵시적으로 인정할 수밖에 없으며, 한국의 권위주의 체제를 불가피하게 묵인해야 한다는 태도였다. 그러나 결과적으로 미국은 한반도의 현상유지를 선호했기 때문에 제5공화국 및 제6공화국과의 공존관계를 선택하는 쪽으로 대한(對韓) 정책을 조정하였다.

1990년대에 들어와 미국의 한국에 대한 정책은 안보공약의 준수와 한국 민주주의 절차의 제도화에 쏠리게 되었다. 클린턴(B. Clinton) 행정부는 양자의 연계를 중시한 데 비해, 한국은 양자의 분리를 희망했다. 안보공약의 준수와 관련하여 미국이 추구하고자 했던 것은 ① 상호 양해 하에 주한미군이 존재하는 것을 포함하여 상호 방위조약을 통해 양국 군사동맹관계를 유지하는 것, ② 한국군의 현대화노력을 지원하여 한반도 군사균형을 유지하는 것, ③ 방위에 관련된 연구·개발에서 협력을 확대하는 것, ④ 연례 팀 스피리트(Team Spirit) 훈련을 지속하는 것, ⑤ 유엔군으로부터 한국군으로의 작전지휘권 이양에 대비하는 것, ⑥ 한·미·일간 합동방위문제를 개선하는 것 등이었다.

그런데 한·미관계에서 제기되는 문제점과 그에 대한 새로운 방향을 모색해 볼 필요가 있다. 미국은 여전히 상위 동맹국으로서의 위치와 사고방식에 따라 한국을 인식하고 있다. 그러한 실례로서, 우루과이라운드(UR) 협상 및 북한 핵문제를 둘러싼 미국의 협상태도, 한·미행정협정(SOFA) 논의, 농산물 수입 및 가공 식품류의 한국 내 유통문제, 통신기기분야의 수입 압력 등이 그것이다. 한국은 여전히 하위 동맹국으로서의 의존적 사고방식에서 벗어나지 못하고 있는데, 그 주된 이유는 우리 정부의 협상력 부족에서 찾을 수 있다.

미국이 한반도에 대해 단행한 탈냉전시대의 첫 번째 정책변화는 2001년에 발생한 9·11 테러사건 이후 변화된 미국의 안보관을 반영하고 있다. 미국의 새로운 안보관은 개별 국가의 주권보장이라는 유엔의 원칙을 약화시키고, 미국의 안보를 위해서라면 미국의 필요에 의해 적극적으로 개입할 수 있다는 소위 '부시 독트린(Bush Doctrine)'에 입각하고 있다. 부시 대통령이 규정한 '악의 축'은 단순한 불량국가 이상의 의미를 가지고 있으며, 기독교 근본주의에 입각하여 그 악은 종교적 차원의 것이다. 미국에게 있어서 김정일은 사담 후세인이나 빈 라덴과 같은 악마적 존재이며, 어떤 희생을 지불하고서라도 정의전쟁을 통해서 제거해야 하는 대상이다. 미국 정부 내의 강경파들은 자주외교를 부르짖으면서 미국의 대북 강경책에 미온적인 노무현 정부를 빈 라덴을 숨겨준 탈레반정권이라고 부르는 인사들마저 있었다. "미국과 함께 하지 않는 자는 테러리스트와 함께 하는 자"라고 선언한 부시의 선언을 기억해 보면 미국식의 흑백논리는 미국 안보관의 변화모습을 시사해 준다.

동북아 및 한반도에 대한 미국의 일차적 관심은 미국의 패권에 도전할 만한 경쟁대상국이 등장하는 것을 저지함과 동시에, 기존의 동맹관계를 축으로 하여 미국의 영향력을 계속 유지해 나가는 것이다. 2001년 9월에 발표된 「4개년 국방보고서(Quadrennial Defense Review; QDR)」에서는 미 국방장관 럼스펠드(D. Rumsfeld)로 대변되는 강경파의 국방전략과 지침이 소개되었는데, 이에 따르면 미국의 우방국에 대한 안보공약의 이행과 미군의 전진배치가 기본전략으로 제시되었다.

이러한 미국의 정책이 구체화되는 가운데 미국은 북한의 핵개발 포기를 압박하면서 북한을 '악의 축'으로 규정짓고, 「핵태세보고서(NPR)」에서 북한을 선제공격할 수 있다는 강경입장을 표명하였다. 이러한 배경 하에 미국은 주한미군의 부분 철수, 용산기지의 이전, 미군 주력부대의 한강 이남 배치를 포함하는 주한미군의 재배치를 결정하였다.

최근 한·미동맹 50주년을 맞이하여 양국관계는 2003년 미군 장갑차에 의한 여중생 사망사건과 관련된 추모시위, 한국군 부대의 이라크 파병 반대, 미군 철수를 요구하는 반미시위, 특히 미군 사격장 기습시위 등으로 인해 전례 없이 경색되었다. 미국에서는 이러한 한국의 반미정서가 한·미 동맹관계를 훼손할 것이라는 우려의 목소리가 커지고 있다. 미국 의회와 한반도 전문가들은 최근 청문회나 각종 세미나 등에서 반미정서와 한·미 동맹관계 변화를 공론화하고 있다.

2005년 10월 6일 열린 한·미 안보연구회 연례회의에서 래리 닉시(Larry A. Niksch) 미 의회조사국 연구원은 "한국과 미국은 냉전시대에는 전략적 비전을 공유했지만, 1990년대 말부터 전략적 비전 공유가 무너지기 시작했고, 2001∼2002년 북핵문제 재부상, 미군 장갑차에 의한 여중생 사망사건 등으로 그 속도가 빨라졌다."며 "이제 한·미 동맹관계가 근본적인 변화를 겪고 있다는 게 분명해지고 있다."고 밝혔다.

또한 헨리 하이드(Henry J. Hyde) 미 하원 국제관계위원장은 북핵 6자회담 관련 청문회에서 "한국의 한 여론조사 결과 젊은층의 66%는 미국과의 전쟁이 발발하면 북한 편에 서겠다고 응답했다."며 "우리는 한국 국민의 마음을 사로잡기 위한 경쟁을 벌이고 있지만, 한·미동맹의 미래는 위기에 처해 있다."고 단언하였다.141)

이처럼 미국 내에서 한국의 반미정서는 한·미관계의 키워드로 자리잡고 있다. 한·미동맹은 비대칭적인 동맹이면서 균형동맹의 성격도 띠고 있다. 한·미 동맹관계가 성립되면서부터 한국은 미국의 피보호국이었지만, 미국은 한반도에 미군을 전진배치함으로써 소련이나 중국 같은 공산주의세력이 확대되는 것을 막으려 하였다. 9·11 테러사건이 발생하기 전만 하더라도 미국의 사활적인 국가이익 중 하나는

---

141) 소치형·박치정·강석찬(공저), 앞의 책, pp. 168-170.

동아시아지역에서의 패권국가의 등장을 방지하는 것이었다. 미국으로서는 중국의 군사대국화 및 패권추구 가능성을 견제하고, 핵무기를 포함한 대량살상무기의 확산을 저지하기 위해서 북한을 통제하며, 북한의 도발 위험과 갑작스런 붕괴로 인한 동아시아지역의 불안정에 대비하는 것이 가장 중요한 전략목표였다. 이러한 미국의 목표를 달성하는 데 있어 한국은 중요한 파트너 역할을 하고 있었다. 또한 9·11 테러사건 이후 미국은 사활적 국가이익으로 테러리즘과 대량살상무기 척결을 명분으로 이라크에 대한 무력침공을 감행했지만, 동맹국들의 적극적인 지원이 이루어지지 못함으로써 소기의 목적을 달성하지 못하고 있다.

2005년 7월에 열린 노무현 대통령과 부시 대통령 간의 한·미정상회담은 성공적이라는 평가를 받았다. 무엇보다 북한 핵문제에 대한 포괄적 합의를 이끌어 냈고, 동북아균형론과 전략적 유연성문제 등으로 빚어졌던 한·미간의 균열도 어느 정도 봉합한 듯했다. 그러나 북한에 대한 미국의 부정적 이미지는 쉽게 불식되지 않았다. 국무부의 인권담당 차관인 도브리언스키는 워싱턴에 있는 허드슨연구소 세미나에 참석한 자리에서 북한, 미얀마, 짐바브웨, 쿠바 등 4개국을 거론하며 '폭정의 전초기지(outposts of tyranny)'라는 표현을 사용하였다.

국제관계에서 동맹이라고 할 때에는 기본적인 전제조건이 하나 있는데, 그것은 '공동의 적'이 있어야 한다는 점이다. 공동의 적으로부터 서로를 보호하자는 취지에서 동맹이 형성되므로 이것이 없으면 동맹은 기초부터 흔들린다. 한·미동맹의 근간은 1953년에 체결된 한·미 상호방위조약이고, 이는 북한을 공동의 적으로 규정한다는 대전제에서 출발한 것이다. 바로 이 부분에 대한 이견이 한·미동맹의 균열을 알리는 서곡이 되고 있다. 현실주의적 관점에서 볼 때, 북한은 분명 미국의 적이다. 이제는 직접적으로 미국의 안보에 위협이 될 수도 있는 적이 되고 있다. 북한이 핵무기를 개발해 테러분자들에게 팔아넘길 수 있다는 우려, 또한 장거리 미사일에 핵을 탑재해 미국 본토를 공격할 수도 있다는 개연성에서 볼 때, 미국의 목표는 바로 북한의 핵무기를 완전히 제거하는 것이다. 따라서 '대량살상무기 확산방지

구상(PSI)'은 북한 핵이 다른 지역으로 확산되지 않도록 사전에 차단하는 각종 봉쇄정책을 포함하고 있다.

그러나 최근 한국 정부의 입장에서는 이러한 미국의 정책에 쉽게 동조할 수 없었다. 왜냐하면 한국 내에서 민족공조를 앞세워 북한을 도와야 한다는 시각이 우세했기 때문이다. 북한에 대한 뚜렷한 인식의 차이가 있는 한 한·미동맹은 결코 공고하다고 말할 수 없다. 자주와 동맹이 서로를 배척한다고 생각하는 한 동맹의 결속은 기대할 수 없다. 그러나 장기적 전략의 관점에서 한·미 양국이 자주와 동맹의 유용성에 대해 조화롭게 사고하고 실용화한다면, 여러 가지 현실적 어려움에도 불구하고 양국관계에 새로운 이정표를 마련할 수 있을 것이다.

영국의 파머스톤(L. Palmerstone) 경이 언급한 것처럼, "국가 간 관계에는 영원한 적도 우방도 없고, 오직 영원한 것은 국가이익뿐이다."라는 명구를 상기하여 한·미 양국은 '성숙한 동반자관계' 내지는 '균등한 상호의존관계'의 확립을 위해 노력해야 할 것이다.

이러한 미국의 대한반도정책 및 한·미관계와 더불어 북·미관계를 구체적으로 살펴보기로 한다. 북한의 대미정책의 기본 목표는 북한 헌법이나 노동당 규약에 규정하고 있는 것처럼, 궁극적으로 주한미군을 한반도에서 철수시켜 한국을 약화시킨 후 무력으로 한반도를 공산화통일하는 데 있다. 또한 미국과의 관계를 개선하여 자본과 선진 기술을 도입함으로써 경제발전을 이루는 데 있다. 그러나 해방 이래 북한은 미국을 '사회주의 건설에 방해가 되는 인민 최대의 적' 또는 '제국주의의 원흉'이라고 격렬히 비난해 왔다. 미국에 대한 이러한 적대적 인식은 1960년대 말까지 지속되었다. 1968년 1월 '푸에블로호' 나포사건, 1969년 10월 EC-121 정찰기 격추사건 등은 북한의 대미 적대감정을 단적으로 입증해 주는 사례들이다.

1970년대에 들어서자 북한은 국제정세의 변화에 순응하지 않을 수 없었다. 당시 베트남전쟁의 장기화로 인한 미국 내의 평화주의적 여론을 적극 활용하여 북한은 대미 유화정책을 추진하는 한편, 한반도에서 주한미군의 철수를 유도하고자 하였다. 이러한 유화정책의 일환으로서 북한은 1972년 4월 재미교포 학자인 고병철 교수를 평양에 초청하였고, 동년 5월에는 워싱턴 포스트의 극동총국장인 해리슨(S. Harrison) 기자와 뉴욕 타임즈의 솔즈베리(H. E. Salisbury) 기자, 하버드대학교의 코헨(J. Cohen) 교수 등을 초청하여 인민외교를 통한 미국과의 접근을 시도하였다. 1974년에는 뉴욕에 '김일성 주체사상 연구모임'을 조직하여 선전활동을 전개하는 등 미국 내에서 평화주의적 분위기를 적극 활용하려고 하였다.

한편 1974년 3월에 열린 최고인민회의 제5기 3차회의를 통해 북한은 휴전협정을 평화협정으로 대체하자는 내용의 서한을 미국 정부에 발송하기로 결의하였고, 이를 위해 미국에 직접협상을 제의함으로써 양국 정부 간의 접촉을 시도하였다. 당시 미국의 포드(Gerald Ford) 대통령은 북한이 주장하는 미국과의 평화협정 체결 주장에 대해 중국이 한국을 승인하고, 미국이 북한을 승인하자는 '4자회담'과 '남북한 유엔 동시가입' 안을 제시하였다. 그러나 북한은 이를 '한반도의 분단을 영속화하려는 미제국주의자들의 책동'이라고 거부하였다. 그 후 1977년 1월 카터(J. Carter) 행정부가 출범하자 북한의 대미 접근은 더욱 강화되었다. 카터 대통령은 선거공약으로 제시하였던 주한미군의 단계적 철수를 공식적으로 천명함과 동시에, 적성국과의 관계 개선정책의 일환으로 북한을 포함한 모든 공산주의국가에 대한 여행 제한 철폐를 발표하였다. 이에 북한은 1977년 3월 28일 외교부장 허담 명의의 서신을 통하여 북·미 단독협상을 요구하였다. 이러한 북한의 대미 접근이 진행되는 와중에 1979년 7월 카터 대통령이 한국을 방문한 후 주한미군 철수의 무기한 연장을 발표하자 북한은 또다시 대미 적대감정을 표출하였다.

한편 1981년 1월에 출범한 레이건(R. Reagan) 행정부는 '동맹국 우선정책'을 표방하면서 주한미군 철수계획을 전면 취소하는 한편, 한·미간의 안보협력체제를 강화하자 북한은 레이건 행정부를 '호전적 정권'이라고 하면서 맹렬한 비난을 재개하였다. 이와 같이 북한은 대미 비난공세를 전개하면서도 솔라즈(S. Solaz) 미 하원의원을 평양에 초청하는 등 우회적인 방법을 통하여 미국과의 관계개선을 시도하였다.

북한의 지속적인 대미 접근노력에 대하여 미국도 긍정적으로 대처하려 하였으나, 1983년 10월 버마 랑군에서 발생한 폭탄테러사건으로 북한의 대미 관계개선 노력은 난관에 부딪치게 되었다. 1985년 10월 제40차 유엔총회에 참가하기 위해 방미한 북한의 외교부장 김영남은 미국 재향군인회와의 면담에서 "6·25 전쟁기간 중 행방불명된 미국 병사의 생사 확인 및 유품 반환문제에 대해 미국 정부의 요청이 있으면 협조할 용의가 있다."고 밝히는 등 북한은 다각적인 방향에서 대미 접근을 모색하였다. 그러나 북한의 대한항공기(KAL) 폭파사건으로 인해 북한의 대미 접근은 또다시 실패로 돌아갔다.

1993년 3월 12일 북한의 핵확산금지조약(NPT) 탈퇴선언 이후 시작된 북·미간의 핵협상은 1년 7개월이라는 오랜 협상과정을 거친 끝에 미국과 북한은 1994년 10월 21일 제네바에서 합의문을 교환함으로써 북핵문제는 일단 해결의 실마리를 찾게 되었다. 그 동안 북핵문제는 탈냉전시대에 들어와 가장 커다란 세계적 관심사로 등장해 왔던 것이 사실이다. 북핵문제는 기본적으로는 한반도의 평화와 관련되지만, 동시에 세계적인 핵확산방지체제의 안정성 여부를 결정짓는 성격을 지니고 있다는 점에서, 한반도 평화에 대한 위협인 동시에 범세계적 평화를 위협할 수 있는 요인으로 부각되어 왔다.

국제사회에서 북핵문제가 주요 관심사로 부각되기 시작한 것은 지난 1993년 2월 국제원자력기구(IAEA)가 영변의 핵시설 중 핵폐기물을 저장하고 있는 곳으로 추정된 두 개의 의심지역에 대한 특별사찰을 요구하자, 북한이 이를 거부하고 3월 12일 IAEA 탈퇴를 선언하면서 본격적으로 제기되었다. 북한의 IAEA 탈퇴선언을 IAEA 및 한국과 미국 등 서방국가들은 북한이 핵무기를 개발하려는 명시적 의도로 받아들였으며, 따라서 이를 저지하기 위해 제반 노력을 집중해 왔다.

이에 따라 미국과 북한은 제1, 2차 핵협상을 전개하였다. 1993년 6월에 열린 제1차 북·미 고위급회담을 통하여 북한은 ① 미국의 한국에 대한 전반적인 핵우산 보장의 부분적 철폐, ② IAEA와의 단독협상 실시, ③ 미국과의 직접협상 실시라는

'시간 벌기'에 성공하였다. 북한은 핵카드를 이용하여 최대한의 외교적 이득을 획득하려 하였으며, 궁극적으로는 북·미관계 정상화를 목표로 하였다.

또한 1993년 7월에 열린 제2차 북·미 고위급회담에서 북한은 핵사찰과 관련하여 빠른 시일 내에 IAEA와 협의를 가질 것을 약속하였고, IAEA와의 협의 및 남북관계의 진전이 제3단계 북·미회담의 전제조건임을 인정하였다. 이외에도 미국과 북한은 ① 동년 6월 11일의 제1차 북·미 공동성명의 재확인, ② 미국의 핵무기를 비롯한 무력 불사용원칙 재확인, ③ 북한 핵시설의 경수로 교체문제, ④ 핵안전협정조치의 완전하고 공정한 적용, ⑤ 한반도 비핵화 공동선언의 이행, ⑥ 남북회담 재개, ⑦ 2개월 내에 제3단계 북·미회담의 개최 등에 관하여 합의하였다. 그러나 북한이 1994년 5MW급 원자로의 폐연료봉을 교체한 것과 관련하여 북·미간에는 의견대립이 지속되었다.

이처럼 대립국면으로 치닫던 북핵문제는 카터(J. Carter) 전 미국 대통령의 방북으로 인하여 해결의 실마리를 찾게 되었다. 1994년 6월 북한을 방문한 카터는 김일성과의 회담을 통해 핵문제를 대화를 통해 해결할 것과 남북정상회담 제의를 미국과 한국에 전달함으로써 북핵문제에서 극적인 반전의 계기를 제공하였다. 미국은 ① 교체된 핵연료봉의 재처리 금지, ② 새로운 연료봉 재장전 금지, ③ 사찰단의 체류 보장 등을 조건으로 북한과의 제3단계 고위급회담을 7월 초에 개최하는 것에 동의하였다.

1994년 7월 김일성의 갑작스런 사망으로 인해 연기되었던 제3단계 북·미 고위급회담의 제1차 회담은 제네바에서 8월 5일부터 12일까지 재개되었으며, 8월 13일 미국과 북한은 다음의 같은 합의문을 발표하였다. 먼저 북한측의 이행 예정사항으로는 ① 5MW 원자로의 가동 중단, ② 50MW와 200MW 원자로의 건설 중단, ③ IAEA 감시활동 협력, ④ 경수로 핵심부품 인도 전 IAEA 안전조치의무 전면 이행, ⑤ 폐연료봉의 제3국 이전, ⑥ 북한의 NPT 완전 복귀, ⑦ 한반도 비핵화 이행 및 남북대화 재개 노력, ⑧ 미국 내에 연락사무소 설치 등이다. 한편 미국측의 이행

예정사항으로는 ① 미국 주도의 2,000MW 경수로 제공, ② 경수로 완공시까지 대체에너지 제공, ③ 대북 투자 및 무역규제 조치 완화, ④ 평양에 연락사무소 설치 등이다.

이러한 북·미간 합의결과에 대해서는 여러 가지 평가가 가능하나, 이를 한국과 북한 그리고 미국의 입장으로 대별해 보면 다음과 같다. 즉, 한국의 입장에서는 북한으로부터의 핵위협을 어느 정도 해소하였고, 북한의 미래 핵활동을 동결시킬 수 있게 되었으며, 한국형 원자로의 수출기회를 확보하였고, 더 나아가 한반도 평화정착의 기틀을 마련함으로써 통일을 위한 긍정적 여건을 마련하게 되었다는 점에서 이득을 보았다고 할 수 있다. 그러나 동시에 이 합의가 북한의 과거 핵의혹 규명에 대해서는 여전히 미진한 점을 남김으로써 그 동안 북한 핵의혹의 완전한 규명을 주장해 온 한국 정부로서는 그만큼 정치적 부담을 안게 될 수밖에 없었다. 또한 대북 경수로 지원에 따른 경제적 부담을 감수해야 하며, 대체에너지 지원에 대한 추가적 경비부담의 가능성이 남아 있다는 부정적 측면도 있다.

북한의 입장에서는 외부로부터 지원된 경수로와 대체에너지를 획득함으로써 고질적인 에너지난을 해소할 수 있게 되었고, 대미·일 관계개선의 계기를 마련하였으며, 대북 제재압력의 소멸로 김정일체제의 안정을 기할 수 있게 되었다는 이점이 있다. 그러나 장차 독자적인 핵활동을 전개하는 것이 불가능하게 되었고, 그 동안 요긴하게 사용했던 한국, 미국, 일본 등에 대한 핵카드가 사실상 유명무실하게 될 수도 있으며, 일관되게 거부입장을 나타냈던 IAEA 사찰을 수용하는 것이 불가피하게 됨에 따라 명분론의 면에서도 손해를 보았다고 할 수 있다. 또한 이러한 합의사항은 남북한 관계개선에 대한 압력으로 작용할 전망이어서, 폐쇄적인 체제 유지를 목표로 해온 그들의 국내 정치노선에도 장애요인으로 작용할 수 있는 것이었다.

한편 미국은 이 합의를 통하여 NPT체제의 유지를 기약할 수 있게 됨으로써 국제사회에서의 주도적 위치를 재확인하고, 대북 직접통로를 개설함으로써 동북아지역에서의 영향력을 확대할 수 있게 되었다. 이로 인하여 클린턴 행정부는 외교·정치적 입지를 강화할 수 있게 되었으나, 북한에 대한 지나친 양보라는 정치공세를 피할 수 없게 되었다. 또한 미국은 북한에 대한 경수로 지원의 경제적 부담 이외에도 대체에너지 지원의 1차적 책임을 떠맡게 되었으며, 북한 이외의 잠재적인 핵개발국들이 핵카드를 이용하여 적절한 보상을 유도해 낼 수 있는 나쁜 선례를 남겼다고 할 수 있다.

결국 1994년 10월의 북·미 핵협상은 다음과 같은 점에서 긍정적 측면과 부정적 측면을 동시에 지니고 있었다고 할 수 있다. 먼저 긍정적 측면에서 보면, 제3단계 북·미 고위급회담은 ① 북한 핵문제 해결국면의 본격화, ② 남북대화 및 협력과정에서의 최대 장애물 제거, ③ 북한 핵의혹의 현재와 미래 동결, ④ 한국 주도의 경수로 건설 기틀 마련, ⑤ 북핵문제로 인한 주변국에 대한 저자세 외교요인이 소멸됨으로써 한국의 외교적 입장 제고, ⑥ 한반도에서의 탈냉전 가능성 증대, ⑦ 한반도에서 비핵화 추진의 포석 마련 등의 성과를 거두었다고 평가할 수 있다.

반면에 부정적 측면으로는 ① 특별사찰 지연으로 인해 북한에 핵개발 시간을 부여할 지도 모른다는 위험 상존, ② 북한에 일정 기간 핵카드 지속 허용, ③ IAEA 안전조치의무 거부 등 북한의 약속 불이행시 핵문제의 원점 복귀 위험, ④ 북한의 성공적인 대미 직접통로 개설의 선례를 남김으로써 한국의 외교적 위상 손상, ⑤ 북한의 과거 핵에 대한 규명이 미흡함으로써 자칫 북한의 과거 핵활동에 면죄부를 부여하게 되는 위험, ⑥ 경수로 지원에 따른 경제적 부담, ⑦ 향후 북한이 한·미 간의 동맹체제 이완을 시도할 가능성 등을 들 수 있다.[142]

핵협상을 통해 북한 핵의 동결 및 폐기를 추구한 미국의 대북정책은, 북한이 핵무기를 보유함으로써 야기될 수 있는 일본의 핵무장 가능성과 그것이 가져올 핵확산효과를 사전에 차단하고, 한국 안보에 직접적인 위협요인을 제거함으로써 동아시아의 현상유지에 필수적인 한반도의 안정을 기하기 위한 것이었다.

한편 북한은 미국과의 핵협상을 통해 미국의 대북정책 기조를 역이용함으로써

---

142) 위의 책, pp. 246-247.

북핵문제는 대미 관계개선을 이루기 위한 체제 생존전략의 일환으로 발전되었다. 북한은 안보에 대한 위협과 경제난 및 외교적 고립으로부터 탈피하기 위해서는 미국과의 관계개선이 필수적이라고 여겼고, 이를 위한 직접적이고 단독적인 접촉수단으로서 핵문제를 활용하고자 하였다.

이러한 상황 하에서 클린턴 행정부는 대북정책을 포괄적이고 종합적으로 재검토할 필요성을 느끼게 되었는데, 이는 1999년 9월 『페리 보고서(*Perry Report*)』 — ① 북한 미사일의 발사 중단, ② 북한의 핵과 미사일 개발계획 중단, ③ 한반도 냉전 종식의 3단계 해결과정 — 의 작성으로 구체화되었다. 북한과 미국은 2000년 3월부터 10월까지 세 차례 회담을 가진 끝에 동년 10월 6일 '국제 테러에 관한 북·미 공동성명'을 채택하였다. 양국은 이 문건을 통하여 "국제 테러가 세계 안보와 평화에 대한 용납할 수 없는 위협이 되고 있으며, 화학, 생물학 또는 핵장치 및 물질을 이용한 테러행위를 포함한 모든 형태의 테러리즘은 거부되어야 한다는 점에 의견을 같이 한다."고 밝혔다. 또한 국제 테러리즘에 대한 북한의 반대입장을 고려해서 미국은 북한이 미국 법률의 요건들을 충족시키는 대로 북한을 테러지원국 명단에서 제외하기 위해 북한과 협력할 것이라고 밝혔다.

이어 동년 10월 12일에는 '북·미 공동성명'이 발표되었다. 그 주요 내용을 살펴보면, ① 미국과 북한은 한국전쟁을 종식시키기 위한 여러 가지 방안이 있음을 확인하고, ② 1993년의 북·미간 공동성명과 1994년의 제네바 「기본합의문」에서 확인된 원칙에 따라 노력하며, ③ 클린턴 대통령의 방북을 주선하기로 한다는 등의 내용이었다. 이러한 내용 중에 미국과 북한은 '과거의 적대감에서 벗어나 새로운 관계를 수립하는 데 미국과 북한이 모든 노력을 다할 것'을 확인하는 문구를 삽입하였다. 이러한 내용은 사실상 북한이 『페리 보고서』에 실제적으로 동의하고, 앞으로 북한은 핵과 미사일을 포기하는 대신에 수교를 포함한 미국과의 관계정상화를 전략적으로 선택할 것이라는 희망적인 예측을 낳게 하였다.

북한은 이를 성사시키기 위하여 고위급회담에 공식서열 3위의 군부 실세인 조명록 국방위원회 제1부위원장을 특사자격으로 파견함으로써 임기 말의 클린턴 행정부를 고무시켰으며, 결국 클린턴 대통령의 방북까지 약속받는 성과를 거두었다. 그 후 미국의 국무장관인 올브라이트(M. Albright)가 클린턴의 방북을 위하여 김정일 위원장을 예방하는 등 북·미간에는 화해분위기가 조성되기도 하였다.

그러나 2001년에 출범한 공화당의 부시(George W. Bush) 행정부는 미국의 정치적·경제적 영향력을 확대하는 대외정책을 추진하였다. 집권 초기에는 '클린턴이 한 것 이외에 모든 것'이라는 식으로 접근했지만, 현재의 일방주의적인 '부시 독트린'으로 곧바로 전환하지는 않았다. 그러나 9·11 테러사건을 경험하면서 부시는 '포용과 확장'이라는 클린턴의 대북정책과 구별되는 정책을 추진하게 되었다. 부시는 클린턴이 북한에 대해 너무 유화적인 정책을 펼쳤다고 비판하면서 대북정책의 핵심이라 할 수 있는 제네바 「기본합의서」와 『페리 보고서』에 대한 전반적인 재검토를 언급하였다. 또한 기존의 온건 유화정책보다는 강력한 힘을 바탕으로 대외정책을 펼칠 것을 강조하였다.

북한과 관련한 부시의 외교정책은 중요한 두 개의 문서인 『럼스펠드 보고서』와 『아미티지 보고서』로 대별되는데, 이 두 보고서에서 엿볼 수 있듯이 무엇보다 부시는 억지력 있는 군사태세를 강화하기 위해 미사일방어체제(Missile Defense; MD)를 채택하였다. 이것은 부시가 대통령으로 당선된 후 21세기 미국의 군사전략의 핵심사항으로 나타났다.

2001년 한·미 정상회담을 통해 부시 대통령은 당분간 북한과 대화를 재개할 계획이 없으며, 또한 대북정책을 재검토하는 데 시간이 필요하다는 점을 언급하였다. 부시 행정부는 9·11 테러사건 이후 테러리즘과 그와 관련된 대량살상무기 및 미사일문제를 중요한 해결과제로 내세웠다. 부시 대통령은 2002년 의회에 제출한 연두교서를 통해 북한을 이란, 이라크와 함께 '악의 축(axis of evil)'으로 규정했으며, 이러한 부시의 강경노선은 나중에 '부시 독트린'으로 체계화되었고, 이를 동년 9월 『국가안보전략보고서(NSS)』에 담아 공식화하였다. 그 바탕에는 부시 행정부의 미국식 예외주의가 이념적 토대를 형성하고 있었다. 즉, 미국적 이념과 가치는 곧 전 세계 국가들이 따를 만한 보편적인 가치라는 점을 강조한 것이다.

부시 행정부의 대북 강경정책으로 인해 북·미관계는 급속히 냉각되었고, 마침내 2002년 10월 한반도에 제2차 북핵위기가 발생하였다. 제2차 북핵위기는 켈리(J. Kelly) 미국무부 차관보가 대통령 특사로서 평양을 방문하여 북한의 농축 우라늄(HEU)에 의한 핵개발 의혹을 제기하면서 시작되었다. 강석주 북한 외무성 제1부상과 북·미 고위급회담을 가졌던 켈리는 이 자리에서 북한이 농축 우라늄(HEU)에 의한 핵개발을 시인했다고 밝혔다. 미국은 이를 새로운 핵개발 시도로 간주하였다. 즉, 미국은 북한이 제네바 「기본합의서」, NPT와 IAEA의 안전조치 협정, '한반도 비핵화 공동선언' 등 4개의 협정을 위반했다고 비난하였다. 이에 대해 북한은 제네바 「기본합의서」에 따른 경수로 건설의 지연과 미국의 핵무기 불위협 또는 불사용 보장이 지켜지지 않고 있다고 주장하였다. 오히려 부시 행정부가 북한을 이라크, 이란과 함께 '악의 축'으로 규정하고 핵 선제공격 대상국에 포함시켜 북한에 핵위협을 가하고 있다는 것이었다. 동년 10월 25일 북한은 외무성 대변인 담화를 통해 핵개발을 '시인도 부인도 하지 않는' 애매모호한 태도를 취하면서 북·미간의 상호 불가침조약 체결을 요구하였다.

이런 가운데 미국은 동년 11월 14일 제네바 합의 이후 북한의 핵동결을 대신하여 북한에 제공해 오던 중유 공급을 동년 12월부터 중단하기로 결정하였다. 북한의 새로운 핵개발은 제네바 「기본합의서」를 위반한 것이라는 이유에서였다. 이에 대해 북한은 미국의 중유 공급 중단선언은 제네바 「기본합의서」를 일방적으로 파기한 것이라고 주장하면서 외무성 대변인 특별담화를 통해 핵동결 해제를 선언한 이후, 12월 21일부터 24일에 이르는 기간 동안 핵동결 해제 조치를 단행하였다. 또한 북한은 12월 27일 IAEA 사찰단원의 추방을 선언하였고, 이어 2003년 1월 10일 NPT 탈퇴를 선언하였다. IAEA 특별이사회는 미국의 요청에 따라 동년 2월 12일 북한 핵문제를 유엔 안전보장이사회에 회부하기로 결정하였으며, 북한은 영변의 원자로 재가동으로 이에 대응하였다.

그러나 북한이 핵문제 해결을 위한 다자회담 개최에 유연한 입장을 보이게 됨에 따라 중국의 국가주석 후진타오(胡錦濤)의 특사인 다이빙궈 중국 외교부 부부장이 2003년 7월 14일 평양을 방문하여 김정일 국방위원장에게 다자회담의 참가를 촉구하는 한편, 워싱턴을 방문하여 7월 17~18일 파월(Colin Powell) 국무장관과 의견을 조율하였다. 그러한 결과 북한이 핵문제 해결을 위한 다자회담을 전격 수용함으로써 2003년 8월 말 뻬이징에서 남북한과 한반도 주변 4강대국인 미국, 중국, 일본, 러시아가 참여하는 제1차 6자회담이 개최되었다. 그 후에도 북핵문제를 평화적으로 해결하기 위한 6자회담이 여러 차례 개최되었으나, 2006년 10월에 북한이 전격적으로 핵실험을 단행함으로써 중대 국면에 직면하게 되었다.

한편 2007년 2월에 개최된 6자회담에서는 '북핵 불능화'와 '북핵 프로그램의 연내 신고'를 골자로 한 '2·13 합의문'이 채택되었으나, 북한이 끝내 연내 신고시한을 넘김으로써 또 다시 북·미간에 핵문제를 둘러싼 긴장이 고조되고 있다. 미국은 북한의 '핵 프로그램의 연내 신고'를 이끌어내기 위해 라이스(C. Rice) 미 국무장관이 동년 12월 초에 부시 대통령의 친서를 북한에 전달하고, 힐(C. Hill) 국무부 차관보가 평양을 방문하였지만, 이러한 미국의 기대는 결국 무산되고 말았다.

이에 따라 미국 내에서는 북한의 불성실한 태도를 비난하는 목소리가 높아지고 있다. 특히, 미국 공화당은 북한이 완벽한 핵 프로그램 신고를 하지 않을 경우 북한에 대한 테러지원국 해제와 적성국 교역법 종료조치를 취해서는 안 된다는 입장을 보이고 있다.143) 만약 북한이 지속적으로 북핵문제에 관한 미국의 요구에 제대로 응하지 않을 경우 북·미간의 갈등이 한층 고조될 것으로 보인다.

---

143) 조선일보, 2007년 12월 26일; 조선일보, 2007년 12월 27일.

2. 중국의 외교정책

(1) 중국의 외교정책 기조와 목표

전통적으로 중국은 한반도를 둘러싸고 있는 주요 강대국들 가운데서도 한반도에 대해 매우 첨예한 이해관계를 지녀온 국가로서, 현실적인 측면에서 볼 때 냉전 종식 이후 세계 유일의 초강대국인 미국과 더불어 한반도에 대해 커다란 영향력을 미치고 있다. 특히, 중국은 1991년 소련이 붕괴된 이후 공산주의 강대국으로서 북한에 대한 후견자역할을 지속하는 등 여전히 북한에 대해 커다란 정치·경제·군사적 영향력을 지니고 있다.

그러나 1992년 한국과 중국 간에 외교관계가 수립된 이후 중국과 북한은 과거에 비해 다소 소원하고도 냉각된 관계를 보이게 되었다. 특히, 북한은 1994년에 김일성이 사망한 이후 그의 아들 김정일이 권력을 세습하였지만, 극심한 식량난과 경제난 등으로 인해 체제의 불안정이 가속화되어 왔다.

중국은 냉전 종식 이후 동북아 국제질서가 유럽지역 등에 비해 상대적으로 안정을 유지하고 있지만, 다른 한편으로는 남북한 간의 긴장과 대립이 고조되고 있는 등 여전히 냉전의 잔재가 지속되고 있고, 영토문제가 미해결상태에 있으며, 또한 역내국가들 간에 국익 증대와 영향력 확대를 위한 치열한 경쟁으로 말미암아 긴장과 갈등을 보이는 측면도 있다고 인식하고 있다. 따라서 중국은 동북아시아에서 강대국 간의 대규모 분쟁가능성은 감소되고 있으나, 한반도 등에서의 국지적인 분쟁의 가능성은 여전히 존재하고 있다고 판단하고 있다.144)

이러한 국제정세 인식에 입각하여 중국은 외교정책 기조와 목표를 다음과 같이 설정하여 적극적으로 추진해 오고 있다.

---

144) 萬光, “九十年代亞太格局的演變,” 『瞭望』, 1992年 第44期(1992年 11月 2日), pp. 41-42.

첫째, 현재 '4개 현대화계획'을 최우선 국가목표로 설정하고 있는 중국은 국내 경제발전을 위해 평화적이고 안정적인 국제환경을 조성하고자 하고 있다. 개혁·개방정책을 성공적으로 추진하기 위해서는 국내정세의 안정뿐만 아니라 국제환경의 안정이 필수적이라고 인식하고 있는 중국은 주변 국가들과의 선린우호관계를 강화하기 위해 노력하고 있다. 이와 관련하여 중국은 이미 러시아 등 독립국가연합(CIS)과의 관계를 정상화하였고, 일본과도 상호 방문외교를 통해 정치·경제적 협력관계를 강화하였으며, 과거 갈등관계에 놓여있던 인도 및 베트남과도 국교를 정상화하였다. 1992년 8월 중국이 북한의 반대를 무릅쓰고 한국과 국교를 정상화한 것도 주변국과의 선린우호관계 강화를 통해 평화적인 대외환경을 조성하려는 정책기조 하에서 내려진 결정이었다.

둘째, 중국은 냉전 종식 이후 자국 중심의 신국제질서 수립을 바라고 있으며, 특히 동북아지역에서 강대국으로서의 지위와 영향력을 확대해 나가고자 노력하고 있다. 현재 중국이 적극적으로 추진하고 있는 개혁·개방정책의 궁극적인 목표는 경제력 등 신장된 국력을 바탕으로 군사력을 증강하여 남사군도와 조어도 등에 대한 영유권을 확보하고, 홍콩과 대만에 대한 주권을 회복하며, 역내문제에 대한 발언권을 강화하는 것이다. 이와 관련하여 중국은 북한 핵문제 등 지역문제 해결과정에 적극 참여함으로써 동북아지역에서 영향력을 강화하고자 하고 있다.

중국은 개혁·개방정책을 적극적으로 추진하기 시작한 이래 기본적으로 '정치반우(政治反右)·경제반좌(經濟反左) 노선'에 입각하여 외교정책을 추진하고 있다. 이는 곧 중국이 경제적으로는 4개 현대화계획을 최우선목표로 삼고 있기 때문에 '중국특색적 사회주의'라고 하는 특유의 사회주의 시장경제체제를 지향하고 있지만, 정치적으로는 공산주의체제를 고수하고 있다는 것을 의미한다.

특히, 중국은 탈냉전시대에 있어서 '신국제정치경제질서'의 확립을 주요 외교정책 목표로 추구하고 있는데, 이러한 정책목표는 냉전 종식 이후 미국이 주도하는 '신세계질서(New World Order)'에 대한 대응으로 나타나게 되었다. 중국은 부시

전 미국 대통령이 선포한 '신세계질서'에 대해 상당한 경계반응을 나타냈으며, 이는 전 세계에 걸쳐 미국의 패권을 확대시키기 위한 계략이라고 주장하였다. 사실상 중국은 미국이 주도하는 단극적인 국제정치체제의 형성을 바라고 있지 않으며, 더욱이 미국이 냉전 종식 이후 군사력의 우위를 바탕으로 미국의 가치체계와 정치·경제제도를 전 세계로 확대시키고자 하는 것에 대해서도 반대해 왔다.

이와 관련하여 중국의 장쩌민 국가주석은 1992년 10월에 개최된 중국공산당 제14차 전국대표대회(14全大會)에서 행한 정치보고를 통해 '신국제정치경제질서'에 대한 입장을 다음과 같이 천명하였다.

첫째, 세계 각국은 '평화공존 5원칙'의 기초 위에서 평화적이고 공정하며 합리적인 신국제질서를 수립해야 한다.

둘째, 신국제질서는 평등호혜의 신국제경제질서의 수립을 포함해야 한다.

셋째, 세계 각국은 저마다 처해 있는 상황이 다르므로 자국의 상황에 부합되는 사회제도와 발전의 길을 선택할 권한이 있다. 다시 말해서, 각국은 다른 국가의 제도를 모방할 필요도 없고, 또한 강요받아서도 안 된다.

넷째, 세계 각국은 대소나 강약, 빈부에 관계없이 모두 마땅히 국제사회의 평등한 성원으로 국제문제에 관여해야 한다. 다시 말해서, 중국은 국제문제를 미국이 독점적으로 처리하는 것에 반대한다는 것이다.

이처럼 중국은 1990년대에 들어와 과거 냉전시대처럼 이념과 체제에 구애받지 않고, 철저히 자국의 실리를 중심으로 한 실용주의적이고도 현실주의적인 외교정책을 추구하고 있다.[145]

탈냉전시대에 들어와서 중국은 자국의 진로를 더욱 분명히 하고 있다. 중국은 국가의 총체적인 역량을 의미하는 소위 '종합국력'의 증강을 통한 국가의 부강, 민족의 번영과 이를 위한 경제력, 국방력, 민족적 응집력 강화의 필요성을 강조해 왔다. 또한 그러한 전략적 목표 실현을 위한 하나의 방편으로 외교정책 방향을 기존의 피

---

145) 소치형·박치정·강석찬(공저), 앞의 책, pp. 68-69.

동적·수세적 입장에서 보다 적극적·공세적 입장으로 전환하고 있다. 이는 종합국력의 증강을 대내적인 차원에 국한시키지 않고, 대외적인 차원의 영향력 확대와 이를 통한 국제사회에서의 주도적인 지위 확보와 연계시키고자 하는 것이다.

이처럼 중국은 21세기를 자국의 시대로 이끌려는 야심찬 계획을 갖고 있으며, 20세기와는 달리 자신들에게 이를 실현할 수 있는 능력과 기회가 주어지고 있음을 조심스럽게 낙관하는 것으로 보인다. 이와 함께 중화민족의 부흥과 민족정신의 배양을 도모하고, 이를 바탕으로 신국제질서의 주역이 되어야 한다는 점을 강조하고 있다.

한편 중국은 세계의 많은 국가들이 평화와 발전을 피할 수 없는 시대적 조류라고 외치면서도 이를 제대로 실현하지 못하는 상황이 지속되고 있는데, 그 근본 원인이 첫째로는 과도기적인 국제질서 때문이고, 둘째로는 냉전적 사고의 잔재에서 벗어나지 못한 일부 국가의 패권주의와 강권정치 때문이라고 주장한다. 중국은 이를 극복하기 위한 방안으로 국제질서의 다극화와 국가의 대소, 강약, 이념과 체제의 차이를 불문하고 평화공존하는 소위 '구동존이(求同存異)'를 강조한다.

중국은 동북아지역이 기본적으로 기존의 국제질서와 새로운 국제질서가 병존하는 과도기적 상황에 처해 있다는 인식을 하고 있다. 따라서 중국은 역내 국가들의 교류·협력 증진을 통해 과도기적 상황을 종결하고, 공정하고 합리적인 동북아 신국제질서를 확립해야 한다는 점을 강조하고 있다. 이와 관련하여 중국은 자국의 정치·경제·안보상의 이익을 극대화할 수 있는 동북아 신국제질서의 확립, 한반도의 평화와 안정 유지, 전 세계를 대상으로 한 전방위(全方位) 외교 추진의 거점 확보 등을 동북아정책 목표로 설정하고 있다.

최근 중국의 이러한 대외인식과 전략은 동북아정책 전반에 투영되고 있다. 냉전 종식 이후 복잡해진 동북아지역 정세에서 중국이 북한에 대한 정책기조로 선택할 수 있는 것은 북한을 폐쇄된 국가나 예측이 불가능한 문제국가 그리고 동북아지역의 불안정요인으로 남겨두기보다는 자국의 영향력 하에서 국제사회의 일원으로 참여하도록 충고하며, 동북아시아의 안정과 이익을 확보할 수 있는 확실한 우방으로 양국관계를 유지하려는 데 있다. 이를 위해 중국은 김정일체제에 대한 전폭적인 지지, 식량 및 에너지 지원, 혈맹관계 강조, 한반도문제에 대한 외세 배제 및 당사자 해결원칙 강조, 한반도의 비핵화, 한·미·일 공조체제와 국제기구를 통해 북한을 고립시키는 것에 반대하고 있다. 또한 중국은 북한이 주요 외교정책 목표로 삼고 있는 대미·일 관계개선의 중재자로 자임하고 있다. 따라서 중국은 앞으로도 경제력을 바탕으로 전방위 외교에 적극적으로 나서는 한편, 한국과도 경제적인 교류와 협력은 물론 정치와 군사협력의 범위를 확대시키고자 노력할 것으로 보인다.

결국 중국은 외교정책의 국익우선 원칙에 따라 한반도의 분단상황을 이용하여 실익을 최대한 높이는 방법을 택할 것으로 예상된다. 즉, 중국은 북한에 대해서는 정치적 명분을 강조하고, 한국에 대해서는 경제적 실익을 동시에 추구하여 자국의 이익에 기여하는 정책을 지속적으로 추구할 것으로 보인다. 중국이 추진하는 동북아정책 중 하나인 한반도의 평화와 안정의 유지는 중국의 동북아정책 전반에 영향을 미치는 핵심적인 부분이다. 한반도의 평화와 안정이 이루어지지 않고서는 중국이 의도하는 방향의 동북아 신국제질서의 수립이 불가능하며, 결과적으로 동북아에서의 영향력 확대를 통한 세계적 차원의 전방위 외교 추진이 불가능하다. 따라서 중국은 한반도의 평화와 안정을 동북아정책 성패의 관건으로 인식하고 있다. 이처럼 동북아 국제질서의 재편, 한반도의 평화와 안정의 유지는 중국의 동북아정책의 핵심이 되고 있다. 중국은 이를 통해 궁극적으로 동북아시아에서 자국의 정치·경제·군사적 영향력을 극대화할 수 있는 기반을 확보하고, 더 나아가 세계를 겨냥한 전방위 외교 추진의 거점을 확보하고자 하고 있다.

(2) 중국의 대한반도정책

중국의 대한반도정책에서 나타나는 기본 전제는 중국의 전통적 국제질서관 속에서의 순치관계에 기인한다. 중국은 전통적으로 한반도가 중국에 대해 우호적인 인접국가로 존재하기를 희망해 왔다. 즉, 중국은 비우호국 또는 적대국에 의해서 한반도가 장악되는 것에 대해 적극 반대한다는 입장을 견지해 왔다. 이에 따라 마오쩌뚱이 통치하던 시절에는 친북 일변도정책을 일관해서 주장했으며, 북한의 대남정책 핵심인 이념적 혁명관에 절대적인 지지를 보였다. 한편 덩샤오핑체제 하에서는 실용주의적 정책노선을 추구하는 과정에서 한반도의 긴장완화와 현상유지를 선호하여 한국을 중국의 4개 현대화계획 달성에 필요한 주요 협력자로 간주해 왔다.

1993년 2월 당시 리펑(李鵬) 총리는 중국 외교부의 한 회의석상에서 남북한에 대한 중국의 기본 입장을 다음과 같이 천명하였다.[146]

첫째, 중국은 더 이상 북한과 새로운 정치·군사적 관계를 확대하지 않을 것이며, 이와 관련한 비밀접촉 등 어떠한 사항도 승인하지 않는다.

둘째, 중국은 남북한 간의 이념적 차이로 인한 긴장관계의 조성을 바라지 않는다.

셋째, 중국은 한반도의 비핵화를 지지하며, 이 지역에서의 핵무기 개발과 외국의 핵무기 비축에 반대한다.

넷째, 중국은 남북대화와 남북한의 평화통일을 위한 협상을 지지한다.

다섯째, 중국은 북한에 최신 군사장비를 제공하지 않을 것이며, 동시에 제3국이 한국에 최신 군사장비를 제공하는 것에 대해서도 반대한다.

여섯째, 중국과 한국 간의 수교 및 관계발전은 동북아시아의 평화와 안정에 부합되며, 이것은 중국의 기본적인 외교정책의 하나이다.

일곱째, 중국은 현 단계에서 남한이 북한에 대해 전쟁을 일으킬 가능성이 있다고 생각하지 않으며, 그러한 조건을 구비하고 있지 않은 것으로 판단한다.

여덟째, 중국은 북한과 오랫동안 유지해 온 선린우호관계가 지속되기를 희망한다. 그러나 최근 북한은 중·북 양국 정부 및 인민의 관계를 파괴하고 있다. 따라서 중국은 북한이 양국관계를 악화시키는 일체의 행위를 자제하고 중지하기를 바

---

146) 孟琳, "中國對南北韓的政策立場,"『鏡報』, 1993年 3月, p. 51.

라며, 양국관계가 악화되지 않기를 희망한다.

이러한 남북한에 대한 중국의 입장은 중국이 북한과의 관계를 더욱 긴밀하게 강화하지도 않을 것이고, 또한 소원한 관계도 아닌 객관적 관계를 유지해 나갈 것임을 표명함과 아울러, 한·중 양국이 이미 국교를 정상화하였기 때문에 이전의 관계보다 한층 더 발전시켜 나갈 것임을 시사한 것이다.

이러한 중국의 한반도에 대한 입장은 1995년 3월에 개최된 제8기 전인대(全人大) 제4차 회의에서 리펑 총리가 발표한 보고서를 통해서도 재차 강조되었다. 즉, 중국은 ① 한반도의 평화와 안정이 유지되어야 하고, ② 한반도에 핵무기가 존재하지 않아야 하며, ③ 남북한이 화해와 협력을 해야 하고, ④ 언젠가는 한반도가 평화적으로 통일이 되어야 하며, ⑤ 남북한이 각각 중국과 교류하고 협력해야 한다는 것이다.147) 이런 점에서 볼 때, 중국은 자국이 지속적인 사회주의 시장경제체제를 발전시켜 나가는 데 필요한 환경조건으로 한반도가 '평화지대(peace zone)'가 되어야 한다고 보고 있다.

중국의 대한반도정책도 기본적으로는 상기한 외교정책 입장에 입각해서 추진되고 있는데, 그러한 정책의 기조 및 목표를 구체적으로 살펴보면 다음과 같다.

첫째, 중국은 철저한 정경분리원칙에 입각하여 남북한에 대해 등거리정책을 추진하고 있다. 즉, 중국은 한국과는 교역 증대와 자본 및 기술 제공 등과 같은 경제교류와 협력에 중점을 두고 있는 반면에, 북한과는 기존의 정치·군사적인 우호동맹 관계를 지속하고자 하고 있다. 예를 들어, 1993년 5월 당시 중국의 첸치천(錢其琛) 외교부장은 한국을 방문하여 북한 핵문제의 해결과 한·중간의 경제협력을 촉진시키기 위해 양국이 공동노력하기로 합의하였다. 그러나 동년 7월 중국의 국방부장은 북한을 방문하여 중국이 과거 한국전쟁에 참전하여 항미원조(抗美援朝)한 사실을 기념하였다.

---

147) 이에 대해서는 宋賓賢, "신동북아질서 하에서 중·북관계 전망," 국제학술회의 발표 논문(민족통일연구원, 1996년 5월 17일)을 참고하기 바람.

둘째, 중국은 한반도 통일은 남북한 당사자 간의 대화로써 해결할 것을 강조하고 있다. 1994년 중국의 리펑 총리는 김영삼 대통령과의 회담을 통해 남북대화의 조속한 재개에 인식을 같이 했으며, '한반도문제의 당사자 해결원칙'에 입각해 남북관계가 개선되기를 희망한다는 점을 분명히 밝힌 바 있다. 또한 장쩌민 국가주석도 1995년 11월 한국방문시 국회 연설을 통해 "중국은 남북한 쌍방이 접촉과 대화를 통하여 신뢰를 점차적으로 증진하고, 관계를 개선하여 나중에는 민족의 화해와 나라의 자주적 평화통일을 이룩할 것을 희망한다"[148]고 밝혔다.

특히, 중국은 북한의 갑작스런 붕괴나 과거 독일의 통일과정과 같이 북한이 남한에 흡수통일되는 것을 바라지 않고 있다. 왜냐하면 북한의 급속한 붕괴로 인해 사회주의노선을 추구해온 북한이 자본주의체제 하의 남한에 흡수통일된다면 이는 전략적으로 중국의 국익에 도움이 되지 않을 뿐만 아니라 중국의 안보에도 매우 부정적인 영향을 미칠 것으로 간주하기 때문이다. 더욱이 중국은 남한에 의한 흡수통일이 북한이라는 완충지대를 제거하게 됨으로써 궁극적으로 한반도 전체가 미국이나 일본의 세력권에 포함되는 것을 상당히 우려하고 있다.

이런 점에서 중국은 사실상 한반도 통일의 실현보다는 한반도의 현상유지를 바라는 경향이 짙다고 하겠다. 중국은 공식적으로 한반도 통일에 대해 어떤 구체적인 언급을 한 바는 없지만, 평화적 진전에 의한 통일도 북한이 붕괴되어 남한에 흡수될 수 있다는 인식 하에 바라지 않고 있다.[149]

셋째, 중국은 당면 최대 국가목표인 경제발전, 즉 4개 현대화계획의 효율적이고도 순조로운 달성을 위해 무엇보다도 한반도를 비롯한 주변지역의 평화와 안정을 바라고 있다. 장쩌민과 후진타오 등 중국의 역대 최고위층 인사들은 덩샤오핑 사후에도 경제발전과 이를 위한 개혁·개방정책을 지속적으로 추진해 나갈 것을 여러 차례 언급해 왔고, 또한 현재 중국의 경제발전추세를 살펴볼 때에도 이러한 정책의

---

148) 중앙일보, 1995년 11월 15일.
149) 장공자, "남북한 관계개선을 위한 중국의 역할," 제2차 한·중국제학술회의 발표논문 (서울: 한양대중소연구소, 1995. 9), p. 24.

지속적인 추진이 불가피할 것으로 보이기 때문에 한반도의 평화와 안정을 유지하고자 하고 있다.

이상의 여러 가지 사항들을 종합해 볼 때, 중국의 현실적인 한반도정책은 '결(結)북한 친(親)남한정책'이라고 할 수 있다. 즉, 중국은 자국의 안보와 주변 국제환경의 안정을 위해 정치·군사적으로는 북한을 이용하고 있고, 4개 현대화계획의 조속한 달성을 위해 경제적으로는 남한을 이용하고 있다.[150] 그러나 중국은 한국이 주요 경제파트너로서 현재와 같은 교류·협력관계 이상의 경쟁상대가 되는 것은 원치 않고 있으며, 궁극적으로 한반도는 중국의 4개 현대화계획이 달성된 후 중국 세력권에 포함되어 자국의 영향력 하에 놓이게 되기를 바라고 있다. 비록 중국은 공식적으로는 한반도의 평화통일을 지지하고 있지만, 통일한국이 미국, 일본, 러시아 등 주변 강대국들에게 기울어져 중국의 대항세력이 되는 것에 대해서는 철저히 경계하려는 태도를 보이고 있다. 특히, 중국은 한반도가 미국 단독이나 미·일의 공동지배에 들어가는 것을 바라지 않고 있으며, 또한 한반도의 분단상태가 불안정해져 일방이 타방을 흡수하는 상황으로 전개되는 것을 바라지 않고 있다.[151] 왜냐하면 만약 한반도에서 중국이 기대하는 것과는 다른 상황이 벌어질 경우, 중국은 결국 한반도에 대한 영향력을 상실하게 될 뿐만 아니라 중국의 안보에도 부정적인 영향이 미칠 것으로 판단하고 있기 때문이다.

이와 같은 중국의 대한반도정책을 바탕으로 중국과 남북한 간의 관계를 구체적으로 살펴보기로 한다. 먼저 1970년대 이후 한·중 양국의 접촉사례는 다음과 같다. 한국과 중국은 1973년에 대륙붕 개발 협상과 도서 및 서신의 교환을 시작하였고, 1976년에는 간접무역을 개시했으며, 1981년에는 외교관의 접촉을 허용하였다. 그 후 1983년 5월 중국 민항기 피랍사건을 둘러싸고 양국은 '대한민국'과 '중화인

---

150) 박치정, "한·중수교 이후 중국의 대한반도정책," 『中國硏究』, 제14집(1995. 12), pp. 13-16.

151) 황병무, "중국시각에서 본 북한 핵문제와 안보리 진출문제," 『외교』, 제27호(1993년 9월), p. 48.

민공화국'이라는 정식 국명 호칭 사용을 양해했으며, 1984년 3월에는 중국 정부가 중국거주 한인들의 모국 방문 및 한국인의 중국 입국을 허용하였다. 1985년 3월과 8월에는 중국해군 어뢰정 사건과 경폭격기 망명사건이 발생하였고, 1986년 아시안 게임을 전후하여 양국 간의 체육·문화교류가 증가하기 시작하였다. 또한 1988년 서울 올림픽게임에 중국이 대규모의 선수단을 파견하였고, 1992년 8월에는 드디어 한·중수교가 이루어졌다.

한·중수교가 이루어진 이래 양국 간의 인적 왕래가 급속히 늘어났을 뿐만 아니라 경제교류도 급성장을 이루었으며, 정치·군사분야의 교류도 점차 활발해지고 있다. 우선 한국의 대중국 무역규모는 1992년에는 64억 달러에 불과했으나, 2006년에는 1,181억 달러로 18배나 증가하였다. 1992~2006년간 한국의 대중국 수출은 27억 달러에서 695억 달러로 26배 증가하였고, 총수출에서 중국이 차지하는 비중도 3.5%에서 21.3%로 상승하는 등 중국은 한국의 최대 수출대상국으로 부상하였다. 또한 중국으로부터의 수입도 37억 달러에서 486억 달러로 13배 증가하여 중국은 일본에 이어 한국의 제2위 수입국으로 부상하였다.[152]

[표 7-1] 한국의 대중국 무역규모 추이

(단위: 억 달러)

구 분	1992	2001	2002	2003	2004	2005	2006
대중국 무역규모	64	315	412	570	794	1,005	1,181
대중국 수출	27	182	238	351	498	619	695
대중국 수입	37	133	174	219	296	386	486

* 자료: 무역협회 KOTIS DB.

한편 한·중 군사관계와 북한 핵문제에 대한 중국의 입장을 살펴보면 다음과 같

---

152) 정상은 외 5인, "수교 15주년을 맞이한 한·중 경제관계의 회고와 전망," CEO Information, 삼성경제연구소, 제618호(2007. 8. 22), p. 4.

다. 북한과의 관계를 고려한 중국의 소극적인 입장으로 계속 지지부진하던 군사분야의 교류는 1990년대 후반 들어 물꼬가 트여 1998년 8월 중국의 고위 군사대표단이 방한하였고, 1999년 8월 조성태 국방부 장관의 중국 공식방문과 2000년 1월 츠하오티엔(遲浩田) 중국 국방부장의 방한으로 새로운 전기를 마련하였다. 이는 중국이 1961년에 체결한 '중·조 우호협력 및 상호원조조약'에 따라 북한과는 적어도 군사적으로 밀접한 관계를 맺고 있는 상황에서, 상당한 부담을 감수하고 한국과의 군사교류를 하겠다는 의지를 보여준 것이라고 할 수 있다. 이는 한·중 교류의 추세를 살펴볼 때 과거보다 한국의 중요성이 북한에 비해 상대적으로 커지고 있고, 특히 한반도 평화와 안정 유지에 대한 중국의 필요성 증대에 기인한 것이다. 즉, 중국의 경제발전 및 외교정책에서 한국이 차지하는 비중이 크게 증가한 반면, 북·중관계는 냉전시대의 사회주의적 동질성에 기초한 특수하고 지원적인 관계에서 탈냉전시대에는 국가 실익에 기초한 보편적이고 호혜적인 관계로 전환되고 있음을 의미하는 것이다.

중국은 북핵문제와 관련해서 자국의 입장을 여러 차례 강조한 바 있는데, 이 문제에 대한 중국의 기본적인 입장은 한반도의 평화와 안정 유지, 한반도의 비핵화, 대화를 통한 평화적 해결이다. 이를 구체적으로 살펴보면 다음과 같다.

첫 번째는 한반도 평화와 안정의 유지이다. 중국은 최근의 북핵문제가 1990년대 초반에 비해 북한의 핵개발 진척상황이나 핵문제 전반에 대한 북한의 공세적 태도 그리고 이에 대한 미국 부시 행정부의 부정적인 인식과 대응의 강도측면에서 위기를 초래할 가능성이 매우 높다고 판단하고 있다. 특히, 중국은 2006년 10월 북한의 핵실험 단행 이후 국제사회에서 초미의 관심사가 되고 있는 북핵문제를 과거에 비해 훨씬 심각하게 받아들이고 있다. 또한 기정사실화되고 있는 북한의 핵 보유가 향후 북한의 체제 안전, 한반도 정세 및 일본·대만 등을 포함한 주변 국가들의 대응 그리고 그러한 상황이 자국의 정치·안보상황은 물론 21세기 경제발전전략에 미치게 될 부정적인 영향 등에 관해 구체적으로 검토하기 시작하였다.

　중국은 북한의 핵개발 강행과 미국의 강경대응 그리고 이로 인한 한반도 및 동북아정세의 긴장은 자국에 결코 이롭지 않다고 판단하고 있다. 따라서 중국은 보다 적극적인 개입을 통해 북핵문제를 해결하고, 더 나아가 현 정전체제의 평화체제로의 전환을 통해 한반도의 평화와 안정을 유지해야 한다고 보고 있다. 이러한 중국의 입장은 그 동안 북핵문제를 평화롭게 해결하기 위해 개최되고 있는 6자회담을 통해서도 분명히 드러나고 있다. 예를 들어, 2003년 8월 뻬이징에서 열린 6자회담에서 중국의 수석대표인 왕이(王毅) 외교부 부부장은 개막 연설을 통해 "6자회담이 북핵문제의 평화적 해결은 물론, 평화체제 실현을 통한 한반도의 평화와 안정을 구축하는 계기가 되어야 한다"는 점을 강조하였다.

　두 번째는 한반도의 비핵화이다. 한반도 비핵화는 한반도 평화와 안정 유지와 함께 북핵문제와 관련하여 중국이 주장해 온 주요 원칙이다. 또한 '한반도 비핵화원칙'은 비단 북핵문제에만 국한되는 것이 아니라, 한반도 전체가 '무핵지구화(無核地區化)'되어야 한다는 점을 강조한 것이다. 이러한 중국의 주장에는 북핵문제 해결과 함께 한국의 핵무기 개발 혹은 배치 가능성을 억제함으로써 북한의 체제 안보 우려를 해소하는 동시에, 자국의 정치·안보와 직결된 접경지역이 핵무장되는 것을 근원적으로 방지하고자 하는 전략적 의도가 내포되어 있다. 실제로 중국의 군부를 비롯한 고위층 인사들은 만약 북한이 핵무기를 보유할 경우에 중국은 세계에서 유일하게 러시아, 인도, 파키스탄, 북한 등 핵무기를 보유한 4개국과 국경을 접하게 된다는 심각한 우려를 제기하고 있다.

　한반도의 비핵화 필요성에 대한 중국의 주장은 이미 1992년 1월 남북한이 '한반도의 비핵화에 관한 공동선언'을 비준한 직후 본격적으로 제기되었다. 즉, 중국은 남북한 모두의 핵보유에 반대하고 한반도 비핵화를 견지한다는 입장을 표명하였고, 남북한의 비핵화 공동선언을 한반도 안보상황에 매우 고무적인 변화로 인식하였다. 이러한 입장에 근거하여 중국은 1993년 이후 부각된 북핵문제에 대해서 시종일관 한반도 비핵화의 중요성을 강조해 왔다. 따라서 중국이 제기하는 한반도 비핵화는 핵문제 전반에 대한 중국의 입장이 반영된 것이라기보다는 철저히 자신들의 안보적 이해에 대한 전략적 판단에 기인한 것이다. 한반도의 평화와 안정이라는 원칙이 단순히 북핵문제의 해결만이 아닌 한반도의 근본적인 평화체제 구축을 목표로 하는 것처럼, 중국이 주장하는 '한반도 비핵화원칙' 역시 북한의 핵개발 저지에 국한되기보다는 미국, 한국, 일본 등을 의식한 한반도 및 동북아 전역의 비핵화를 염두에 두고 있다.

세 번째는 대화를 통한 평화적 해결이다. 이와 관련하여 중국은 다음 몇 가지 기본 입장을 견지하고 있다. 첫째, 북핵문제의 당사자는 미국과 북한이기 때문에 문제해결의 핵심은 북·미간의 직접대화를 통해 쌍방의 인식차이를 좁히는 것이다. 이러한 방식이 가장 바람직하긴 하지만, 그 가능성이 크지 않다는 점에서 다자대화의 틀 속에서 양자대화를 유도하는 방식을 추구하고 있다.

둘째, 북한의 핵개발과 보유에 반대하고, 한반도의 비핵화를 지지하며, 동북아를 비롯해 전 아시아의 평화와 안정을 유지하는 것이다. 이는 북한의 핵개발과 보유뿐만 아니라 한국의 핵개발 및 미국 전술핵무기의 재배치 역시 반대한다는 의미이며, 나아가서는 동북아와 전 아시아지역에서의 핵확산에 반대한다는 것이다. 북한이 핵개발을 계속하고 핵무기 보유의 가능성이 커질 경우에 동북아시아에서 '핵개발 도미노현상'이 발생할 것이며, 이는 동북아지역의 평화와 안정에 매우 부정적인 영향을 미칠 것이라고 우려하고 있다.

셋째, 북한의 안보불안을 해소해 주어야 한다는 것이다. 중국은 탈냉전시대에도 불구하고 한반도에서는 여전히 냉전의 잔재가 청산되지 않고 있고, 미국의 북한에 대한 적대정책은 변하지 않고 있으며, 북한이 항상 미국의 군사적 위협을 받고 있다는 북한의 주장에 동조하고 있다. 더구나 중국은 부시 대통령의 '악의 축' 발언과 미국의 이라크 전쟁 감행이 이러한 북한의 안보불안을 더욱 고조시키고 있다고 보고 있다. 외부적인 충격으로 인한 북한체제의 붕괴는 중국의 전략적 완충지대의 상실이라는 결과를 가져올 것이며, 최소한 북한의 안보불안이 야기할 체제 내부의 혼란과 불안은 대량난민을 발생케 하여 북·중 국경지역과 만주지역을 혼란에 빠트리게 만들 것이다. 부시 행정부 출범 이후 미국은 북한을 군사적으로 위협하거나 침략할 의사가 없으며, 또한 북한체제를 전복시키고자 하는 의도도 없다고 주장해 왔으나, 미국은 이를 어떤 방법으로든 북한에게 확신시켜줘야 하며, 북한도 적당한 선에서 이를 받아들여야 한다는 것이다.

넷째, 모든 문제는 대화를 통한 평화적 방법으로 해결되어야 한다는 것이다. 특히, 중국은 북한의 입장을 약화시키지 않는 범위 내에서 대화를 통해 핵문제가 평화적으로 해결되어야 하며, 당근과 채찍을 병행해야 한다는 미국 등 국제사회의 강경세력들을 설득해야 한다고 보고 있다. 사실상 중국은 북한이 미국의 군사적 위협을 받고 있다고 인식하고 있으며, 북한은 '선군(先軍) 정책'을 통해 군사력 증강과 핵무기 개발로 미국에 대응하고 있다. 그러나 북한은 계속되는 경제난과 에너지 및 식량 부족으로 인해 개방과 원조를 필요로 하고 있기 때문에 미국과의 협상을 하지 않을 수 없는 입장에 놓여 있다고 판단하고 있다.

한편 최근에 들어와서 한·중 양국의 주요 현안으로는 다음과 같은 사항들이 지적되고 있다.

첫 번째의 현안으로는 중국이 고구려사를 중국의 고대사에 편입시키려고 하는 등 역사왜곡이 본격적으로 진행되고 있다는 점이다. 중국은 이미 발해사를 자국의 역사로 편입시켰고, 이번에는 고구려사를 대상으로 하고 있다. 또한 고조선과 기자조선에 관한 연구도 수행 중이다. 중국은 이미 지난 1995년부터 고구려사를 중국사에 편입시키기 위한 이른바 '동북공정'을 본격화했는데, '동북공정(東北工程)'이라는 용어는 2002년 2월부터 공식 사용되기 시작하였다. 중국 정부 산하의 연구기관인 중국사회과학원은 1983년 '중국변강사지연구중심(中國邊疆史地研究中心, 약칭 변강중심)'이란 연구소를 만들었다. '변강(邊疆)'이란 변경(邊境)이란 뜻으로, 육지의 국경선과 바다의 국경선을 모두 일컫는 말이고, 사지(史地)는 역사와 지리를 의미하는 것이다. 중국이 이 연구소를 발족한 목적은 "중국변경사지 연구의 우수한 유산과 중화민족의 애국주의 전통을 계승하고, 본 조직과 전국 변강사지 영역의 학술연구를 본격화하며, 국가통일을 유지·보전하고 변경지역의 안정과 발전을 이루기 위해서"라고 명시하고 있다. 간단히 말해서, 중국의 영토를 지키고 국경지역의 안정을 도모하기 위한 것이다. 변강중심은 2002년 2월 연구소 내에 5개년(2002~2006) 연구프로젝트를 발족시켰는데, 이것을 줄여서 '동북공정'이라 부른다.

동북공정의 주요 연구내용은 고대 중국변강이론 연구, 동북지방사와 동북민족사 연구, 중국·북한관계사 연구, 중국 동북변강과 극동 러시아지구의 정치·경제관계사 연구, 한반도 정세 변화와 그것이 중국 동북변강 안정에 미치는 영향연구 등이다. 중국은 이 연구가 전략적으로 매우 중요하다고 하면서 일부 국가의 연구기관과 학자들이 역사를 왜곡하는가 하면, 그들 국가의 일부 정치인들이 정치적 목적에서 공개적으로 각종 황당무계한 논리를 선전하고 혼란을 조성한다고 지적함으로써 연구목적이 한국을 겨냥하고 있음을 숨기지 않고 있다.

그런데 고구려사가 중점적인 연구대상이 된 이유는 고구려가 한·중 양국 간에 가장 논란거리가 되고 있는 중요한 역사라고 판단했기 때문인 듯하다. 그런데 특정 시대에 존재했던 국가의 역사 귀속권을 바꾸는 일은 정치권력으로 쉽게 할 수 없는 일이며, 거기에는 확실한 학문적 성과가 뒷받침되어야 한다. 그러나 중국의 학자들은 사실 뚜렷한 연구성과를 내놓지 못하고 있는데, 그것은 그만큼 고구려사 연구가 쉽지 않음을 반증하는 것이다. 고구려사 왜곡을 비롯한 역사왜곡은 현실을 왜곡하려는 데 목적을 두고 있다. 중국은 고구려가 중국의 지방정권이었다고 주장함으로써 고구려의 주민이 중국민의 일부였고, 고구려의 영토가 중국 영토의 일부였다고 주장한다. 따라서 현재 자신들이 차지하고 있는 만주지역이 고래로부터 중국 영토이고, 그 곳에 살고 있는 조선족도 원래부터 중국인이었다고 주장하고 있다. 더 나아가 고구려가 건국한 지역과 통치했던 영토가 중국이었으므로, 평양을 비롯한 한반도 북부도 중국의 영토였다고 주장하고 있으며, 중국과 수·당의 전쟁을 내전 또는 실지(失地) 회복전쟁이라고 규정함으로써 아직도 회복하지 못하고 있는 고구려의 옛 땅에 대한 권리를 역사적으로 주장할 명분을 축적하려 하고 있다. 그들은 역사를 왜곡함으로써 현재를 왜곡하고, 그를 바탕으로 미래의 관계를 왜곡시키려고 한다. 이것이 역사왜곡의 본질이고 의도이다.

그런데 2004년 8월 24일 우다웨이(武大偉) 중국 외교부 부부장이 방한하여 두 차례의 외교차관 회담을 가진 후, 한국과 중국 정부는 고구려사 해결을 위한 5개항을 '구두양해'로 매듭지었다고 발표했는데, 그 내용은 다음과 같다.153)

첫째, 양국 정부는 고구려사문제가 양국 간 중대 현안으로 대두된 데 유념한다.

둘째, 양국 정부는 역사문제로 인해 양국 간 우호협력관계가 손상되는 것을 방지하며, 양국관계를 전면적인 협력동반자관계로 발전시키기 위해 노력한다.

셋째, 양국 정부는 고구려사문제의 공정한 해결을 도모하고, 그에 필요한 조치를 취함으로써 이 문제가 정치문제로 발전하는 것을 방지한다.

넷째, 중국은 중앙 및 지방정부 차원에서의 고구려사 관련 기술에 대한 한국측의 관심에 이해를 표명하고, 이에 필요한 조치를 취해 나감으로써 문제가 복잡해지는 것을 방지한다.

다섯째, 양국 정부는 학술교류의 조속한 개최를 통해 고구려사문제를 해결해 나간다.

이 밖에도 중국 정부는 중·고교 역사교과서 개정과정에서 고구려사 왜곡내용을 싣지 않고, 중앙과 지방을 불문하고 정부차원에서 왜곡시도를 하지 않겠다는 뜻을 한국 정부에 밝혔다.

그러나 중국 정부가 주관해서 발행하는 월간지 『중외문화교류』 2004년 9월호에서는 "고구려는 중국 동북지방에서 생활했던 고대 소수민족 정권"이라고 하여 지금까지의 주장을 되풀이하였다. 이는 한국과 중국 정부가 고구려사 해결을 위한 5개항을 '구두양해'로 매듭지었다고 발표한 지 불과 20여일 만이다. 고구려사문제로 한·중관계가 손상되는 것을 방지하기 위해 중국 정부 차원에서 필요한 조치를 취해 나가겠다고 했던 합의가 형식적이었음이 드러난 셈이다.

---

153) 소치형·박치정·강석찬(공저), 앞의 책, pp. 191-194.

두 번째의 현안으로는 한국과 중국 간의 통상마찰을 들 수 있다. 중국은 1992년 덩샤오핑의 남순강화(南巡講話)를 계기로 개방을 본격화한 이래 연평균 9.8%의 고도성장을 기록해 왔다. 특히, 2001년 세계무역기구(WTO) 가입 이후 4년만에 세계 4위의 경제대국, 세계 3위의 무역대국으로 부상하는 등 비약적인 발전을 거듭해 왔다. 보다 구체적으로 말해서, 2006년 중국의 국내총생산(GDP) 규모는 2조 7천억 달러로 미국, 일본, 독일에 이어 세계4위의 경제대국으로 자리매김하였다. 또한 대외무역도 2002년부터 5년 연속 20% 이상의 고속성장세를 보이며 세계 3위의 무역대국으로 부상하였다. 중국은 대규모 무역수지 흑자와 외국인 투자에 힘입어 2006년 외환보유고가 개별 국가로는 사상 최초로 1조 달러를 돌파하였다.[154]

21세기에 들어오면서 세계적 생산기지로서의 중국의 위상은 크게 강화되고 있다. 중국은 일부 기초산업에서 세계적 생산거점이 되었으며, 기술수준과 가공도가 높은 정보통신과 가전 등에서도 세계적 생산기지로 부상하고 있다. 현재 중국은 TV, VCD/DVD, 자동교환기, 이동전화, 모니터 등의 주요 제조국이다. 오늘날 중국경제의 성장축은 전통산업에서 IT산업을 포함한 첨단산업으로 이동하고 있으며, '9차 5개년계획(1995~2000년)' 기간 동안 중국의 IT산업은 연평균 30% 이상 성장했다. 또한 중국 내 100대 기업 중 소프트웨어, 반도체, 컴퓨터, 통신 등 전자·IT 관련 기업이 전체의 75%를 차지하고 있다. 이처럼 중국의 IT산업은 본격적인 발전을 이루고 있으며, 향후 IT산업의 성장속도는 더욱 빨라질 전망이다. 중국의 방대한 내수시장이 IT산업 성장에 유리한 조건을 제공하고 있고, 지속적인 수요 확대와 선진 기업의 진출 그리고 해외 고급 기술인력의 유입과 함께 기술의 습득 및 전파가 빠른 속도로 진행됨에 따라 이러한 산업 재편에 박차를 가하고 있는 실정이다.

이에 따라 한국의 대다수 주력산업들은 중국에 비해 경쟁력이 열세에 놓이게 되었고 약화추세가 더욱 가속될 것으로 예측된다. 한국과 중국은 모두 대외지향적 발전전략을 채택하고 있으며, 산업구조의 중첩이 심화되는 가운데 유사 분야에서 경

---

154) 정상은 외 5인, 앞의 자료, pp. 1-2.

쟁이 치열하게 전개되고 있다. 중국은 중저가분야에서 이미 한국을 추월하였고, 일부 중화학공업과 고부가가치분야는 5년 내에 한국수준에 도달할 것으로 보이며, 대부분의 주력산업에서 10년 내에 한국과 대등한 수준에 이를 전망이다. 최근 중국의 산업 경쟁력이 강화되고 외국 기업의 대중 투자가 늘어남에 따라 중국을 중심으로 하여 아시아 전체의 산업이 재편되고 있는데, 이러한 중국 산업의 고도화에 따라 한국의 주력산업이 큰 어려움에 처할 우려가 있다.

1993년부터 지속되어 온 한국의 대중 무역흑자로 인해 양국 간에는 통상마찰이 야기되고 있다. 한국은 양국 간의 무역불균형문제는 산업협력을 통해 장기적으로 해결해야 할 과제라는 입장인데 반해, 중국은 상호간 균형 있는 교류 확대를 위해 무역역조를 조속히 해결해야 한다는 입장이다.

특히, 2001년 중국의 WTO 가입 이후 한국의 대중국 수출 증가는 경쟁국을 상회하고 있다. 2002~2006년간 한국의 대중국 수출은 3.2배 증가하여 미국(2.1배), 일본(2.2배), 대만(2.3배)을 능가하였다. 그러나 2006년부터 한국의 대중국 수출증가세가 둔화되고, 무역흑자가 감소하는 등 변화의 조짐이 나타나기 시작하였다. 즉, 2003~2004년 40%를 상회했던 대중국 수출증가율이 2005년 24.4%, 2006년 12.2%로 크게 둔화되었다. 또한 2006년 대중국 무역흑자도 209억 달러로 2001년 이후 6년만에 감소세(전년 대비 -10.3%)로 전환되었다.[155]

[표 7-2] 한 · 중 · 일 3국간 무역흑자

(단위: 억 달러)

구 분	2001	2002	2003	2004	2005	2006
한국 → 중국	49	64	132	202	233	209
중국 → 일본	270	218	180	204	288	257
일본 → 한국	101	147	190	244	244	254

* 자료: 무역협회, 중국 상무부, 일본 재무성.

---

155) 위의 자료, p. 3.

중국의 수입규제 대상국 중 한국은 주된 목표대상이 되고 있다. 중국은 1997년 11월 한국산 신문용지에 대해 반덤핑조사를 개시한 이후 대한 수입 규제조치를 총 21차례나 발동하였다. 중국의 자국 산업 보호수단은 주로 관세와 비관세장벽이었으나, 세계무역기구 가입 이후 반덤핑과 세이프가드 등 WTO 규정에 부합하는 수단을 동원하고 있다. 사실상 양국의 수출입 제품은 주로 중간재와 원자재로서, 상당한 정도의 국제분업이 이루어지고 있다. 한국의 대중 수출품은 중국 내 생산에 필요한 중간재와 부품이 다수를 이루고 있고, 전자부품이 수출입 품목의 상위에 랭크되어 있다.

21세기의 한·중관계는 양국은 물론 동북아시아, 더 나아가 아시아·태평양지역의 평화와 발전을 진작시키는 방향에서 건설적인 동반자관계를 이루어 나가야 한다. 즉, 향후 한·중관계는 기존의 '경제적 호혜'를 바탕으로 '정치적 선린관계'를 거쳐 '전략적 동반자관계'로 발전해야 하며, 궁극적으로 21세기 국제사회의 평화와 발전을 촉진시키는 요인으로 작용해야 한다. 2003년 7월의 한·중 정상회담에서 공식 표명된 '전면적 협력동반자관계'의 실현을 위해서는 양국 정부가 이러한 관계를 이루기 위한 노력을 배가하고, 또한 이에 따른 정책적 배려가 절실히 요구된다고 하겠다.

한편 중국은 1949년 정권수립 이후 북한과 긴밀한 우호동맹관계를 형성·유지해 왔다. 이러한 북·중관계는 혈맹관계 혹은 순치관계라고 일컬어질 정도로 매우 공고한 것으로서, 양국관계는 중·소관계의 변화에 따라 다소의 기복은 있었지만, 대체로 지난 1980년대 초반에 이르기까지 커다란 변화 없이 지속돼 왔다.

그러나 1980년대 중반 이후 중국이 보다 적극적으로 개혁·개방정책을 추진하고, 한국과의 경제협력을 모색하게 되면서부터 북·중관계는 다소 균열의 조짐을 보이게 되었다. 이러한 국면은 1989년 중·소관계가 정상화되고, 1990년 한·소수교로 인해 과거의 중·소관계축에서 차지하던 북한의 전략적 위상이 감소되었고, 중국 스스로도 자국의 국가이익을 위해 북한을 무조건적으로 지지하지 않게 되었다.[156] 이러한 중국의 대북정책의 변화는 1991년 중국이 북한의 '하나의 조선'정책에 대한 지지를 철회하고, 한국의 유엔가입에 거부권을 행사하지 않음으로써 분명히 확인되었다. 이는 결과적으로 북한으로 하여금 기존의 '하나의 조선' 정책에서 '2국 2체제'로의 정책변화를 가져오게끔 만들었다.[157]

더욱이 1990년대에 들어서면서 공산주의 종주국인 소련이 붕괴되고, 심지어 중국마저도 대한반도정책을 조정하여 1992년 8월 한국과 중국 간에 정식 외교관계가 수립되면서부터 북·중관계는 다소 냉각되고 소원한 관계를 보이게 되었다. 중국의 국가주석인 장쩌민(江澤民)은 한·중 수교협정이 체결된 당일 기자들의 질문에 대해 "중국은 조선민주주의인민공화국과는 '평화공존 5원칙'에 근거하여 우호협력과 선린외교를 지속적으로 발전시켜 나갈 것이며, 한·중수교로 인하여 중·조간에 체결된 기존의 조약과 협정의 효력에는 아무런 변화가 없을 것이다"라고 언급하였다.[158]

그런데 1991년 10월 김일성의 중국 방문과 1992년 4월 양상쿤(楊尙昆)의 북한 방문시 중국은 북한에 대해 한·중수교의 불가피성을 설명하였으며, 북한은 중국의 이러한 입장을 이해하면서도 한·중수교 시기를 북·일수교 이후로 늦춰주기를 요청했던 것으로 알려지고 있다.[159]

그러나 이러한 북한의 요청에도 불구하고, 냉전 종식 이후 유일한 공산주의 강대국인 중국이 이념과 체제가 상이할 뿐만 아니라 한국전쟁 이후 적대관계를 지녀온 한국과 수교를 하자 북한은 중국에 '항의비망록'을 전달하였다. 또한 북한은 한·중수교에 대한 항의표시로 1961년에 체결한 중·조 우호협력조약의 효력 정지를 위협하기도 하고, 중국주재 북한대사인 주창준을 국내로 긴급 소환하였으며, 스포츠 및 문화교류의 잠정적 중지를 선언하는 등 노골적으로 불만을 나타냈다. 북한

---

156) 이희옥, "중국의 대북한정책," 『통일문제연구』(평화문제연구소), 제6권 2호(1994년 겨울), pp. 43-44.

157) 장공자, 앞의 논문, p. 24.

158) 人民日報, 1992年 8月 24日; 文匯報(香港), 1992年 8月 24日.

159) 신상진, "등소평 이후 중국의 대한반도정책 전망," 『中國硏究』(건국대 중국문제연구소), 제11집(1992. 12), p. 67.

노동당 기관지인 로동신문과 중앙통신도 당초 한·중수교 자체를 일체 보도하지 않다가, 1992년 9월 말 노태우 대통령이 중국을 방문하자 '제국주의에 굴복한 변절자이자 배신자'라고 규정하면서 중국을 비난하였다. 그뿐만 아니라 북한은 동년 8월부터 로동신문과 평양방송을 통해 사상의식 캠페인을 강조하기 시작하였고, 김정일도 논문을 통해 '자본주의 착취제도를 부활시키는 일'이라고 비판하면서 간접적으로 중국을 비난하는 등 중국과 북한 간에는 다소의 긴장이 초래되었다.[160]

더욱이 북한은 1992년 12월 초 중국에 대한 250억 위안(元)의 채무를 상환하지 않겠다는 위협도 하였다. 또한 김일성은 1992년 6월과 12월 그리고 1993년 초에 중국 고위인사들에게 편지를 보내 남한의 기습공격을 저지하기 위한 군사장비의 제공과 에너지, 기계, 농산물의 원조도 요구하였다. 이와 함께 북한은 중국과의 새로운 정치, 경제 및 군사협력을 위한 협정 체결을 요구하였다. 이에 대해 중국은 "북한과의 새로운 협정 체결을 고려하지 않고 있으며, 북한에 대한 경제원조도 중국의 능력으로는 한계가 있다"라는 내용의 편지를 덩샤오핑이 직접 김일성에게 회신한 것으로 알려졌다.[161]

또한 북한은 한·중수교 이후 중국이 대북 군사지원과 경제지원을 급격히 감소시켜 나감에 따라 중국과 북한 간의 경제관계도 점차 축소되고 있다. 1948년 정권수립 이래 북한의 대외경제관계에 있어서 중국은 중요한 위치를 차지해 왔으며, 소련의 붕괴 및 동유럽 공산주의국가들의 대변혁으로 이들 국가와 북한 간의 경제관계가 급격히 감소한 1990년대에 들어와 북한과 중국 간의 경제관계는 빠른 성장세를 보여 왔다. 특히, 소련의 붕괴 이후 러시아 경제의 혼란 및 시장경제체제로의 전환으로 인해 1991년 이래 중국은 북한 제1의 교역상대국이 되었다.

1990년대에 들어와 북한의 대외경제관계에 있어서 중국의 비중이 증가한 것은 과거 중국 및 소련과 북한 간의 정치적 상황변화에 따른 주기적 무역구조 변화의

---

160) 이희옥, 앞의 논문, p. 49.

161) 孟琳, "中國對南北韓的政策立場," 鏡報, 1993年 3月, p. 51.

연장선에서 이해할 수 있다. 요컨대, 1992~93년 기간 중 북한과 중국 간의 무역은 양적으로 팽창했으나, 이를 경제논리에 의한 국제무역의 실현으로 파악하기는 어려우며, 오히려 북한의 경제난 해소를 위한 자구책으로서 물물교환방식을 통한 변경무역의 증대와 중국 정부의 지원성 수출이 지속된 결과로 볼 수 있다.162)

비록 북한은 냉전시대에 정치·외교적으로 중국과 소련 사이에서 등거리외교를 펼쳐왔지만, 경제적으로는 중국과 밀접한 관계를 유지·발전시켜 왔다. 예를 들어, 1991년의 경우 북한의 무역규모는 26억 2천만 달러였고, 이 중 중국과 북한 간의 무역거래 총액은 6억 1천만 달러를 기록하여 중국과의 무역이 북한 무역총액에서 차지하는 비율은 23.6%로 6년 전인 1985년의 14.3%에 비해 9.3% 증가하였다.

특히, 북·중간의 무역을 내용면에서 살펴볼 때 북한의 중국에 대한 의존도가 매우 높다는 것을 알 수 있다. 이러한 점은 21세기에 들어와서도 마찬가지 양상을 보이고 있다. 예를 들어, 2006년도 북한의 대중국 수출은 4억 6,772만 달러로 2005년 대비 5.8% 감소한 반면에, 수입은 12억 3,189만 달러로 13.6% 증가하였으며, 무역총액은 16억 9,960억 달러로 2005년에 비해 7.5% 증가하였다.163)

[표 7-3] 북한과 중국의 무역 추이

(단위: 백만 달러, %)

연도	수 출		수 입		무역총액		무역수지
	금액	증가율	금액	증가율	금액	증가율	금액
2004	582	47.2	795	26.5	1,377	34.5	-213
2005	497	-14.7	1,085	36.5	1,582	14.9	-588
2006	468	-5.8	1,232	13.6	1,699	7.6	-764

* 자료: 무역협회.

---

162) 오승렬, "북한경제의 개혁개방 전망과 북·중관계," 제2차 한·중 국제학술회의 발표 논문(서울: 한양대 중소연구소, 1995) pp .21-22.

163) 조명철·정승호, "북핵과 북·중 경제관계 전망," 『오늘의 세계경제』, 제07-22호, 대외경제정책연구원, 2007. 4. 27, p. 2.

북한의 대중국 수출은 여전히 철광석, 석탄 등 1차 생산품 위주의 수출구조에서 벗어나지 못하고 있지만, 의류 수출이 매년 꾸준히 증가하여 2006년에는 3위의 수출품목이 되었다는 점이 특기할 만하다. 또한 북한의 대중국 수입은 연료, 철강, 기계류 등 산업자재와 육류, 플라스틱류 등 생필품 위주로 2006년에도 큰 변화가 없었다.

또한 중국의 대북 투자는 2002년 '7·1조치' 이후 기업의 독립채산제가 확립되고 비즈니스관행이 정착하기 시작하면서 급속한 증가세를 보였으며, 특히 중국의 대북 투자의 상당 부분은 2005년과 2006년 상반기에 집중되었다. 중국 기업들은 2002년 이후 북한 내 다양한 산업분야에 걸쳐 투자하고 있으며, 특히 지하자원 개발 및 기반시설, 유통업, 제조업 투자가 활발히 이루어지고 있다. 2006년 상반기에는 2005년 전체 투자액인 5,369만 달러보다 많은 5,874만 달러가 투자되었으나, 하반기에는 북한의 미사일 발사와 핵실험으로 인해 대북 경제제재가 발동되고 대북 투자 리스크가 높아지면서 중국 기업들이 대북 투자를 대부분 중단한 것으로 파악되고 있다.[164]

한편 1993년 3월 12일 북한이 핵확산금지조약(NPT)에서 탈퇴하겠다는 선언을 발표하자 북한 핵문제를 둘러싸고 중국과 북한 간의 관계는 악화되기 시작하였다. 중국 외교부는 북한의 NPT 탈퇴에 대해 "중국은 줄곧 한반도의 비핵화를 지지함과 동시에, 한반도가 긴장완화와 안정으로 향하기를 바란다"는 공식성명을 발표함으로써 중국이 북한의 조치에 결코 동의하고 있지 않음을 확인시켜 주었다. 더욱이 1994년 10월 리펑 총리가 한국을 방문한 이후 북·중관계는 상당히 냉각되는 조짐을 보였다.

그러나 1995년 9월을 시점으로 중국과 북한은 다시 관계를 복구하려는 움직임을 보이게 되었다. 중국의 장쩌민 국가주석은 1995년 9월 8일 북한정권 수립 47돌을 맞아 김정일에게 축전을 보내 "중·조간의 전통적인 친선은 끊임없이 발전될 것"

---

164) 위의 자료, pp. 2-4.

이라고 강조하였다. 이에 김정일도 동년 9월 30일 중국정권 수립 46돌을 맞아 장 쩌민 주석에게 축전을 보내 "조·중 친선협조관계는 대를 이어 발전시켜야 한다" 고 화답하였다.

또한 장쩌민 주석은 동년 10월 9일 북한 노동당 창당 50주년 기념일을 맞아 김 정일 앞으로 장문의 축전을 보내기도 하였다. 즉, 장쩌민은 "조선로동당 중앙위원 회 정치국 상무위원회 김정일 동지"에게 보내는 것으로 명기된 축전에서 다음과 같이 중국과 북한 간의 우호관계를 강조하였다.

> "나는 중국공산당 중앙위원회와 중국공산당 전체 당원을 대표해서 그리고 내 개 인의 명의도 포함해서 조선로동당 창당 50주년을 맞아 조선로동당 중앙과 전체 당 원 및 조선인민들에게 열렬한 축하를 보낸다..... 근년에 들어 복잡다변화된 국제정 세 하에서 조선로동당은 전체 인민들을 당 주위로 단결시켜 곤란을 극복하고, 사회 주의노선을 계속 전진시켜 왔다..... 현재 조선로동당은 김일성 동지의 유지를 받들 어 김정일 동지를 중심으로 단결, 사회주의 건설을 위해 노력하고 있다..... 우리는 중국과 조선 간의 전통적인 우호관계를 발전시키기 위해 부단히 노력할 것이다."165)

이처럼 중국이 북한에 대해 유화적인 태도를 보이게 된 것은 1995년 11월로 예 정된 장쩌민 주석의 한국방문에 대한 북한의 불만을 사전에 무마하려는 의도로 분 석되었다. 북한은 그 동안 한·중관계가 급속히 발전되고 있는 데 대해 여러 경로 를 통해 중국에 불만을 토로해 왔으며, 장쩌민 주석의 방한이 실현되면 북·중관계 가 심각한 상태에 이를 것이라는 경고메시지까지 보낸 것으로 알려졌다.166)

사실상 중국은 1992년 한·중수교 이후 '남북한 등거리외교 원칙'을 천명하였고, 이러한 중국의 태도변화는 북·중관계를 소원하게 만들었다. 그러나 중국은 북한과 의 관계악화가 궁극적으로 4개 현대화계획 및 한반도 안정에 별 도움이 되지 않는

---

165) 人民日報, 1995年 10月 9日.
166) 조선일보, 1995년 9월 26일.

다는 판단 아래 점차 북한과의 관계개선을 모색하게 되었다. 또한 북한이 한·중관계 발전에 맞서 대미 접근을 본격화하고, 미국도 점차 대북 제재를 완화하는 등 급속한 북·미접근이 이루어지게 되자 중국은 더 이상 방관적인 자세를 취할 수만은 없게 되었다. 즉, 동북아에서 미국의 영향력 강화를 우려하는 중국으로서는 북한을 다시 자신의 세력권으로 끌어들이기 위해 유화 제스처를 쓰게 되었던 것이다.

이러한 중국의 유화적 태도에 대해 북한도 긍정적인 태도를 보이게 되었다. 사실상 북한으로서는 당면한 정치·경제·안보적 상황으로 볼 때 중국과의 관계악화를 바랄 수 있는 처지는 못 되었다. 우선 안보적 측면에서 볼 때, 북한은 중국과의 전통적인 혈맹관계를 무시할 수 없는데다가 중국은 현존하는 공산주의 강대국으로서 북한에 대한 유일 후견자의 역할을 담당하고 있기 때문이다. 또한 정치적으로 북한은 중국으로부터 김정일 후계체제 구축을 위한 지속적인 지지를 구할 필요가 있으며, 경제적인 측면에서도 중국은 북한의 제1 교역상대국이 되고 있는 등 중국경제에 대한 의존도가 크기 때문이다.

국가 간의 교역에 있어서 무역량이나 무역구조가 심각한 불균형을 형성할 경우에 그것이 정치적 영향력의 행사나 압력수단으로 이용될 수 있다는 점[167]을 고려할 때, 북한의 대중 경제의존도의 심화는 곧 중국의 대북 영향력의 증대로 이어지게 된다는 것을 의미한다.

1996년에 들어오면서 북·중간의 교류는 비록 제한적이기는 하지만 다시금 활기를 띠게 되었다. 예를 들어, 1996년 7월 중국 북해함대 사령관이 인솔하는 함정이 북한을 친선방문했으며, 또한 중국은 북한에 대해 10만t에 달하는 추가 식량지원을 단행하였다. 이 밖에도 중국은 향후 5년간 북한에 대해 곡물 50만t과 석유 1백 30만t 그리고 석탄 2백 50만t을 제공키로 약속하였다. 제공조건은 절반은 무상, 나머지는 국제가격의 1/3 가격이며, 유상분의 절반 ─ 전체의 1/4 ─ 에 대해서는 외화로 지불하되, 지불이 불가능할 때에는 제공하지 않는다는 단서가 붙어있었다.[168]

---

167) K.J. Holsti, *op. cit.*, p. 227.

이와 같은 중국의 파격적인 대북 지원은 식량부족과 경제위기에 처한 북한의 붕괴를 막기 위한 것으로, 이는 김정일체제를 고수하려는 북한의 전략과도 일치하는 것이었다. 그러나 최근 중국과 북한 간의 관계는 전체적으로 이념적 연대에서 보편적인 선린우호로, 혁명 1세대 간의 우의의 상징에서 실무적 차원으로 그리고 내용적으로는 특수관계에서 보편적 관계라고 표현을 달리하는 등 질적인 측면에서의 관계변화가 이루어지고 있으며, 이런 추세는 정도의 차이는 있으나 상당 기간 지속될 것으로 보인다.169) 그렇기 때문에 1995년 후반 들어 관계개선의 움직임을 보이고 있는 북·중관계가 일시적인 관계회복이 아닌 실질적인 관계발전으로 이어지게 될 것인지는 여전히 불투명하다고 하겠다.

사실상 1991년 소련의 붕괴로 인해 중국에게 있어 북한의 상대적 가치는 상당히 감소하였다. 소련이 존재했을 때만 하더라도 북한은 중·소분쟁의 틈바구니에서 자신들의 편의대로 어느 한 국가를 다른 국가에 이용하기도 했으나, 소련이 붕괴된 이후 북·중관계는 오히려 중국에 의해서 결정되어졌다. 더욱이 이미 한·중수교가 이루어졌기 때문에 한반도에 있어서도 중국이 한국에 대한 정책을 결정하거나 어떠한 관계를 설정하는 데 과거처럼 북한을 의식하거나 북한을 특별히 고려할 필요가 없게 되었다. 한·중수교 이후 북한은 정치·경제·군사적으로 중국에 철저히 의존할 수밖에 없었고, 오히려 중국이 북한에 대해 영향력을 행사할 수 있는 위치에 놓이게 되었다. 즉, 오늘날 북·중관계는 일반적인 예상과는 달리 중국이 북한을 정치적으로 자국에 예속시키는 것을 포기하는 경향을 띠고 있다. 한·중수교 이후 북·중관계는 중국 주도 하에 의외의 관계로 발전해 나가고 있으며, 중국 스스로 북한과의 관계를 객관적인 관계로 만들려는 것으로 보인다.170)

따라서 중국의 대북정책은 북한이 대외적으로 심각한 군사적 위협을 받거나 또

---

168) 每日新聞(日本), 1996年 7月 18日.

169) 장공자, 앞의 논문, p. 23.

170) 송영우 외(공저), 『중국학』(서울: 건국대학교 출판부, 1998), p. 259.

는 북한이 한반도에서 분쟁을 일으키지 않는 한 중국은 북한의 전통적 지지를 확보하는 데 필요한 최소한의 개입에 그칠 것으로 판단된다. 예를 들어, 1995년 11월 중국 외교부는 한반도에서 전쟁이 발발할 경우 중국의 자동적인 군사개입을 규정하고 있는 중·조 우호협력조약과 관련하여 "이 조약은 파병조약이 아니다"라고 하여 동 조약의 파병효력을 부정한 바 있다.171)

사실상 북한의 현실적인 외교정책은 중국의 외교정책 기조와 목표에 부합되지 않는 측면이 있다. 즉, 중국의 북한에 대한 지나친 개입은 중국이 오래 전부터 대외적으로 천명해 온 '평화공존 5원칙'과 12전 대회 이래 중국의 외교정책노선이 되어온 독립자주외교노선과 상치될 뿐만 아니라 '외교적 자주'를 표방하고 있는 북한으로서도 이를 내정간섭으로 여길 수 있기 때문이다. 더욱이 북한이 대외적으로 강경노선을 취할 경우, 이는 중국이 기대하는 동북아 평화환경의 조성에 부정적인 결과를 초래할 수도 있기 때문에 이는 중국의 외교정책 기조와도 상반된다고 할 수 있다.

비록 중국은 북한에 대해 전통적으로 첨예한 지정학적·안보적 이해관계를 지녀왔지만, 북·중간의 경제교류와 협력이 더 이상 확대·발전할 것으로 보이지는 않는다. 왜냐하면 중국은 경제발전을 위해 점차 경제규모를 확대시켜 나가고 있고, 또한 이를 위해 많은 자본을 필요로 하지만 사실상 넉넉한 여유자본을 갖고 있지 못하기 때문에 대북 경제원조뿐만 아니라 북한과의 경제협력 및 교류를 확대시켜 나갈 여력이 없다. 또한 북한 스스로도 체제유지에 위협을 느끼고 있는 나머지 중국처럼 적극적이고도 폭넓은 개혁·개방정책을 추진하지 못하고 있다. 이러한 문제들이 동시에 해결되지 않는 한 북·중간의 경제교류와 협력은 결코 확대될 수 없다고 하겠다.

그러나 이처럼 북·중관계가 경제적으로 점차 위축되고, 상대적으로 한·중관계가 발전한다고 해서 기존의 북·중관계가 완전히 단절된다고 보기는 어렵다. 왜냐하면 중국과 북한은 같은 공산주의국가로서 이념적·체제적 동질성을 지니고 있을

---

171) 동아일보, 1995년 11월 15일.

뿐만 아니라 중국은 군사전략적 측면에서 북한을 쉽사리 포기하려 하지 않을 것이기 때문이다. 현 단계에 있어서 중국의 대한반도정책 기조는 북한 공산주의체제의 유지를 전제로 한 현상유지정책이라고 할 수 있다. 즉, 중국의 대한반도정책의 기본 목표는 한반도에서의 통일도 북한체제의 붕괴에 의한 한반도의 불안정도 바라지 않는 것이다. 이처럼 중국이 한반도에 대해 현상유지정책을 추구하는 이유는 북한이 차지하는 전략적 중요성 외에도 북한체제의 안정이 중국의 국가이익에도 매우 중요하다는 인식을 하고 있기 때문이다. 즉, 중국은 북한을 자국의 안보를 위한 중요한 전략적 방벽으로 인식하고 있으며, 북한이 체제의 불안정이나 체제붕괴위기에 직면하게 될 경우 중국도 이러한 변화의 영향을 크게 받을 것이기 때문에 북한체제의 안정을 바라고 있는 것이다.

그렇기 때문에 중국은 북한이 공산주의체제를 보전함으로써 자국과의 기존 선린우호관계를 유지하기를 바라고 있다. 또한 중국은 북한이 자국처럼 개혁·개방정책을 성공적으로 추진하여 남북한이 평화공존을 이루는 가운데 남한에 크게 뒤지지 않는 경제적 안정을 이룰 것을 기대하는 입장이다. 이를 위해 중국은 자신의 능력범위 내에서 북한에 대한 외교적·경제적 지원을 계속하고자 하고 있다.

이러한 관점에서 볼 때, 중국은 북한에 대해 보다 현실주의적인 입장에서 다음과 같은 정책목표를 추구해 나가고 있다.

첫째, 중국은 당면 최대 국가목표인 4개 현대화계획의 조속한 달성을 위해 주변 정세의 안정을 바라고 있기 때문에 무엇보다도 북한이 한반도의 안정을 저해할 무모한 군사적 모험을 꾀하지 않도록 설득하고 있다.

둘째, 중국은 북한이 중국식의 개혁·개방정책을 통해 국제적인 고립상태에서 탈피하고, 경제난을 잘 극복해 나가도록 도움을 주고 있다. 특히, 지난 1980년대 후반 이래 동유럽 공산권의 정치적 대변혁 이후 미국을 비롯한 서방국가들의 화평연변(和平演變)에 적극적으로 대비해 온 중국으로서는 북한을 공산주의체제의 붕괴를 막기 위한 최후의 마지노선으로 간주하고 있다. 따라서 북한체제의 붕괴를 막아야 하는 중국의 입장에서는 김정일체제의 정치·경제적 안정과 남북관계의 개선이 현실적으로 가장 바람직한 정책선택이 될 것이다. 중국은 냉전 종식 이후 공산주의 체제가 점차 세계적으로 고립되고 있는 상황 하에서 미국 및 일본과의 관계가 급속히 악화되는 것을 상당히 우려해 왔다. 따라서 중국은 북한과 서방국가들 간에 정치·군사적으로 심각한 마찰이 있는 문제들에 대해서는 이를 타협적인 방향에서 중재하고자 노력해 왔다. 중국이 미국의 주도 하에 제기되어 온 북한 핵사찰문제 해결에 협력해 온 것이 그 단적인 사례라고 할 수 있다.

그렇기 때문에 중국과 북한 간의 관계는 전통적인 우호관계의 틀 속에서 정치·외교적 관심을 계속 보여줄 것이며, 중국은 여전히 북한의 우호동맹국으로 남게 되기를 희망할 것이다.[172] 더욱이 중국은 북한과의 군사적 유대에 대해서는 점차 관심도가 줄어들고 있기 때문에 군사동맹관계 측면에서의 중국의 후견자역할은 사실상 기대하기 어렵다고 하겠다. 그 이유는 중국과 북한 간에 공동의 적이 더 이상 존재하고 있지 않기 때문이다.[173] 따라서 한·중수교를 전후한 북·중관계의 전개 과정을 살펴볼 때, 향후의 북·중관계는 한반도에서 급박한 상황변화가 발생되지 않는 한 과거처럼 정치적 이유나 전략적 이유에 의해서 결정되어지기보다는 순수한 국가이익차원에서 우호선린관계만이 유지될 것으로 전망된다.

3. 러시아의 외교정책

(1) 러시아의 외교정책 기조와 목표

1982년 11월 오랜 기간 소련을 통치해 온 브레즈네프(L.I. Brezhnev) 소련공산당

---

172) 人民日報, 1990年 10月 25日.
173) 송영우 외(공저), 앞의 책, pp. 88-91.

서기장이 사망한 후 소련에는 안드로포프(Andropov)와 체르넨코(Chernenko) 정권이 들어섰으나, 두 통치자는 병사함으로써 단기 정권으로 끝나고 말았다. 그 후 1985년 3월에 고르바초프(M.S. Gorbachev)가 소련공산당 서기장으로 취임하자 그는 전임 통치자들이 남긴 많은 과제를 해결해야만 했다. 즉, 침체일로에 있는 경제의 회복, 보수화되고 노령화된 지배체제와 비효율적인 관료조직의 타파, 미국 레이건 행정부의 대소 군사우위 회복 노력에 대한 대응, 장기화되고 있는 아프가니스탄 전쟁의 조기 종료 등이 우선 착수해야 할 과제들이었다. 그러한 과제들 중에서 가장 중요한 것은 바로 국내경제의 회복이었다. 왜냐하면 점차 침체되고 있는 소련의 국내사회와 대외정책에 활기를 불어넣기 위해서는 경제회복이 가장 필수적인 요소였기 때문이다.

이에 따라서 고르바초프 정권은 내치를 중시하는 정책을 전개하여 소련의 경제회복에 유리한 국제환경 창출에 중점을 두고 다음과 같은 외교정책 목표를 설정하였다.[174]

첫째, 소련은 국제사회에서 미국과 동등한 지위를 확립해 나가는 것을 주요 목표로 삼았다. 이는 냉전시대에는 주로 군사적·정치적 우위 확보와 관련된 것이었지만, 고르바초프는 종래 군사력 강화방법에 의존했던 방식에서 벗어나 정치·외교적인 협상력 강화에 중점을 두었다.

둘째, 소련은 동·서 양 진영 간의 긴장을 완화하고 상호 의존관계를 강화하는 데 목표를 두었다. 이는 국제적 협력체제의 필요성을 인식한 데 기인하고 있는데, 고르바초프는 1986년에 열린 제27차 소련공산당대회에서 "현재로서는 미국의 안전 없이는 소련의 안전도 있을 수 없다."고 언명함으로써 미국을 비롯한 서방 민주주의진영과의 데탕트 및 평화공존을 강조하였다.

셋째, 전방위 외교의 추진을 외교정책 목표로 삼았다. 소련은 전방위 외교를 통해 국제사회에서 자국의 영향력을 강화해 나가는 한편, 서방 민주주의진영의 분열과 미국의 고립을 시도하고자 하였다.

---

174) 구본학 외(공저), 앞의 책, pp. 444-445.

넷째, 소련은 외교정책 목표로서 과학기술혁명을 중시하였다. 당시 군사부문에서 미국의 전략방위구상(Strategic Defense Initiative; SDI)과 같은 기술경쟁이 본격화될 조짐이 나타나고 있었기 때문에, 산업분야에서의 첨단 과학기술수준을 확보하는 데 보다 많은 정책적 관심을 보이게 되었다.

고르바초프는 이러한 새로운 외교정책 목표를 달성하기 위한 노력을 다방면으로 전개하였다. 특히, 1986년 7월 28일 고르바초프가 블라디보스토크에서 행한 연설내용에는 당시 소련의 열망이 대부분 반영되어 있었는데, 이 연설을 통해 고르바초프는 밝힌 내용 중 주요 사항을 살펴보면 다음과 같다. ① 소련은 아시아·태평양국가이다. ② 소련은 이들 국가와 새롭고 공정한 관계 설정을 희망한다. ③ 소련은 중국과의 관계개선 필요성과 중요성을 인정한다. ④ 소련은 일본과의 협력 확대를 희망한다. ⑤ 소련은 미국의 참여 없는 태평양의 안보 및 협력문제의 해결은 불가능하다는 점을 인정한다. ⑥ 소련은 몽골과 아프가니스탄으로부터의 군대철수를 고려한다. ⑦ 소련은 '유럽안보협력회의(CSCE)'를 모델로 하는 '전아시아집단안보회의'의 개최를 제안한다. ⑧ 소련은 유럽에 배치된 중거리 핵무기(INF)의 폐기를 제안한다.[175]

그러한 구체적인 사례로서, 소련은 미국에 대해 다양한 군비축소를 제안했으며, 실제로 여러 조약을 체결하였다. 즉, 소련은 1987년 2월 핵대국 지위를 포기할 용의가 있음을 표명하였고, 동년 7월과 12월에는 전략공격용 무기의 50% 삭감과 INF 폐기를 제안하였다. 또한 소련은 오랫동안 갈등관계를 보여 온 중국과의 관계개선 움직임을 보였다. 고르바초프는 1989년 5월 뻬이징을 방문하여 소련의 동부지역에서 감축되어지는 20만 명의 병력 중 극동지역에서 12만 명을 감축할 것과 중·소 국경지대의 경비병력을 최소화할 용의가 있음을 밝힘으로써 중·소 관계개선에 커다란 관심을 나타냈다.

소련은 동북아시아에 대해서도 구체적인 정책목표를 설정하였는데, 이는 대체로

---

175) 소치형·박치정·강석찬(공저), 앞의 책, pp. 197-198.

다음과 같다.

첫째, 미·소간에 균형을 유지하는 것이었다. 이는 미국이 소련의 위협에 대처하고자 반소·반공주의 입장에서 아시아·태평양지역을 중심으로 패권을 추구하는 데 대해 소련도 이에 적극 대응해야 한다는 주장에 바탕을 둔 것이었다.

둘째, 반소동맹을 저지하는 것이었다. 소련은 그 동안 동북아시아에서 NATO형 반소동맹의 출현을 철저히 견제하고 저지하기 위해 노력해 왔다. 특히, 미국과 일본 주도의 '태평양공동체' 설립 움직임을 경계하는 가운데 고르바초프가 '블라디보스토크 선언'을 통해 헬싱키 안보체제 형식의 범태평양회의 소집을 요구한 것은 이와 직결되는 것이다.

셋째, 중국과 일본을 견제하려는 목표를 가지고 있었다. 특히, 중국이 미국 주도의 동북아시아 전략체제와 관련하여 소련에 대해 적대적인 태도와 전략을 갖추지 못하도록 하는 데 기본적 이해관계를 가지고 있었으므로 소련은 중국에 대해서 항상 적절한 견제와 포위정책을 구사하고자 하였다. 그리고 일본에 대해서는 재무장을 포함하여 군국주의의 부활을 경계해 왔다.

그러나 이러한 소련의 외교정책 목표는 대부분 실패한 것으로 평가되고 있다. 그 주요 원인으로는 소련의 동맹국이 북한, 베트남, 몽골뿐이었다는 사실에 기인하고 있다. 또한 소련이 수십 년간에 걸쳐 노력을 기울인 '아시아집단안보' 구상이 현실화되지 못했기 때문이기도 하다. 냉전시대에 소련의 외교정책이 실패하게 된 원인을 보다 구체적으로 살펴보면 다음과 같다.

첫째, 소련은 군사적 수단에 의한 국가이익 추구에만 급급하였다. 소련은 과거 강대국으로서의 외교수단이 지나치게 편협하였으며, 경쟁의식이 극단적으로 표출되어 대결지향의 강경노선으로만 일관해 왔다.

둘째, 소련은 국제사회에서 우호관계 수립에 필요한 협상능력을 제대로 갖추고 있지 못했을 뿐만 아니라 그것이 다양하지도 못했다. 다시 말해, 상호 호혜적 자세에서 주고받는 수단이 저수준에 그치고 말았다.

셋째, 군사적 수단으로 미국에 대한 우위를 확보하는 데에는 분명 한계가 있었다. 따라서 소련의 무리한 군사력 강화는 국내경제의 낙후를 초래하였고, 그 결과 고르바초프 집권 이후에 외교정책에 대한 전략적 수정이 불가피하게 되었다.

1991년 12월 고르바초프가 소련 대통령직을 사임한 후 러시아연방의 대통령이 된 옐친(Boris Yeltsin)은 자유민주주의 정치체제와 자본주의 시장경제체제를 기초로 하는 안정된 러시아의 구축을 목표로 했기 때문에 미국을 비롯한 서방 선진자본주의국가들과 공통의 가치를 공유하면서 협력하는 모습을 보여주었다. 이에 반해 구공산권 국가들 및 제3세계 국가들과의 관계의 중요성은 대폭 감소되었다. 따라서 러시아의 외교적 지평은 과거 냉전시대에 비해 상당히 축소되어 자국의 생존에 관련된 부문을 중시하게 되었다.

그 결과 러시아의 외교정책 목표는 자국의 안전을 확보하고 경제발전의 성공적인 추진에 초점이 맞추어졌다. 이러한 정책목표를 달성하기 위하여 러시아는 외교정책의 우선순위를 ① 주변 국가들과의 선린우호관계 구축, ② 선진 자본주의국가들과의 경제관계 발전, ③ 서방 민주주의권으로의 조속한 편입에 두었다. 그러한 구체적인 대외활동으로서 러시아는 자국 영토의 온전한 보존을 위해 구소련 구성공화국들과의 관계를 중시했으며, 자국의 경제발전에 필요한 지원을 얻기 위해 서방 자본주의국가들과의 관계를 강화하였다.176)

그러한 예로서, 옐친은 1992년 2월 미국을 공식 방문하여 부시 대통령과 회담을 갖고 미국과 러시아 간의 새로운 관계를 상징하는 '캠프 데이비드 선언'을 발표하였고, 동년 6월 또다시 미국을 방문하여 '협조와 우호를 위한 미·러시아 헌장'에 서명하였다. 옐친은 이와 유사한 종류의 기본 문서를 서방 선진국가들과도 교환·조인하였다. 이처럼 옐친 정권 초반에 친서방적인 외교정책노선을 전개한 목적은 러시아의 국내 경제개혁에 대한 국제사회의 적극적인 지지와 그러한 개혁의 순탄한 진행을 위한 국제환경의 안정을 위해서였다.

---

176) 구본학 외(공저), 앞의 책, pp. 412-413.

러시아는 자국의 안전보장을 유지하면서 국내의 정치개혁과 경제발전을 성공적으로 달성하기 위해 무엇보다 주변 국제환경의 안정을 필요로 하였다. 이러한 관점에 입각하여 러시아는 ① 유리한 안보환경의 조성, ② 역내 국가들과의 경제관계 발전, ③ 아시아·태평양지역에서의 위상 확립을 동북아정책의 기조로 삼게 되었다. 그러나 러시아는 역내에서 지도적 역할을 견지하려는 미국의 동북아정책, 중국과 일본의 영향력 증대, 중국과의 대립가능성, 한반도상황의 불안정, 역내의 영토분쟁 가능성과 경제관계의 불균형 등을 우려하였다.

그런데 옐친 정권 초기에 단행된 급속한 경제개혁에 대한 국민과 보수세력의 거센 반발이 일어나자 러시아의 외교정책에도 점차 변화가 나타나게 되었다. 옐친 정권은 서방 선진자본주의국가들과의 협력이라는 기본 노선은 계속 유지하면서도 보수 민족주의세력이 주장하는 러시아 고유의 국가이익을 고려하는 노선을 수용하게 되었다. 러시아 국내에서의 외교정책노선을 둘러싼 논쟁도 이러한 정책노선 수정에 많은 영향을 끼치게 되었다. 즉, 러시아 국내에서는 서방 선진자본주의국가들과의 관계를 최우선시하는 코지레프 외무장관을 중심으로 하는 개혁세력과 구소련 지역에 거주하고 있는 러시아인들의 인권 보호 등 러시아 고유의 국익을 우선시해야 한다는 의회 내의 민족주의자 간의 외교정책 논쟁이 전개되었다. 이러한 논쟁의 결과 1993년 1월 향후 러시아 외교정책의 지침이 되고 있는 「러시아연방의 외교정책 개요」라는 문서가 발표되었다. 이 문서는 ① 국익 중심의 외교, ② 비러시아지역에 거주하는 러시아인 보호, ③ 독립국가연합(CIS) 체제의 강화, ④ 핵무기의 감축과 경제개혁 지속 등을 주요 내용으로 하고 있다.[177]

이에 따라 옐친은 전략핵무기의 대폭적인 감축, 미국과의 우주방위시스템 공동 개발, 미국을 목표로 한 전략무기 목표 해제 등을 제안했으며, 그러한 결과로서 1993년 1월 미국과 러시아 간에 제2차 전략무기감축협정(START Ⅱ)이 체결되었다.

한편 푸틴(Vladimir Putin)이 2000년에 새로운 러시아 대통령으로 취임한 후 러

---

177) 위의 책, pp. 452-453.

시아는 국제정세의 불안요인을 ① 소련 붕괴 이후 정치적·경제적 변혁으로 인한 러시아의 역할 감소와 ② 아프가니스탄 전쟁, 이라크 전쟁, NATO의 동진 등 미국의 일방주의 외교노선에서 비롯된 것으로 진단하였다. 따라서 러시아는 향후 국제사회의 주요 문제에 적극적으로 참여하여 다극체제로의 국제질서 전환을 위한 촉매제 역할을 추구해야 한다는 입장을 보이게 되었다.

2007년 3월에는 러시아 외교부가 「외교정책 검토보고서」를 발표하여 외교정책의 원칙으로서 ① 다극체제, ② 실용주의, ③ 다른 국가와 대결을 유발하지 않는 국가이익 추구 등 세 가지를 설정하였다. 또한 러시아는 유엔이 국제사회에서 중심적인 역할을 수행해야 하고, 미사일방어체제(MD)와 우주무기 개발 등으로 인해 군축분야에서 상황이 악화되는 것을 방지하기 위해 노력할 것이며, 다극체제 확립을 위해 국가들 간의 대화를 지원하겠다는 외교정책 입장을 보였다.

이러한 관점에서 러시아는 외교정책 기조로 ① 러시아의 국제적 위상을 제고하고, ② 이데올로기가 아닌 합리적 사고에 기반을 둔 실용주의노선을 추구해 나가며, ③ 다인종, 다종교국가로서 대화와 협력을 통한 국제사회의 이해 조정에 중점을 두고 있다. 즉, 러시아는 더 이상 미국의 하위 파트너가 아닌 대등한 파트너로서 중동평화협상, 이라크문제, 북한 핵문제, 이란 핵문제, 유엔 개혁문제 등을 해결하는 데 있어서 독립적인 중재자로서의 역할을 수행하겠다는 입장을 보이고 있다.

(2) 러시아의 대한반도정책

소련의 한반도에 대한 관심은 1980년대 중반부터 보다 적극성을 띠고서 표출되었다. 소련의 한반도에 대한 정책은 1988년 9월 16일 크라스노야르스크에서 행한 고르바초프의 연설에서 재차 확인되었다. 그는 시베리아 순방시 크라스노야르스크에서 7개항에 걸친 아시아·태평양지역 관련 평화제안을 발표하였는데, 그 내용은 다음과 같다. ① 핵무기 증강 반대, ② 해군력 강화 반대, ③ 남북한을 포함한 소련, 중국, 일본을 잇는 지역에서의 군사력 동결 및 감축 협상, ④ 미국의 필리핀기지 포기 때 소련도 캄란만 기지 포기, ⑤ 해상 및 항공 수송로의 안전보장, ⑥ 인도양 평화지대 설정을 위한 국제회의 개최 요구, ⑦ 아시아·태평양지역 안보를 포함한 제반 협상을 위한 제도적 장치 마련 등이다.

여기에서 우리의 주목을 끄는 대목은 고르바초프의 연설 중 "한국과의 경제관계 개선을 위한 기회가 마련되어야 한다."고 언급한 부분이다. 또한 1988년 10월 초 블라디보스토크에서 '대화와 평화 그리고 협력'이라는 제하의 국제회의가 소집되었다. 이 회의에는 미국, 일본 등 30개국의 대표가 참석하였는데, 이 회의에서는 한국의 시베리아 개발 참여가 본격적으로 논의되었다.

한편 소련의 동북아시아에 대한 입장 표명도 여러 차례 있어 왔다. 1988년 5월 일본사회당의 도이(土井多賀子) 당수가 소련을 방문했을 때 도이가 제안하고 고르바초프가 동의한 형식으로 '환동해국제회의'가 제안되었다. 또한 1988년 7월 동경에서 개최된 '한반도 통일문제 국제학술심포지엄'에서 소련과학아카데미 동양학연구소의 티호미로프는 남북대화 추진과 주한미군 철수 문제 등을 논의하기 위해 남북한과 미·일·중·소가 참여하는 '한반도문제 국제원탁회의'의 개최를 주장하였다. 동년 7월 22일 일본의 나카소네(中曾根康弘) 총리와 고르바초프 간의 정상회담에서 소련은 아시아·태평양지역, 특히 한반도에 대해 지대한 관심을 표명하였다. 이 회담에서 고르바초프는 노태우 대통령의 '7·7선언'을 북한에 전달하겠다는 반응을 보였고, 또한 일본이 북한과의 관계를 개선할 의사가 있음을 북한에 전달하겠다는 중재적 입장을 보였다.

그런데 소련의 대한반도 정세관은 비교적 신축적이었다. 즉, 소련은 '1민족 2국가'를 지지하면서 남북한을 동시 승인하려는 태도를 보여 왔다. 또한 소련은 1972년에 발표된 '7·4 공동성명'에 대한 평론을 통해 "한반도의 인위적 분단극복은 분단 당사자 간의 경제적·정치적·문화적 관계개선을 통해 가능하다."는 공식 반응을 나타내기도 하였다.

고르바초프의 외교 브레인이었던 알렉산드로 보빈(A. Bobin)은 1988년 "한반도에 2개 국가의 존재를 인정하고, 소련이 한국과 관계개선을 추진하는 것은 당연하다."는 입장을 보였다. 따라서 그는 소련과 중국이 한국을 그리고 미국과 일본이 북한을 교차 승인해야 한다고 주장했으며, 남북한의 유엔 동시가입을 지지하는 한편으로, 북한이 국제사회로부터 고립되지 않도록 모든 국가들이 노력해야 한다는 점을 지적하였다.

이러한 소련의 '신사고 외교'에 대응하여 노태우 대통령의 북방정책이 적극적으로 추진됨으로써 한·소 양국은 드디어 1990년 9월 30일 외교관계를 수립했으며, 이어 양국 정상은 상호방문을 통하여 외교 및 국가관계를 정상화하였다.

그런데 한국과 러시아 양국 간에는 해결해야 할 몇 가지 주요 현안이 있는데, 이를 구체적으로 살펴보면 다음과 같다.[178]

첫째, 경제협력차관의 원리금 상환문제가 아직까지 해결되지 않고 있다. 한국 정부는 1991년 1월 소련에 대해 30억 달러의 경협차관을 제공하기로 약속하였다. 그 가운데 이미 제공된 14억 7천만 달러의 처리가 현안으로 남아 있다. 1994년 12월 모스크바에서 양국은 차관 원리금 중 약 3억 7,500만 달러에 상당하는 부분을 무기 및 알루미늄 등의 현물로 상환하는 조건에 합의하였다. 그 후 2003년 9월에는 경협차관 상환문제 타결을 위한 양국 정부 간 협정이 체결됨으로써 그 동안 한·러관계의 걸림돌로 작용했던 차관문제는 해결의 실마리를 찾게 되었다.

둘째, 북한의 시베리아 탈출 벌목공의 처리문제가 있다. 시베리아에 있는 벌목공은 대략 1만 5~7천여 명으로 추산되고 있는데, 탈출자 전원의 신변안전과 한국 송환은 북한의 입장 때문에 쉽게 처리할 수 없는 난제이다. 그리고 여기에는 한국 정부가 이들을 정치적으로 이용할지도 모른다는 러시아 정부의 의혹과 우려가 나타나고 있는 것도 사실이다.

셋째, 러시아의 동해에 대한 핵폐기물 투기문제이다. 1993년 4월 러시아는 『해양

---

178) 소치형·박치정·강석찬(공저), 앞의 책, pp. 200-201.

의 방사능 폐기물 투기 백서』를 통해 1961년부터 동해 및 극동해역에 핵폐기물을 투기했다는 사실을 시인하였다. 이 중 동해에 약 2만 톤이 투기된 것으로 알려졌는데, 이에 따라 한국, 일본, 러시아 3개국이 공동으로 환경오염 실태를 조사한 바 있다.

러시아의 대한반도관은 1993년 1월에 발표된 「러시아연방의 외교정책 개요」라는 문건에 잘 나타나 있다. 첫째, 한반도 통일은 인접지역의 불안요소를 제거할 뿐만 아니라 러시아의 외교영역을 확대시킬 수 있는 기회 제고의 측면에서 러시아에 유익하다. 둘째, 한반도 통일은 평화적 과정과 절차를 거쳐 이루어져야 한다. 셋째, 러시아와 북한 간의 관계가 구소련에 비해 소원해진 것은 사실이지만, 북한의 대량 살상무기 개발을 억제하기 위해서는 북한에 대한 지속적인 영향력 행사가 필요하다. 넷째, 한국과의 관계에 있어서는 먼저 경제분야의 교류와 협력이 확대될 필요가 있다.

이러한 내용을 살펴볼 때, 러시아는 한반도에 대해 일종의 등거리정책을 펼치고 있음을 알 수 있다. 그러한 배경으로는 ① 러시아의 국내사정으로 인해 러시아는 한반도의 급격한 상황변화를 원치 않으며, ② 러시아는 북·중관계의 수준에서 북한과의 관계를 전개해 나갈 것이라고 밝히고 있는 점을 들 수 있다. 이는 곧 러시아가 북한의 무모한 군사행동에 말려들지 않는 범위 내에서 최소한의 대북 협력관계를 유지하되, 경제적으로는 더 많은 기회가 보장될 수 있는 한국과의 관계 증진에 보다 많은 관심을 표명하려는 의도임을 알 수 있다.

한편 러시아가 한국에 대해 지니고 있는 이해관계로는 다음 세 가지 사항을 지적할 수 있다.179)

첫째, 러시아의 경제회복과정에 한국의 참여를 적극적으로 유도한다는 것이다. 특히, 러시아는 시베리아지역 개발사업에 한국 기업을 유치하려 하고 있다. 이런 측면에서 러시아는 ① 한·러·일 3국간에 부산-나홋카-일본을 잇는 1,717km의 해

---

179) 위의 책, pp. 201-202

저 케이블 건설문제, ② 나홋카에 100만 평 규모의 공단 설립문제, ③ 야쿠트 및 사할린의 가스전 개발문제, ④ 한국과 러시아 간의 경제교류를 위해 보스토치니 항구에 한국 전용부두 건설문제, ⑤ 서울-블라디보스토크 및 서울-하바로프스크 정기직항로 개설문제 등에 이미 합의했거나 논의 중에 있다. 그리고 이러한 문제들은 1992년 11월 한·러 정상회담에서 합의된 '한·러 경제공동위원회' 설치 준비를 위한 실무접촉을 통해 사전 합의된 것으로 알려져 있다.

둘째, 러시아는 한반도 통일문제에 적극적으로 개입하기 위한 발판을 마련해 나간다는 것이다. 러시아는 향후 통일한국이 일·중간의 세력균형자(balancer) 역할을 해주기를 희망하고 있다. 그 이유는 러시아의 극동전력이 약화되었기 때문에 일본과 중국이 동아시아에서의 '힘의 공백'을 자기들 마음대로 이용할지도 모른다는 우려에 기인하고 있다. 이런 점에서 러시아가 한반도의 비핵화와 군축에 관심을 갖고 있는 이유를 이해할 수 있다.

동북아시아의 안정은 러시아에게 무리하지 않는 '개입의 여지'를 보장해 주기 때문에 러시아는 그동안 북한에 대해 국제 핵사찰을 성실히 이행할 것과 국제원자력기구(IAEA)의 핵안전협정에 서명할 것을 촉구해 왔다. 뿐만 아니라 러시아가 4자회담보다 8자회담 ─ 남북한과 미국, 일본, 중국, 러시아, 유엔 대표, IAEA 대표로 구성되는 회담 ─ 을 선호하고 있는 이유는 한반도에 대한 기득권 유지에 그만큼 커다란 관심을 가지고 있기 때문이다.

셋째, 러시아는 자국의 전략적 의도를 충족시키기 위해 한국과 군사교류 및 협력관계를 확대시키려 하고 있다. 즉, 러시아는 한국과의 군사협력을 통해서 러시아제 무기와 군사적 기술을 판매함으로써 경제적 실리를 얻으려 하고 있다. 이러한 의도에 따라 1993년 옐친 대통령이 방한했을 때 한·러 양국은 '국방부문 군사교류에 관한 양해각서'를 체결하였고, 이에 따라 같은 해 양국 해군함정이 부산과 블라디보스토크를 교환방문하였다. 또한 1994년 6월 김영삼 대통령은 러시아를 방문했을 때 블라디보스토크의 태평양함대를 직접 방문하여 양국 간의 군사적 교류·협력에 적극 노력할 것이라는 점을 표명한 바 있다.

옐친 대통령은 1992년 11월 서울을 방문하여 1961년에 조인된 '북한과 소련 간의 우호협력 및 상호원조조약'의 폐기 필요성을 주장하면서 '한·러 간의 기본관계에 관한 조약'을 체결하였다. 북한의 핵개발과 이에 따른 위기가 발생했을 때에도 러시아는 한국과 서방국가의 입장에 동조하면서 북한의 핵사찰 수락을 촉구하였다. 또한 김영삼 대통령은 1994년 6월 모스크바를 방문하여 한·러 양국 간의 '건설적이고 상호 보완적인 동반자관계'를 선언하였다. 그 후 러시아는 1995년 8월 북·러 군사동맹조약을 연장하지 않을 것임을 선언하였고, 결국 동 조약은 1996년 9월 10일자로 폐기되었다.

한편 1995년 한국과 러시아의 교역량은 1990년 대비 3.7배로 증가하여 33억 1천만 달러에 달하였다. 이처럼 수교 초기의 양국관계는 정치·외교적으로나 경제적인 면에서나 모두 순조롭게 발전하는 것으로 보였다. 그러나 한국의 러시아에 대한 인식은 안보적 측면보다는 경제적 관점에서의 효용에 대한 기대가 지배적이었다. 즉, 러시아가 북한에 대해 행할 수 있는 영향력이 급속히 약화되었다는 판단이 지배적이 되었고, 경제적 효과에 대해서도 러시아의 어려운 경제상황 때문에 회의적인 생각이 확산되어 나갔다. 이러한 인식의 변화로 인하여 4자회담에서 러시아를 배제하고, 그에 대한 적절한 설명과 보상을 강구하지 않은 한국의 외교적 실책은 추후 러시아의 한반도정책을 변화시키는 중요한 계기로 작용하였다.

한편 소련의 해체와 옐친의 집권은 한·러관계에도 영향을 미치게 되었다. 소련이 1991년 12월 고르바초프의 실각과 함께 붕괴하여 15개 독립국가연합(Commonwealth of Independent States; CIS)으로 분리되자, 러시아연방은 구소련의 법통을 승계하는 방식으로 신생국으로 발족하게 되었다. 러시아연방은 구소련의 대한반도정책을 그대로 승계하여 연속성을 띠게 되었다. 신생 러시아연방의 초기 외교정책노선은 일방적인 친서방노선이었다. 소련 해체 이후 한·러관계는 일시적 소강상태를 맞이하기도 했지만, 옐친은 친서방노선이 비실용적이라는 점을 깨달은 나머지 1992년 후반부터는 유라시아주의 및 민족주의에 입각하여 독자적인 강대국 외교정책노선을 추구하기 시작하였다. 그러면서 러시아는 특히 중국, 일본, 한반도가 속해 있는 동북아시아에 대해 커다란 관심을 갖게 되었다. 따라서 이 시기에는 대체로 러시아와 한국 간의 관계가 많이 발전되는 모습을 보이게 되었다.

옐친 정권의 한반도정책은 크게 전기와 후기로 나누어 볼 수 있는데, 전기는 코지레프의 친서방 외교시기(1991~1995)이고 후기는 프리마코프의 국익 추구 외교시기(1996~1998)이다.

코지레프 외교시기에 대한반도정책을 담당한 주역은 당시 외무차관이었던 쿠나제였다. 그는 러시아 외무부에서 대한반도정책을 주도하고 있었는데, 그의 태도는 분명히 한국 편향적이었다. 그는 한·소수교가 소련 외교의 마지막 성과였다고 평가하였다.

소련이 붕괴한 이후 러시아의 초기 외교정책노선은 '대서양주의'에 기초한 친서방 외교정책이었으나, 1993년을 전후한 시점부터 서유럽뿐만 아니라 동유럽과 독립국가연합, 나아가 아시아지역 국가들도 함께 중시하는 유라시아로 수정·변화되기 시작하였다.

유라시아에 중점을 둔 러시아의 외교정책 전개는 아시아지역을 비롯하여 인접국가들과의 선린관계 구축에 중요성을 부여하면서 미국 등 서방국가들과 대등한 관계를 유지하고, 러시아의 국제적 위상과 영향력 확대에 주력하는 양상을 띠고 있었다. 즉, 러시아는 한편으로는 서방으로부터의 경제적 지원과 지지 획득을 구하면서, 다른 한편으로는 독립국가연합을 비롯한 인접국가들과의 관계 강화와 다극적 국제질서 형성을 도모함으로써 구소련의 국제적 지위와 역할 회복을 꾀하는 대국주의 외교성향을 표출하고 있었다.

코지레프 후기에 드러난 새로운 외교정책 성향은 1996년 1월 프리마코프의 등장으로 더욱 가시화되었다. 이런 상황에서 1996년 4월 김영삼 대통령과 클린턴 대통령에 의해 4자회담이 제안되었고, 한반도문제를 해결하는 과정에 있어서 러시아의 참여가 배제되었다. 북한에 대한 영향력을 줄여가면서까지 한국에 대해 지속적인 지지를 표명해 온 러시아의 한반도문제에 대한 참여 제한은 러시아로 하여금 한반도정책을 재고하게끔 만들었고, 이에 러시아는 한·러관계에 대한 불만을 드러내기 시작했다. 따라서 러시아는 북한과의 관계복원을 통해 한국에 대한 외교협상력을 강화하고, 한반도문제에 대한 발언권을 회복하기 위해 그동안 한국 편향적이었던 한반도정책을 수정하게 되었다.

앞에서 언급한 것처럼, 프리마코프 외교시기의 핵심은 유라시아주의의 전개였다. 그 핵심적 요체는 구소련 하에 형성되었던 동구권과 독립국가연합에 속한 주변 국가들과의 협력을 대외정책의 기본으로 삼는 것이었다. 이러한 러시아의 외교정책노선에서 한국은 주된 대상국이 아니었다. 따라서 프리마코프 외교시기의 한·러관계는 긍정적인 양상을 보이지 못한 채 오히려 일련의 사건들을 통해 소강상태를 맞이하게 되었다.

한·러간의 불편한 관계는 양국 정상회담을 통하여 개선되었다. 김대중 대통령은 1999년 5월 러시아를 국빈 방문하여 옐친 대통령과 21세기를 향한 양국 간의 ‘건설적이고 상호 보완적인 동반자관계’를 강화한다는 공동성명을 발표하였고, 그동안 불편했던 양국관계를 청산하고 실질적인 협력관계를 구축하기로 다짐하였다. 양국 정상은 한국과 러시아가 민주주의와 시장경제라는 공통의 가치를 지향하고 있음을 재확인하였고, 세계질서의 다원화를 지향한다는 데 견해를 같이 함으로써 양국이 국제사회에서 협력할 수 있는 터전을 마련하였다. 특히, 김대중 대통령은 공동성명을 통하여 러시아가 주장한 유엔 역할의 중요성을 강조하였고, 수교 10주년이 되는 2000년에 양국은 다채로운 문화교류와 학술행사를 개최했으며, 한반도 긴장완화를 지향하는 전략적 협력을 강화하였다. 러시아는 김대중 대통령의 대북 베를린 제안을 환영하였고, 한국과 러시아 간의 연료·에너지 분야 합작사업을 가능하게 할 뿐만 아니라 한국에 대한 러시아 자원의 안정적 공급을 위한 법적 기반이 되는 ‘자원협력 협정안’을 승인하였다.

옐친에 이어 집권한 푸틴 대통령은 김대중 대통령과의 전화 통화에서 남북정상회담 개최를 축하하였다. 또한 양국 국방장관은 2000년 5월 모스크바에서 우발적인 군사충돌을 방지하고 분쟁의 신속하고도 평화적인 해결을 약속하는 '위험한 군사행동 방지협정'을 체결하는 데 원칙적으로 합의하였고, 한국 해군과 러시아 태평양함대 사령부 간의 긴급연락체계와 양국 국방정책 담당부서 간 '핫라인'을 구축하기로 하였다. 동년 10월 초에는 유사 이래 최초의 한·러 합동 해상훈련도 실시되었다.

푸틴 대통령은 2001년 2월 서울을 방문하여 김대중 대통령과 정상회담을 갖고 한국 정부의 대북 포용정책과 '한반도문제의 당사자 해결원칙'을 지지한다는 러시아의 입장을 표명하였다. 이에 김대중 대통령은 남북한관계 발전에 러시아가 건설적인 역할을 수행하고 있다고 평가하였다. 정상회담 결과 발표된 공동선언에서 한국은 국가미사일방어(NMD) 체제와 관련, 군축과 국제평화를 지향하고 있는 러시아의 입장을 지지하였다. 또한 양국 대통령은 남북한과 러시아 3국간의 실질적인 경제협력방안에 대해 논의하였다. 한국과 러시아는 유라시아를 연결하는 철의 실크로드 사업을 적극 추진하기 위해 교통협력위원회를 설치하기로 하였고, 이르쿠츠크 가스전 개발과 나홋카 한·러 극동시베리아분과위원회를 설치하기로 했으며, 아울러 관광진흥협의회 및 관광연락사무소 개설에도 합의하였다. 이 밖에도 베링해와 오호츠크해에서의 한국어선의 조업문제도 논의되었다. 양국은 정상회담을 통하여 남북한과 러시아 3국간 경제협력체가 탄생할 수 있는 가능성을 확인하기도 하였다.

푸틴 정권의 외교는 프리마코프 외교의 연장선상에 놓여 있다는 점에서 '네오 프리마코프 외교'라고도 일컬어진다. 그러나 푸틴 외교는 여러 면에서 연속성을 띠고 있으면서도 푸틴 개인의 사고방식과 성향에 기인하는 특유한 성격을 지니고 있었다. 러시아 외교정책의 결정과 추진과정에 푸틴 자신이 깊이 관여하였으며, 그의 신념과 판단이 러시아의 외교이념과 실천에 강하게 반영되어 있었다.

이 시기의 한·러관계는 동북아시아에서 한반도 주변 4강대국이 제각기 자신의 세력권 형성 및 영향력 확대를 위해 서로 각축을 벌이는 가운데 새로운 단계에 접어들었다. 그것은 2000년 7월 푸틴의 평양 방문에 따른 '북·러 공동성명'과 2001년 2월 서울 방문에 따른 '한·러 공동성명'에 잘 반영되어 있었다. 이 두 공동성명의 내용을 살펴볼 때, 러시아는 한국과는 경제협력에, 북한과는 정치·안보협력에 중점을 두고 있는 것으로 파악된다. 또한 양국관계의 발전수준과 관련하여 한·러관계는 '건설적이고 상호 보완적인 동반자관계'로 규정했으나, 북·러관계는 '선린·우호협력관계'로 규정하였다. 따라서 국가 간 외교협력수준에서 볼 때 러시아와 한국 간의 관계는 북한과의 관계보다 더 우위에 있음을 알 수 있다.

푸틴 정권이 한반도에서 전략적으로 추구하는 사항 중에서 중요한 것은 ① 한반도의 비핵지대화, ② 북한의 핵개발 포기 설득, ③ 북한에 대한 미국의 군사적 공격가능성 차단, ④ 미국 주도의 미사일방어체제에 대한 한국의 참여 저지, ⑤ 한반도 통일문제의 자주적 해결원칙 지지, ⑥ 북한에 대한 포용정책의 확대, ⑦ 6자회담에의 지속적 참여, ⑧ 남북한 설득을 통한 다자간 안보체제 창설 등이다. 특히, 지정학적인 측면에서 러시아는 시베리아 횡단철도(TSR)와 한반도 종단철도(TKR) 연결사업을 포함하여 시베리아 극동지역 개발을 위한 경제협력 파트너로서 또한 아·태지역 진출 교두보로서 한반도를 활용하고자 하고 있다.

한편 2004년 11월 칠레에서 개최된 아시아·태평양경제협력체(APEC) 정상회의와 2005년 한국에서 개최된 APEC 정상회의때 노무현 대통령은 푸틴 대통령과 정상회담을 가져 양국 간의 경제협력문제와 한반도의 평화정착문제 등에 관해 긴밀한 논의를 하였다. 특히, 북핵문제의 평화적 해결을 위해 뻬이징에서 개최되고 있는 6자회담을 통하여 한·러 양국 간에 긴밀한 협력이 이루어지고 있고, 또한 2003년 9월 경협차관문제 타결로 양국 간의 통상 및 투자부문 협력이 증대되어 왔기 때문에 특별한 정세의 변화가 없는 한 한·러관계의 지속적인 발전이 기대되고 있다.

다음으로는 냉전 종식을 전후로 한 러시아(구소련)와 북한 간의 관계를 살펴보기로 한다. 1980년대 동북아지역의 최대 특징은 이미 1970년대에 형성되어 온 미·중·일 3각협력체제의 지속이라고 할 수 있다. 이러한 동북아지역의 국제정세에 대해 소련은 그것을 동북아시아에서 대소 포위망의 형성으로 보고 민감하게 반응할 수밖에 없었다. 특히, 1980년 레이건 행정부의 등장으로 한·미·일 3각관계가 긴밀화됨에 따라 소련은 북한의 주한미군 철수 주장을 강력히 지지하면서 대북 경제지원을 한층 강화할 뜻을 표명하였다.

1985년 3월 고르바초프(M. Gorbachev)가 집권한 이후 북·소관계는 외형상으로는 밀접한 관계에 있는 것 같았으나, 내면적으로는 소련의 압력에 추종하는 국면을 보이고 있었다. 북한은 대소정책에서 1970년대의 현상을 견지하려 했다. 한편 소련은 각종 군사장비의 대북 지원을 통해 자국의 아시아 정책에 북한을 종속시키려고 압력을 가했다. 예를 들어, 북한이 1984년 로스앤젤레스 올림픽대회에 불참했던 것은 소련의 압력에 의한 것이었고, 나진항, 원산항, 남포항이 소련 태평양함대의 기항지로 개방된 것과 소련 전투기의 북한 영공 횡단비행 허용된 것은 모두 소련의 압력에 의한 것으로 알려지고 있다.

그런데 한반도 주변상황의 변화는 다시 북·소관계를 냉각시키게 되었다. 그것은 소련의 붕괴 이후 러시아의 현실주의적 외교정책의 전개 때문이었다. 북한과 러시아 간의 관계는 1990년대에 들어와 기존의 동맹관계가 와해되고, 각기 실리 위주의 외교를 표방하기에 이르렀다. 북한은 1990년 9월 30일의 한·소수교 직후 소련에 대해 "달러로 사회주의 연대를 팔아먹었다."고 비난하였다. 소련이 붕괴한 후 개혁과 개방 그리고 민주주의를 추구하는 러시아가 출현함으로써 북·러관계는 더욱 긴장이 고조되고 악화일로를 걷게 되었다. 당시 양국관계에서 문제가 되었던 요인들을 살펴보면 아래와 같다.[180]

첫째, 정치적 측면에서 볼 때 양국은 더 이상 정치적 동질성을 같이 할 수 없으며, 동맹관계는 사실상 와해되었다. 냉전체제에서 볼 수 있었던 이념 중심의 프롤

---

180) 위의 책, pp. 218-219.

258

레타리아 국제주의나 사회주의 연대감도 상실되었고, 러시아의 체제변화는 더욱 양국관계를 소원하게 만들었다. 옐친(B. Yeltsin) 대통령의 한국 방문과 '한·러 기본관계 조약'의 체결은 북한을 더욱 궁지에 빠뜨리는 결과를 초래하였다. 최근 들어 러시아가 북한에 대해 작은 배려를 시사하고 있기는 하지만, 양국관계는 철저한 국가이익에 따라 그 향배가 결정될 수밖에 없게 되었다.

둘째, 경제분야에서도 원조의 수수(授受)는 사실상 불가능하게 되었다. 러시아의 심각한 경제난은 기록적인 인플레이션과 연속적인 마이너스 경제성장률 등에서 확인되고 있다. 이러한 사태를 반영하듯, 러시아는 1992년부터 북한에 대한 무역거래에서 우호가격 철폐 및 경화(硬貨) 결재조치를 취하였다. 한편 북한의 경우, 대외무역구조가 1980년대에 대소 의존적으로 정착되어 왔기 때문에 소련의 해체에 따른 충격을 제대로 흡수하지 못하였다. 더욱이 소련이 제공한 플랜트 설비나 무기체계 등이 지난 수십 년 동안 북한에서 가동되어 왔기 때문에 지속적이고 안정적인 자재공급과 부품조달이 원활하게 이루어지지 못함으로써 북한은 많은 애로를 겪게 되었다. 따라서 향후에도 북한이 이러한 난관을 극복하기 위해서는 러시아를 비롯한 독립국가연합(CIS) 공화국들과의 경제관계 개선이 불가피하다.

셋째, 군사적 유대관계에서는 북한과 러시아가 비교적 공감대를 형성하고 있는 것으로 보인다. 일본의 군사대국화 지향에 대한 양국의 입장은 쉽게 조율될 수 있으며, 미국을 의식하는 데에서도 공동보조를 취할 수 있기 때문이다. 그러나 탈냉전시대에 들어와 군사전략적 가치의 중요성은 많이 줄어들었고, 중국과 소련이 북한을 대상으로 벌여 왔던 끌어안기 경쟁도 종식된 마당에 냉전시대의 군사적 동맹과 혈맹관계는 사실상 기대할 수 없는 형편이다.

이러한 북·러관계를 미루어 볼 때, 양국은 사안별로 각기 자국의 국가이익을 고려하여 접촉·교류할 것으로 보인다. 즉, 공유할 수 있는 이념이나 가치가 더 이상 존재하지 않을 때, 실리에 바탕을 둔 외교만을 선호하게 만드는 국제관계의 사례를 확인하는 차원에 머무를 수밖에 없을 뿐이다.

한편 북핵문제에 대한 러시아의 입장은 러시아가 6자회담에 적극성을 보인 배경과 이해를 같이 한다. 과거 소련이 한반도에서의 핵위험이 비단 남한에 배치된 미국의 전술핵뿐만이 아니라 북한의 비밀스런 핵 프로그램에도 그 여지가 있음을 명시적으로 인정한 것은 1990년부터이다. 1989년부터 국제사회의 주요 일간지들은 미국 중앙정보국(CIA)의 정보를 근거로 북한이 핵무기 제조를 위한 플루토늄 재처리시설을 갖고 있다고 보도하기 시작했는데, 이는 당시 '신사고' 기치 하에서 미·소간의 핵무기 감축을 제안하며 세계 평화를 부르짖던 고르바초프로서는 외면하기 어려운 사실이었다. 때마침 1990년 12월 소련을 방문 중이던 노태우 대통령이 고르바초프에게 북한이 IAEA의 핵안전협정에 서명토록 협조해 달라는 요청을 하게 되었고, 고르바초프는 소련에게도 이 문제는 심각한 일이라고 응답하였다. 실제로 당시 소련 외상인 셰바르드나제는 1990년 9월 평양을 방문하여 핵시설의 IAEA 사찰을 종용하기에 이르렀다.

이후 옐친 정부는 전향적인 북핵정책을 표방하면서 북핵문제에 대한 적극적인 접근자세를 보였다. 한·소수교를 '미국-소련-한국의 삼각 결탁관계 형성'이라며 비난을 퍼붓던 북한에게 있어서 시장경제와 정치적 민주주의를 기치로 들어선 러시아의 존재는 설상가상이었다. 이때부터 러시아의 대한반도정책은 명백히 구소련의 반대편 인식에서 입안되고 추진되었다. 옐친은 1992년 11월 18일 한국 국회에서 행한 연설을 통해 자신의 반공의지를 천명함으로써 러시아의 전향적인 한반도정책을 강력히 시사하였다.

또한 1992년 2월에 열린 최초의 미·러 정상회담에서 옐친 대통령과 부시 대통령은 "양국이 대량살상무기와 이의 제조기술 확산을 방지하기 위해 함께 노력할 것"을 다짐하였다. 이러한 분위기는 동년 6월 옐친과 클린턴 대통령 간의 밴쿠버 정상회담에서도 재확인되었는데, 이는 몇 달 전에 있었던 북한의 NPT 탈퇴선언의 여파로 북한의 핵문제가 국제사회의 주요 이슈로 부각되었기 때문이다. 이들은 공동성명을 통해 ① 북한 지도자 김일성은 국제적으로 승인되는 핵안전원칙을 존중

할 것, ② 북한은 IAEA의 핵사찰의무가 있으니 이를 전면 수용할 것, ③ 북한은 NPT 탈퇴선언을 철회할 것 등을 강력히 제의하였다. 또한 1994년 1월 모스크바에서 열린 미·러 정상회담에서 다시 옐친과 클린턴은 '핵 비확산선언'을 통해 북핵문제를 특별히 지적하였다. 그 밖에도 러시아는 그 동안 유엔 등 여러 통로를 통해 국제사회의 대북 압력에 주저 없이 동참해 왔다.

한편 북·러 쌍무관계를 통해서도 러시아는 북한을 설득하고자 하였다. 그러나 이러한 설득에도 불구하고, 마침내 북한이 1993년 3월 12일 NPT 탈퇴선언을 하자 옐친 대통령은 이에 대한 보복조치로 핵분야 전문가들의 교환은 물론 기술자 교육 지원의 중단을 지시하였다. 또한 원자력발전소 건설을 위한 협력도 중단되었고, 과거 소련의 도움을 바탕으로 완성된 8MW 연구용 원자로의 연료봉 연료 수송도 중단되었다. 요컨대, 옐친 대통령과 코지레프 외무장관의 북핵정책은 과거 소련시절의 한반도 핵문제에 대한 인식으로부터의 전면적 궤도 수정이었다. 러시아는 국제무대에서나 북·러관계에서나 핵문제와 관련하여 북한을 압박하는 데 주저하지 않았다.

그러나 2000년 푸틴(V. Putin)의 집권과 더불어 북·러관계는 점차적으로 회복되는 모습을 보여주었다. 동년 2월 이바노프 외무장관이 북한을 방문하여 북한과 '조·러 우호선린협력조약'(이하 '신조약')을 체결하였다. 이로써 양국은 냉전시절 '조·소 우호협력 및 상호원조조약'(이하 '구조약')에 따른 군사동맹이나 형제국의 관계는 물론 1996년 '구조약'의 폐기 이후 공식적 국가관계 없이 지내던 관계를 청산하고, 명실상부한 정상적 국가관계를 정립하게 되었다. 전문과 12개 조항으로 구성된 '신조약'은 핵심 쟁점사항이었던 '자동 군사개입 조항(구조약 제1조)'을 '안보위협 발생시 즉각 통보' 및 '상대를 공격하는 제3국 지지 금지'로 대치하였다. 미국 및 일본과의 관계개선에 별다른 성과를 거두지 못했던 북한으로서는 정치·안보적인 측면에서 북·러 '신조약'의 의의를 간과할 수 없었을 것이며, 러시아로서는 국제법적으로 '두 개의 한국'과 우호관계를 가질 수 있게 되었다. 러시아가 그 후에 발표한 '신외교정책'에서 남북한에 대한 등거리외교 원칙을 천명한 것도 결코 우연은 아니었다.

또한 2000년 7월 푸틴 대통령이 러시아 최고 지도자로서는 최초로 북한을 방문하였다. 그의 방문목적은 크게 두 가지였는데, 첫 번째는 대미 견제차원, 즉 미국의 NMD계획과 관련된 북·러간의 협력을 위해서였다. 북한의 미사일 프로그램이 러시아가 그 동안 우려하고 비난해 온 미국의 NMD 구축계획의 구실 중 하나였음에 비추어 볼 때, 푸틴의 방북은 NMD 저지를 위한 실마리를 마련하려는 의도가 컸을 것이다. 두 번째 방문목적은 주변 강대국들과의 경쟁차원에서였다. 즉, '신조약'을 통해 북한과의 친선을 다진 만큼 푸틴의 방북을 통해 지난 10년 동안 상실되었던 북한의 러시아에 대한 신뢰감을 회복하여 한반도에서 유명무실해진 러시아의 영향력을 되찾기 위한 것이었다. 푸틴과 김정일은 몇 차례의 정상회담을 갖고 공동선언문을 발표하였다. 여기에서 양국은 정치·안보측면에서 상호 지지와 격려를 다짐하는 한편, 구체적으로 ABM 조약 개정 반대, 전역미사일방어체제(TMD) 계획 반대 등 양국 공동의 행동강령까지 제시하였다.

한편 푸틴 대통령의 방북에 대한 답방형식으로 2001년 8월 김정일 국방위원장이 러시아를 방문하여 북·러 정상회담을 개최한 후 '모스크바 공동선언'을 발표함으로써 양국관계는 상당히 회복되기에 이르렀다. 특히, 이 회담에서 주목해야 할 것은 첫째, 미국의 TMD에 대한 직접적인 반대표현이 없었다는 점이다. 미국과 러시아 간의 전략핵무기감축조약인 START II의 이행 및 START III 촉구도 들어있지 않았다. 여기에는 러시아의 입장이 깊게 반영된 것으로 보인다. 미국과의 협상을 앞둔 러시아로서는 미국에게 미사일 방어 구축의 구실을 제공한 북한과 함께 미·러 전략관계를 논의할 필요를 느끼지 못했던 것으로 이해된다. 둘째, 북한의 미사일계획이 평화적 성격이라는 점을 러시아가 인정했다는 것이다. 그러나 북한의 자주권을 존중하지 않는 나라에 대해서는 위협이 될 수도 있다는 경고는 논리적으로 앞뒤가 맞지 않는다.

또한 이 정상회담을 통해서 북한은 러시아로부터 크게 두 가지의 성과를 거두었다. 첫째, 북한 미사일문제가 기본적으로는 평화적이지만 주권을 존중하지 않는 나라에 대해서는 그렇지 않다는 북한의 입장을 러시아가 지지해 준 점이다. 둘째, 한반도문제에서 미군과 미국의 영향력이 제거되어야 한다는 북한의 입장을 러시아가 이해했다는 점이다. 반면 이는 러시아 입장에서는 '한반도에서의 러시아의 역할'을 인식시켜 주고, 한국·북한·러시아의 3각 협력안을 지지한 점을 성과로 치부할 수 있었을 것이다.

2003년 8월 말 남북한과 한반도 주변 4강대국은 북핵문제의 평화적 해결을 위한 제1차 6자회담을 개최했는데, 러시아로서는 6자회담 참가 그 자체로도 이미 외교적 승리라 할 수 있다. 비록 지난 3년 동안 북·러관계가 회복되었다고는 하지만, 여전히 러시아의 대북 정치적·경제적 역할은 구소련이나 또는 중국과 비교해 봤을 때 매우 저조했기 때문이다. 1990년대에 들어와 러시아는 북핵문제 해결과정에서 배제되었음은 물론, 한반도 평화정착문제에서 미국과 중국만이 평화 보장국 지위를 인정받은 것이 사실이었다. 이러한 상황에서 6자회담 참석은 러시아로서는 외교적으로 좋은 기회였다. 러시아는 6자회담에서 북한을 제외한 다른 4개국과 마찬가지로 북한의 비핵화를 희망하였다. 러시아는 이러한 기본 입장을 바탕으로 러시아의 국익을 최대한 도모할 방안을 강구하였다.

북·러관계 발전의 배경이나 결정요인을 분석해 볼 때, 북·러관계의 발전은 당분간 지속될 전망이다. 자주노선의 유지와 경제발전을 위한 원조 획득 및 러시아로부터 적극적인 지원이 필요한 북한으로서는 대내외적으로 당면한 문제를 해결하기 위해서 당분간 러시아와 유대를 계속 강화해 나갈 것으로 보인다. 한편 중·장기적인 관점에서 볼 때, 북한은 국력이 구소련에 비해 상대적으로 열세인 러시아와 구소련 수준의 관계로 복귀할 가능성은 매우 희박하고, 오히려 중국에 보다 치우치는 정책을 추구할 것이 예상된다. 다시 말해서, 북한은 중국과 러시아에 대해 원칙적으로는 등거리외교를 추구하면서도, 중국을 통해 서방의 선진기술과 자본을 끌어들여 경제를 활성화시킬 목적으로 중국에 편향될 가능성이 클 것으로 예상된다. 결국 북한은 중국과 러시아로부터 실질적인 지원을 받는 가운데 궁극적으로 자립할 수 있는 능력과 기회를 스스로 확보해야 하는 노력을 계속하지 않을 수 없다. 만약 북한이 이에 실패하여 또다시 자주노선을 표방하게 된다면, 북한의 미래는 참으로 상상하기 어렵게 될 것이다.

4. 일본의 외교정책

(1) 일본의 외교정책 기조와 목표

냉전시대에 일본은 국가발전전략으로 국방비 지출을 최소한으로 줄이고, 경제성장을 위한 부문에 국력을 집중하였다. 국제관계의 수립에 있어서도 일본은 해외투자 및 무역부문에 집중하여 자국의 영향력을 의도적으로 경제부분에 국한시켰다. 예를 들어, 일본은 미·일 안전보장체제 하에서 국제정치에 적극적으로 참여하지 않았고, 미국의 군사적 보호 하에 미국의 대외정책을 그대로 답습하였다. 대부분의 일본 국민들은 이러한 일본의 외교정책성향 때문에 일본이 경제성장에 성공하여 경제대국이 될 수 있었다고 평가하고 있다.181)

그러나 일본은 막강한 경제력을 바탕으로 1970년대부터 국제정치에 적극적으로 참여하려는 모습을 보이게 되었다. 그 대표적인 사례로서 일본은 1970년대 들어와 중국과의 관계개선에 주력하여 1972년 9월 중국과 국교를 정상화하였다. 그 후에도 일본은 국제사회에서 자국의 역할을 증대하려는 노력을 지속적으로 전개해 왔다. 특히, 1990년대 초 걸프전쟁을 계기로 일본은 경제력에 걸맞는 명실상부한 정치·군사적 강대국으로 부상하려는 움직임을 보여 왔다. 즉, 일본은 유엔 평화유지

---

181) 전득주 외(공저), 『대외정책론』(서울: 박영사, 1998), p. 293.

활동(PKO)에 적극적으로 참여하는 한편, 유엔 안전보장이사회의 상임이사국으로 진출하려는 시도를 계속 하고 있다.

일본은 냉전 종식과 비자민 연립정권의 출범 등과 같이 급변하는 국내외환경 속에서 동북아정세를 다음과 같이 인식하였다.

첫째, 일본은 냉전 종식과 함께 동북아에서도 역내 질서의 급격한 변화가 일어나고 있으며, 이에 따라 미·일동맹의 재조정이 필요하다고 보고 있다.

둘째, 일본은 냉전 종식 이후 새로운 국제질서가 확립되지 않고 있는 상태에서 역내 정세가 오히려 불안정해지고 있다고 인식하고 있다.

셋째, 일본은 국제관계에 있어서 이념적 대립이 해소됨에 따라 냉전기간 중 억제돼 왔던 경제적 경쟁 및 갈등관계가 더욱 심화될 것으로 보고 있다.

넷째, 국제정치에 있어서 군사력에 비해 경제력의 중요성이 상대적으로 부각됨에 따라 일본은 자국의 경제력에 상응하는 책임과 역할수행이 더욱 강력히 요구될 것으로 인식하고 있다.

이러한 인식 하에 일본은 다음과 같은 기조 하에서 동북아정책을 추진하고 있다.

첫째, 정치·안보면에서 일본은 미국과의 동맹관계를 견고히 유지하면서 양국관계를 보다 대등한 관계로 발전시키려 하고 있다. 특히, 일본은 세계 제2위의 경제대국 위상에 걸맞는 정치·군사적 강대국으로 도약하려는 움직임을 보이고 있다. 일본은 첨단 과학기술을 보유하고 있기 때문에 언제든지 군사 강대국으로 발전할 수 있는 조건을 구비하고 있으며, 또한 막강한 경제력을 바탕으로 중국, 러시아, 북한 등에 영향력을 행사할 수 있는 위치에 있다.

둘째, 일본은 냉전 종식 이후 적극적으로 유엔 안보리 상임이사국으로 진출하려는 의욕을 보이는 등 정치·안보분야에서 자국의 역할 증대를 모색하고 있으며, 또한 아시아·태평양지역의 안정과 번영을 위해 자국이 중심적 역할을 담당해야 한다고 보고 있다.

셋째, 일본은 대외경제정책면에서 자유주의적 세계경제질서가 자국의 이익과 직결되는 것으로 보고, 무역상대국의 보호주의정책을 저지하면서 시장개방 압력에 대처해 나갈 수 있는 정책개발에 노력하고 있다.

이처럼 탈냉전시대에 들어와 국제질서와 동북아질서가 급변함에 따라 일본은 남북한에 대해 보다 적극적인 등거리외교를 추진하고 있다. 일본의 한반도에 대한 정책목표는 최우선적으로 군사·안보적인 측면에서 한반도에서 분쟁을 방지하고 안정을 유지하며, 한반도에서 일본에 대한 적대적인 세력이 형성되는 것을 막는 것이다. 이러한 목표를 고려할 때 단기적으로 일본의 대한반도정책은 현상유지를 선호하는 경향을 나타낼 수도 있으나, 남북한의 대치상황도 상당한 안보위협요소이므로 이를 해소하는 것도 일본의 국익과 일치한다고 할 수 있다.

따라서 일본은 한국과의 기존 안보 및 경제유대를 지속해 나가는 동시에, 한반도에 대한 중국과 러시아의 영향력을 경제하고 자국의 발언권을 강화하기 위해 북한과의 수교협상에 적극 나서고 있다.

동북아시아에서 일본은 북한과의 관계개선과 국교정상화 실현으로 외교적 지렛대를 확보하는 한편, 냉전 종식 이후 일본의 가상적국으로 부상하고 있는 중국을 군사·외교적으로 견제하겠다는 전략을 추진 중에 있는 것으로 알려지고 있다. 이미 일본의 자위대는 북방의 러시아 중시전략에서 중국과 한반도 등 중부방면으로 전략체제를 변경했다는 사실은 일본의 전략수정이 공식화된 것을 의미한다.

일본은 탈냉전시대에 들어와 미국과의 방위협력에 적극성을 보이고 있다. 이는 동북아지역에서의 일·중 갈등과 무관하지 않다. 일본 내 보수파세력의 집권과 북한 핵에 대한 강경자세로 말미암아 미·일 양국은 1997년에「방위협력지침」을 개정하게 되었고, 2001년 9·11 테러사건 이후부터는 협력의 수위를 더욱 높여 주변사태에 적극 대처하는 법적 대응에 나섰다. 그 결과 일본은 2003년 6월 이른바 '유사법제(有事法制)' ― 무력공격사태 대처법안, 자위대법 개정안, 안전보장회의 설치법 개정안 ― 를 마련하여 동북아지역의 안전보장문제를 미국과 일본이 동시에 해결하는 데 미·일 안보조약을 확대 적용한다는 정책을 구체화하였다.

266

(2) 일본의 대한반도정책

1961년 6월 케네디 대통령과 이케다(池田) 총리 간의 미·일 정상회담 후 일본은 "한국의 안보가 일본의 안보에 직결된다"는 점을 강조함으로써, 일본의 대한반도정책은 경제적 고려보다 안보·군사적 고려에 의해 형성되는 계기가 마련되었다. 그 후 1969년 11월 닉슨 대통령과 사토(佐藤) 총리 간의 공동성명을 통해 "한국의 안보는 일본의 안보를 위해서 긴요하다."는 점을 재차 강조하였다. 또한 1977년 3월에 열린 카터 대통령과 후쿠다(福田) 총리 간의 정상회담과 1981년 5월에 열린 레이건 대통령과 스즈키(鈴木) 총리 간의 정상회담에서도 미국과 일본은 "한반도에서의 평화와 안전의 유지는 일본을 포함한 아시아의 평화와 안전에 중요하다."는 기본인식에 합의함으로써 안보적 고려가 일본의 대한반도정책에 있어서 토대가 되고 있음을 알 수 있다.

1970년대 이래 일본이 한국에 대해 지니고 있는 안보이익으로는 다음과 같은 사항들을 들 수 있다.[182]

첫째, 한반도에서의 전쟁이 재발하는 것을 방지하는 것이다. 이는 1975년 월남의 공산화 직후 미야자와(宮澤)의 방한과 한·미·일 3국간의 협조론을 통해 주지되었다.

둘째, 중국과 소련의 적의를 유발할지도 모를 대한반도정책을 채택해서는 안 된다는 것이다. 이는 6자회담 및 8자회담 주장 배경과 관련하여 일본의 기득권 유지 측면과 관련된다.

셋째, 한국은 비적성 국가에 의해 통치되어야 한다는 시각이 지배적이다. 따라서 일본은 한반도의 잠정적 분단고착 및 현상유지라는 관점에서 남북한 '등거리 외교'를 선호하고 있음을 알 수 있다.

이러한 일본의 대한반도정책은 미국의 경우처럼 주로 전쟁재발을 억지하는 데

---

182) 소치형·박치정·강석찬(공저), 앞의 책, p. 175.

중점을 두고 있는데, 일본이 한반도를 바라보는 시각은 대체로 다음과 같다.

첫째, 일본은 한반도상황을 '1민족 2정권'으로 파악하고 있다. 이러한 점은 일본이 그동안 한국과는 공식적인 관계를, 그리고 북한과는 비공식적인 관계를 가져오는 등 남북한에 대해서 애매한 태도를 취해 왔다는 사실에서도 확인할 수 있다.

둘째, 일본은 한·일 양국이 안보상 직결된다는 인식을 약화하거나 배제하려는 경향을 보여 왔다. 이는 일본이 한국의 안보상황에 타율적으로 개입할 수 있는 가능성을 배제하려는 데 그 목적이 있다.

셋째, 일본은 북한을 평화공존의 틀 속에 끌어넣기 위해서도 북한과의 교류가 필요하다고 간주하고 있는데, 일본은 이러한 접근방식이 한국 정부의 평화공존정책과도 모순되지 않는다고 판단하고 있다.

넷째, 전방위 외교의 시각에서 볼 때 일본의 대한반도정책은 현실적으로 한반도에서 통일가능성이 거의 없다는 대전제에서 출발하고 있다. 일본은 한반도에서 무력통일이 이루어지기보다는 평화공존이 장기화될 것이고, 따라서 일본은 명분상 한반도의 평화통일을 지지하지만, 평화통일을 현실적·실제적 정책결정의 전제로 삼을 필요는 없다고 판단해 왔다.

일본은 한반도에는 사실상 두 개의 정권이 존재하므로 제한된 대립이 지속될 것이라는 전제에 입각해 있다. 한국이 일본의 안보에 중요하다는 명제는 일본이 자유세계의 열쇠이므로 일본을 위해 한국이 중요하다는 입장에서 한반도문제에 접근하고 있다. 일본이 한반도에 대해서 현실적으로 지니고 있는 입장과 정책을 보다 구체적으로 살펴보면 다음과 같다.

첫 번째로, 일본은 한반도 통일문제에 대해 두 가지의 상반된 견해를 지니고 있다. 우선 한반도 통일에 대해 부정적인 시각을 갖고 있는 일본인들은 ① 통일한국의 군사력이 일본에 위협이 될 수 있다는 점과 ② 경제적인 측면에서 통일이 된 후 한국과 일본 간에 치열한 무역경쟁이 일어날 수 있다는 점을 우려하고 있다. 따라서 이러한 시각을 가지고 있는 사람들은 한반도로부터 초래될 수 있는 잠재적 위협을 완화하기 위하여 통일한국보다는 현재의 남북분단이 일본에게 훨씬 유리할 것으로 생각하고 있다.

그 반면에 한반도 통일에 대해 긍정적인 시각을 갖고 있는 일본인들은 국제적인 추세에 비춰볼 때 한반도가 공산화통일될 가능성은 희박하기 때문에 민주주의 및 시장경제체제 하에서 이루어질 한반도 통일을 굳이 반대할 이유가 없다고 보고 있다.

두 번째로, 핵문제와 관련하여 일본은 미국이나 중국과는 다소 관점의 차이가 있지만, 기본적으로 한반도의 비핵지대화를 바라고 있다. 일본은 자국의 안보 유지를 위하여 남북한이 핵무기를 보유하는 것에 반대하고 있으며, 또한 통일한국이 핵무기 개발의도를 갖지 않기를 희망하고 있다. 사실상 일본은 제2차 세계대전이 종식되기 직전 미국으로부터의 원자탄 피폭경험을 갖고 있기 때문에 그 동안 핵무기에 대해 일종의 알레르기 반응을 보여 왔다. 따라서 일본은 1967년 이래 ‘비핵(非核) 3원칙’을 견지해왔는데, 그러한 원칙이란 “일본은 핵무기를 보유하지도 제조하지도 않으며, 핵무기의 배치도 허락하지 않는다”[183)는 것이었다. 그러나 2006년 10월 북한의 핵실험 단행 이후 일본의 일부 정치지도자와 우익세력들은 일본이 더 이상 ‘비핵 3원칙’을 고수할 필요가 없다는 입장을 보이고 있어 향후 일본의 핵정책이 어떻게 바뀔지 그 귀추가 주목되고 있다.

세 번째로, 한반도의 현 정전체제의 평화체제로의 전환문제와 관련하여 일본은 한반도에 대한 자국의 영향력과 발언권의 증대를 위해 한반도 평화체제 구축을 위한 국제회담으로서 사실상 남북한과 일본, 중국이 참여하는 4자회담보다는 일본도 함께 참여하는 2+4회담을 지지하고 있다.

네 번째로, 일본은 북한체제의 급작스런 붕괴로 인해 야기될지 모를 한반도의 혼란과 전쟁위험을 방지하기 위해 주한미군을 없어서는 안 될 중요한 존재로 간주하고 있으며, 민주적인 통일한국이 탄생한 이후에도 당분간 동북아 안정을 위해 미군

---

183) 고병철, “조·일관계 발전과 남북관계 전망,” 『현대이념연구』(건국대 현대이념비교연구회, 1991), p. 13.

이 주둔할 것을 바라고 있다.

그러나 이러한 일본의 대한반도정책은 다음과 같은 요소에 의해 제약받을 것으로 전망된다.

첫째, 일본의 대한반도정책은 미국의 동북아정책 및 전략 변화에 따라 영향을 받게 될 것이다. 클린턴 행정부 출범한 이래 미국은 냉전 종식 이후의 세계질서를 유지하기 위해 일본과의 군사적 역할분담을 요구하고 있으나, 일본이 독자적으로 군사노선을 추구하는 것에 대해서는 기본적으로 반대하고 있다. 이러한 점은 1996년 4월 17일 미·일 정상회담을 통해 발표된 '신안보공동선언'의 내용을 통해서도 확인되고 있다. '신안보선언'은 1951년에 체결된 미·일 안보조약을 재정의한 것으로서, 그 핵심 내용은 다음과 같다.

첫째, 미국과 일본은 냉전 종식 이후에도 미·일 안보체제가 동북아지역의 평화와 안정에 중요한 역할을 한다는 점을 재확인한다.

둘째, 미국과 일본은 일본의 방위에 가장 중요한 틀은 긴밀한 양국 간 방위협력이며, 미군의 주둔이 아시아·태평양지역의 평화와 안정에 불가결한 것이라는 데 합의한다. 따라서 미군은 현 수준의 주일미군(4만 7천명)을 포함하여 10만 명 전후의 병력을 유지한다.

셋째, 미국과 일본은 '신안보선언'을 계기로 구체적인 협력방안 마련을 위해 지난 1978년에 체결된 「미·일 방위협력지침」을 재검토한다. 장래 발생할 수도 있는 국제적인 안보환경의 변화 — 예를 들어, 중국과 대만 간의 분쟁이나 한반도에서의 전쟁 발생 등 — 에 대응하여 미·일 양국 정부는 부대 구성에 관해서도 긴밀한 협의를 계속한다. 그 가운데에는 주일미군의 구성도 포함된다.

넷째, 오키나와에 있는 미군기지의 정리, 통합, 축소를 추진할 것을 확인한다.

결국 미·일간의 신안보체제의 성격은 양국 안보체제 강화를 위한 아시아·태평양지역에서의 일본의 군사적 역할의 확대로 요약될 수 있다. 그 중 가장 대표적인 것이 바로 공동방위범위의 확대이다. 지난 1969년에 개정된 미·일 안보조약에서는 주일미군의 활동범위를 극동지역으로 규정하였으나, '신안보선언'을 통해서는 그 범위가 아시아·태평양지역으로 확대되었다. 특히, 주목을 끄는 것은 주일미군의 주둔목적을 종전의 '일본 유사시'에서 '극동지역 유사시'에 대한 대비로 확대함으로써 한반도 유사시에 일본이 간접적으로 개입할 수 있는 발판을 마련했다는 점이다.

또한 상호협력범위를 규정한 「방위협력지침」도 이번에는 개정·추진방침만 발표됐으나, 이미 미·일간에는 ① 유사시 미군의 자위대기지 공동 이용, ② 미군에 대한 민간 공항 및 항만의 제공, ③ 대미 무기부품 수출의 예외허용 등 구체적 방침들이 암묵적으로 합의되어 있는 상태이다. 이와 같은 후방지원의 확대는 유사시에 필연적으로 일본의 분쟁개입으로 발전할 수밖에 없다는 데에 그 문제점이 있다. 다시 말해서, 미국이나 일본이 중국과 무력충돌이 발생할 경우, 즉 미군이 사용 중인 일본 내 시설이 공격당할 경우에 자위대는 자위를 위해서도 무력행사를 할 수밖에 없는 상황이 예상된다.

이러한 내용을 지닌 '신안보선언'은 미·일 안보관계를 종속적 관계에서 실질적 책임을 분담하는 동맹관계로 전환시키는 역사적 의미를 지니고 있다. 그런데 '신안보선언'의 배경으로는 다음과 같은 사항들을 지적할 수 있다.

첫째, 일본 내에서는 지난 1991년 걸프전쟁 당시 일본이 2백억 달러에 달하는 엄청난 전비부담을 지면서도 전혀 영향력을 행사하지 못한 데 대한 뼈저린 반성이 있어 왔다. 그렇기 때문에 "일본은 막강한 경제력에 걸맞는 정치·군사적 영향력을 가져야 한다"는 오자와(小澤一郎)의 '보통국가론'이 계속 지지를 얻어왔다. 또한 미국도 냉전 종식 후 구소련의 군사적 위협이 사라지고, 중국의 군사력 증강과 북한의 호전적 태도, 영유권 분쟁 등 다양한 분쟁요인이 대두되는 상황을 맞이하여 일본이 전비만 부담하는 데 그치는 것이 아니라 실질적인 안보협력이 필요하게 되었다.

따라서 미·일간의 '신안보선언'은 일본이 그 동안 방위정책의 3대 지주로 삼아

온 ① 전수(專守)방위, ② 무기수출 3원칙, ③ 비핵 3원칙 중 사실상 2개의 원칙을 무너뜨린 셈이다. 이러한 선언을 계기로 일본 국내에서는 헌법해석상 금지해 온 '집단적 자위권 행사문제'와 유사시에 대비한 유사입법의 제정 논의가 활발해지고 있다.

한편 '신안보선언'이 발표된 직후 한국, 중국, 러시아 등 주변 국가들은 이러한 선언이 일본 자위대의 해외파병길을 닦아 궁극적으로는 일본의 군사대국화를 초래할 가능성이 있다는 점을 우려하고 있다. 또한 아세안국가들은 '신안보선언'이 결국 중국으로 하여금 미국이 자국을 겨냥한 것으로 해석할 것이기 때문에 중국을 자극하여 군사력 증강의 빌미를 제공하게 될 것으로 우려하고 있다.

둘째, 일본은 비록 남북한에 대한 등거리외교를 추구하고 있으나, 대북정책을 추진해 나가는 과정에서 일본이 한국에 갖고 있는 안보 및 경제적 이익을 고려할 것이기 때문에 한국측의 요구를 어느 정도 수용할 수밖에 없을 것이다.

그러나 일본은 세계 제2위의 경제대국이라는 막강한 경제력과 미·일간의 군사적 역할분담 증대를 명분으로 세계적 차원에서뿐만 아니라 한반도에서도 영향력 증대를 위한 노력을 지속할 것으로 보인다.

일본의 정책결정과정은 헌법을 개정하지 않고서도 정치적 합의만 도출되면 무엇이든지 할 수 있도록 되어 있다. 1967년에 채택된 이른바 '비핵 3원칙'도 정치적 합의일 뿐이다. 또한 미·일간의 '신안보선언'도 논의나 토의의 결과가 아니라, 기정사실로 결정된 후 이에 관한 논의가 시작되는 사례에 지나지 않았다.

새로운 미·일 안보협력체제의 등장은 미국이 일본과의 안보협력을 바탕으로 북한과의 관계를 개선하고, 갈등 내지 경쟁관계에 있는 중국을 견제하여 동북아시아에서의 균형자 역할을 강화하려는 데에서 기인한다. 이는 1994년 이래 클린턴 대통령이 추구해 온 '개입과 확대(engagement & enlargement)' 정책이 구체적으로 가시화된 것으로 이해된다. 그리고 이러한 정책구상은 주일미군 활동에 대한 일본의 지원 강화를 골자로 하고 있지만, 이 '신안보선언'은 정치·경제·군사적인 영역에서도 미·일 간의 동반자관계가 존재한다는 것을 공식 천명한 것이다. 이는 이미 1993년 클린턴 대통령의 일본 방문 시에 발표된 '미·일 공동성명'에서 그 싹이 트기 시작했으며, 나이(Joseph Nye) 전 미국무부 차관보가 미·일관계를 NATO와 같은 동맹관계로 발전되기를 희망했던 의사 표명에서도 예견되었던 일이다. 또한 미·일간의 '신안보선언'을 통해 미국은 동북아지역에서의 역할 일부분을 일본에 넘겨준 셈이라는 인상을 강하게 시사했는데, 이는 중국을 자극할 수 있는 소지를 충분히 담고 있는 것이기도 하다.

21세기에 들어와 한국과 일본은 과거 일본의 식민지 통치문제, 독도문제, 일본의 역사교과서 왜곡문제 등으로 또다시 갈등을 보이고 있다.

첫째, 일본의 식민통치 합리화 관련하여 1996년에 당시 에토 총무청 장관은 "한·일병합이라는 것은 만일 제일로 책임을 묻는다면, 그 당시에 도장을 찍은 총리 이완용이다. 싫으면 거절했으면 그만이다. 강제로 도장을 찍도록 한 일본의 잘못도 있지만, 일본은 한국인의 교육수준을 높이고 시설 정비 등 좋은 일도 했다. 창씨개명 등 긍지 높은 민족에 대한 배려를 극히 결한 사실로 인해 지금 꼬리를 잡히고 있지만, 모든 계층에서 한국이 활약할 수 있게 된 것은 한·일병합의 효과라고 말할 수 있을지도 모른다."는 망언을 하였다.

둘째, 독도문제와 관련해서는 1984년 2월 당시 아베 외상이 "독도는 국제법상이나 역사적으로 볼 때 일본 영토이다. 독도를 한국이 불법 점거하고 있는 것은 유감이며, 평화적 수단으로 꾸준히 해결을 추진하겠다."고 말했으며, 2004년 1월에는 고이즈미 총리가 "독도는 일본의 영토이며, 한국은 잘 분별해서 대응해야 한다."는 망언을 하였다.

셋째, 역사교과서 왜곡문제와 관련해서 1982년에 마츠노 국토청 장관은 "한국의 역사교과서에도 잘못이 있을 것이다. 예를 들면, 한·일병합도 한국에서는 일본이 침략한 것으로 되어 있는 것 같은데, 한국의 당시 국내정세 등도 있어 어느 쪽이 옳은지 알 수 없다. 일본으로서도 정확하게 조사해야 한다고 생각한다."고 말하였

다.184)

이상에서 살펴본 바와 같이, 전후 한국과 일본 간의 관계는 1965년 한·일 기본 조약 체결을 계기로 제도적으로는 정상화되었지만, 내용면에서는 아직도 양국관계가 정상화되었다고 볼 수 없는 형편이다. 1998년에는 '21세기의 새로운 한·일관계를 위한 양국 정상 공동선언문'이 채택되었으나, 제도적 구속력이 없이 선언에 그치고 있다는 점에서 한·일관계는 아직도 1965년의 상황에서 벗어나지 못하고 있는 실정이다.

물론 한국과 일본은 표면적으로는 경제 등 다방면에서 긴밀한 관계를 맺고 있다. 실제로 한국을 방문하고 있는 일본인 수는 총 외국 방문객의 40%를 넘고 있고, 경제적인 측면에서도 일본은 한국의 주요 교역대상국이다. 지정학적으로나 경제적 관계의 긴밀성 때문에 역대 한국 정부는 일본과의 외교관계를 중시하지 않을 수 없었으며, 앞으로도 대일 외교는 중요시하지 않을 수 없다. 그러나 이처럼 다양하고 긴밀한 교류에도 불구하고, 아직까지 해소되지 않고 있는 한·일 양국 간의 쟁점은 여전히 과제로 남아 있다.

이러한 양국 간의 논쟁거리를 효과적으로 해결하고, 미래에 있어서 더욱 긴밀한 관계로 발전하기 위해서 한국과 일본은 다음과 같은 과제를 해결해 나가야 할 것이다.

첫째, 한국의 입장에서 볼 때, 한국인의 정체성을 확인하는 과정에서 굴욕적 과거를 지닌 국가라는 인식을 변화시켜야 한다. 그리하여 정부차원에서 민족적 자긍심을 제고하기 위한 정책을 좀 더 세심하게 개발해야 한다. 일본의 경우에는 반성을 통한 진리 인식이라는 보편적 가치를 일본의 보수 정치세력은 물론이고 일반 국민들 차원에서도 수용하고 추구해야 한다.

둘째, 한국은 최근 들어 일본이 우경화되고 있고, 군사대국화를 지향하고 있는데 대한 구체적인 대응책을 마련할 필요가 있다. 이를 위해 먼저 한국은 북한 핵문

---

184) 소치형·박치정·강석찬(공저), 앞의 책, pp. 179-180.

제를 해결하는 데 적극 협력하여 일본이 느끼고 있는 안보위협을 제거하는 일에 협조해야 할 필요가 있다. 그리고 한·일간의 신뢰구축과 군사적 투명성 증대를 위한 교류와 협력의 증진이 필요하다. 이를 위해서는 한·일 양국 간의 의원외교를 강화하고, 시민단체 간의 다양한 교류를 통해 일본인의 한국에 대한 인식을 긍정적으로 전환시키도록 노력해야 할 것이다.

한·일 양국이 서로를 '가깝고도 먼 나라'로 인식하는 데에는 양국 국민의 진심 어린 파트너십이 결여된 데 기인하고 있다. 이러한 점을 극복해 나가기 위해서 한국과 일본은 상호 진실한 인접 우호국으로서 동북아지역의 안정과 평화, 나아가서 세계의 번영과 발전에 기여할 수 있는 대의를 공동으로 모색해 나가야 할 것이다.

한국전쟁 이후 일본의 대북정책은 시대와 국내외 정치상황에 따라 다소의 변화는 있었으나, 일본의 대북정책의 일관된 목표는 적대관계의 해소, 관계개선을 통한 안보위협의 제거 그리고 정치·경제적 영향력의 확대에 있었다.

한편 북한도 공식적으로는 일본에 대해 적대적 입장을 취해왔으나, 한국의 북방정책이 성공을 거두자 국제적 고립에서 탈피하고, 심각한 경제난에서 벗어나기 위해 1980년대 후반 이후 적극적으로 대일 수교협상을 벌이고 있다. 그리하여 일본과 북한은 1991년 1월 평양에서 제1차 수교협상을 가진 이래 1992년 11월에 이르기까지 모두 8차에 걸친 수교협상을 가졌다. 그러나 북·일간의 수교협상은 ① 북한 핵문제, ② 일본의 배상문제, ③ 북한의 법적 관할권문제, ④ 북송된 일본인문제, ⑤ 한인 종군위안부문제 등 여러 가지 문제에 대한 상호이견으로 인해 난항을 겪어왔다. 특히, 남북 상호핵사찰문제와 전후시기에 대한 보상문제가 북·일 수교협상과정에서 중요한 쟁점이 되어왔다. 즉, 북한은 일본의 식민지통치 36년간에 대한 배상은 물론, 전후 45년간에 대한 보상도 요구해 왔다. 이에 대해 일본은 전후 45년간에 대한 보상문제는 고려하지 않고, 식민지통치 36년간에 대해서만 보상할 것임을 밝힌 바 있다.

북한과 일본 사이에는 기본관계가 설정되어 있지 않으므로 어떠한 공식적인 외교관계도 존재하지 않는다. 따라서 북한의 일본에 대한 기본태도는 본질적으로는 적대적이다. 그럼에도 불구하고, 1950년대 말 조총련계 재일동포가 북송된 이래 북한과 일본은 '인민외교'를 적극화하여 비정치적 분야에서의 교류를 확대해 왔다. 북한이 대일 '인민외교'를 비교적 활발히 전개할 수 있었던 데에는 조총련을 비롯하여 일본의 공산당, 사회당 등 다수의 친북한 세력들이 있었기 때문이다. 이러한 일본 내의 조건들은 북한으로 하여금 비공산권국가 가운데 일본을 상대로 가장 활발한 접촉과 교류를 전개할 수 있게 만들었다.

1960년대에 들어와 미·일 동맹체제 강화, 한·일 국교정상화 실현으로 인해 한·미·일 3국간에 긴밀한 협력관계가 형성됨으로써 북한은 이에 대해 일본 군국주의의 부활이라고 비난하고 나섰다. 이러한 상황 속에서 북한은 ① 일본의 중립화 실현 또는 군국주의화 견제, ② 미·일 동맹체제의 약화 또는 무력화, ③ 한·일 협력체제의 약화 또는 일본의 대동북아시아 군사동맹화 저지, ④ 일본과의 무역 증대 및 국교정상화 실현 등을 목표로 한 대일정책을 모색해 왔다.

1965년 12월 18일에 체결된 한·일 기본조약을 통해 일본은 대한민국 정부가 유엔총회 결의 195호(III)에 명시되고 있는 것처럼 한반도에서 유일 합법정부임을 확인하고 있다. 한·일간의 국교정상화회담이 진행되고 있을 무렵인 1962년 12월 북한은 "일본 정부가 한·일회담에서 남조선당국과 어떠한 경제적·군사적 협약을 체결한다고 해도 그것은 전적으로 무효임을 엄숙히 선언한다."라는 정부성명을 발표하였다. 또한 1965년 5월에 개최된 북한 최고인민회의 제3기 4차회의에서는 "조선인민은 대일 배상청구권을 계속 보유하고, 이 엄연한 권리를 필히 행사할 것이다. 일본 정부는 배상의무에서 면제될 수 없다."라고 결의함으로써, 한·일 기본조약에 반대하는 그들의 공식입장을 밝힌 바 있다.

한·일 기본조약 이후 북한은 "일본이 북한에 대해 적대적 정책을 펼치고 있다."고 격렬히 비난해 왔으며, 북한은 일본을 가리켜 ① 미제국주의의 아시아 침략의 돌격대이며, ② 미제국주의의 지시에 따라 전쟁을 준비하고 있으며, ③ 아시아 여러 국가를 침략하기 위한 미제국주의의 보급기지이자 공격기지라고 비난하였다. 따라서 북한은 한·일조약에 따라 일본의 방위선이 38도선으로 상향 조정되었다면서, 북한은 일본 군국주의의 해외침략의 대상이 되었다는 내용의 적대입장을 견지하였다.

북한은 일본 정부와 국민 사이를 떼어놓고 서로 질시하도록 하는 데 초점을 맞추어 민간수준의 교류·협력을 증대하는 대일정책을 펴왔다. 북한은 일본 정부에 영향을 미칠 수 있는 정치인과 정당인들을 초청하여 그들에게 북한의 대남전략의 정당성을 이해시키고, 일본 정부로 하여금 남북한 등거리 정책을 추진하도록 하기 위해 여러 수단을 동원했다. 북한은 1955년 10월 처음으로 일본사회당 대표단을 초청한 이래 1960년대 말까지 간헐적인 민간 차원의 교류를 실시하였다. 그러나 1971년 7월 닉슨(R. Nixon) 미국 대통령의 중국 방문계획에 의해 자극을 받은 북한은 동년 11월 '조·일 우호촉진의원연맹'을 결성하는 등 적극적인 대일정책을 전개하였다. 의원연맹 결성 이후 북한과 일본 간의 관계개선을 요구하는 여론이 일본으로부터 나오기 시작하였다. 이러한 경향은 아마도 1972년 2월 닉슨 대통령의 중국 방문과 동년 7월의 남북한 '7·4 공동성명' 등으로 동북아시아의 긴장완화 조짐과 다수의 일본 언론인, 정치인, 실업인들의 북한 방문에 연유한 것으로 보인다.

그러나 일본 정부의 기본입장은 1975년 9월 키신저(H. Kissinger) 미 국무장관의 남북한 교차승인 제의에 따라, 한국 정부가 중국과 소련으로부터 승인받기 이전에는 북한과의 정부급 차원의 교섭을 고려하지 않는다는 반응으로 나타났다.

북한은 1972∼1973년의 남북대화과정에서 한국에 비해 경제적 열세를 의식하고, 6개년계획을 달성하기 위해 종래의 자력갱생원칙에 입각한 폐쇄적인 경제정책과 개방적인 경제정책을 병행하는 궤도 수정을 모색하기 시작하였다. 그 결과 북한은 세밀한 계획 없이 서방 여러 국가들과의 무역을 급속히 확대해 나갔다. 북한의 대서방 무역 증대는 때마침 불어닥친 석유파동 등의 영향을 받아 1975년에 이르러 외채 지불 지연을 초래하였다. 김일성은 외화사정의 악화에 대해 "세계적인 경제공황을 맞아 현재 우리의 외화사정은 약간 곤란한 점이 있으나, 우리의 경제는 후퇴하지 않았다.”고 변호한 바 있다. 김일성의 변명은 1976년 북한이 대일 채무 7천만 달러의 지불불능을 초래함으로써 허위로 나타났다. 이로 인해 양국 간의 무역거래는 커다란 난관에 부딪히게 되었을 뿐만 아니라 1984년부터 북한이 대일 지불대금을 변제하지 못함에 따라 일본의 대북한 수출보험이 중단되기도 하였다.

1980년대를 통해 북한과 일본의 경제교류는 주로 재일 조총련계 기업들을 중심으로 이루어져 왔으며, 교역액은 4~5억 달러 정도의 저조한 실적에 머물렀다. 한편 북한은 해외투자를 촉진하기 위해서 1984년 합영법(合營法)을 제정하였는데, 그것은 일본으로부터 자본과 기술의 도입을 겨냥한 의도도 포함되었다. 그러나 일본 기업들의 대북 투자는 북한 국내정세의 불안, 기간시설의 미비, 통신 · 전력 · 항만 등의 미비 또는 시설낙후로 인해 원활히 이루어지지 못했다.

이상에서 살펴본 것처럼, 1980년대까지 북 · 일관계는 주로 경제분야에서 접촉과 교류가 있어 왔음을 알 수 있다. 북 · 일간의 정치적 교류와 접촉은 북 · 미간 회담이 진행되는 것과 궤를 같이하면서 1990년대에 들어서서 국교 수립을 위한 교섭이 진행되어 왔다. 예를 들면, 1990년 9월 28일 북한 노동당과 일본의 자민당 및 사민당은 소위 ‘3당 공동선언’을 통해서 국교정상화 교섭 추진에 합의했다. 이에 따라 1991년 1월 제1차 본회담이 개최된 이래 1992년 11월까지 8차례의 수교회담이 진행되었으나, 어떠한 진척도 이루지 못했다. 북한의 의도는 일본의 자본과 기술을 도입하여 당면한 경제난을 극복하는 한편, 서방국가들에 대해 다면외교를 추진함으로써 한 · 소수교와 한 · 중수교로 인해 입은 외교적 손실을 만회하려는 데 있었다.

한편 일본의 입장은 경제대국화의 일환으로 북한과의 국교정상화를 통해 자본과 기술을 제공함으로써 자국이 구상하고 있는 ‘환일본해경제권(環日本海經濟圈)’ 형성에 있어 주도권을 장악하려는 의도와 관련되어 있었다. 또한 정치대국으로의 전환을 모색하고 있는 일본이기 때문에 북한과의 국교정상화는 동북아시아에서 자신의 정치적 영향력 확대를 가능하게 해줄 것이며, 특히 남북한에 대한 등거리외교의 구사가 용이할 것이므로 자국의 이익상 불가피한 것으로 인식하였다.

북·일관계 개선을 위한 재시도 노력에 커다란 영향을 미친 첫 번째 배경으로는 중국과 러시아의 적극적인 개혁·개방정책과 한·러수교 및 한·중수교를 들 수 있다. 고르바초프의 페레스트로이카(Perestroika)와 '신사고 외교' ― 즉, ① 공산주의 혁명 수출 억제, ② 외국과의 협상시 무력사용 위협 억제 및 국가안보를 위한 전쟁수단의 포기, ③ 핵무기에 의존하는 마르크스주의적 계급투쟁 포기와 평화 경쟁 도모, ④ 군비 감축 ― 은 세계적인 탈냉전 분위기 조성에 결정적인 역할을 했을 뿐만 아니라 한·러수교와 한·중수교 및 중·소 화해 등을 가져왔고, 또한 한·러수교와 한·중수교에 따른 냉전구도의 변화는 북한을 비롯하여 동북아시아에 대한 일본의 적극적인 대응책을 불러일으켰다.

두 번째로, 북·일관계 개선을 촉진시킨 배경으로는 북한과 미국 간의 관계 변화를 들 수 있다. 동유럽 공산권의 정치적 대변혁으로 인한 외교면에서의 열세, 북한식 사회주의체제의 경직성과 비효율성에 기인한 경제난을 해결하기 위해 북한은 1990년대 초부터 대미 접근을 겨냥한 태도 변화를 보여 왔다. 2000년 10월 북한 조명록 차수의 미국 방문에 이어 올브라이트 미 국무부 장관이 북한을 방문하면서 북·미관계는 더욱 개선될 조짐을 보였다. 따라서 일본 정부는 북·미관계 발전에 따라 한반도에서 영향력을 상실하지 않기 위해서는 일본도 북한과의 관계개선에 적극적으로 나서야 한다는 입장을 보이게 되었다. 이는 북·미관계 개선의 움직임이 북·일관계 개선을 연계 촉진시키는 배경요인으로 작용하고 있음을 알 수 있게 해주는 것이다.

세 번째로, 북·일관계 개선을 촉진시킨 배경으로는 남북한의 유엔 동시가입 실현과 남북대화의 진전을 들 수 있다. 북한의 남북한 유엔 동시가입 반대정책과 무성의한 남북대화는 북한의 대미·대일 관계개선을 위한 실무접촉과 수교협상과정에서 걸림돌로 작용해 왔다. 그러나 1991년 9월 제37차 유엔총회에서 남북한이 유엔에 동시가입하게 되었고, 남북 간에 기본합의서와 부속합의서가 채택·발효된 것을 계기로 북·일간의 수교접촉도 활발해졌으며, 2000년 6월 분단 이래 최초의 남북정상회담과 '6·15 공동선언' 이후 남북 간의 교류와 협력이 활발해짐에 따라 북·일간의 수교접촉도 빨라질 조짐을 보이기 시작하였다.

그러면 북한의 대일정책 목표와 의도는 무엇인지 구체적으로 살펴볼 필요가 있다. 북한의 대일정책은 체제 유지 외교전략에 바탕을 두고 있다. 북한은 '우리식 사회주의'라는 냉전적이고 자립적인 경제체제를 지향해 왔다. 북한체제가 '냉전적'이라 함은 자본주의와의 대결에 입각한 전시체제의 성격을 지칭하는 것이다. 또한 '자립적'이라 함은 북한의 정치·경제체제가 자본주의와 단절되었을 뿐만 아니라 사회주의진영 내에서도 독자적인 노선을 추구했다는 의미이다. 또한 북한은 끊임없는 긴장감을 조성하면서 정권을 유지하는 동시에, 주변 국가들과는 관계개선을 도모하는 것을 외교의 기본 원칙으로 삼고 있다. 이러한 북한의 외교정책 목표는 다음과 같다.

첫째, 안전을 보장하는 것이다. 안전보장은 명시적이든 묵시적이든 모든 국가들의 주요 외교정책 목표이다. 북한의 안보외교는 북한의 영토 보존과 북한정권의 존립을 위협하는 주변의 장애물을 제거함으로써 자신의 안전을 확보하는 데 목표를 두고 있다. 북한은 자신의 안보에 위협세력이 됨은 물론, 더 나아가 자신의 대남 적화전략에 방해가 되고 있는 것이 한·미 동맹관계라고 간주하고 주한미군의 철수를 집요하게 요구해 왔다.

둘째, 경제적 발전을 시도하려고 한다. 북한은 1990년대 중반 이후 고립전략에 의해 위기가 더욱 심화되었다. 북한은 내부위기 가운데에서 고립으로부터 벗어나려는 노력을 끊임없이 시도하고 있다. 구체적으로는 미국과의 정치교섭, 일본과의 경제교섭, 한국과의 민간접촉, 전통적인 중국과의 접촉, 러시아와의 새로운 관계 정립 그리고 국제적인 인도적 식량 지원 등이다.

한편 1990년대 이후 북한이 일본과 수교를 하려고 노력하게 된 배경에는 다음과 같이 몇 가지 요인들이 작용하였다.

첫째, 북한의 대일 수교목적은 북방 삼각관계의 성격 변화와 관련된다. 중국과 러시아의 대외정책 변화와 한국의 북방정책의 성과로 이루어진 중국과 러시아 양국의 한국과의 관계개선으로 초래된 북한의 국제적 고립을 탈피하고자 하는 것이다. 한국이 적극적인 북방외교를 전개하여 러시아 및 중국과 국교를 수립하여 외교적 성과를 올리고 있는 상황에서, 동유럽 공산권의 체제변혁으로 인해 북한은 과거 정치·경제·군사적으로 유대관계를 형성해 온 국가들과의 동맹관계가 불안정하게 되었고, 국제사회에서 북한에 대한 지지국가들이 많이 줄어들게 되었다. 북한은 이러한 상황에서 벗어나고자 미사일 발사와 핵개발 등 '벼랑끝 외교'를 전개하게 되었던 것이다.

둘째, 북한의 또 다른 대일 수교목적은 일본과의 경제협력을 통해 식량난을 비롯한 경제난을 해소하고자 하는 것이다. 일본과의 수교시 일본으로부터 일제 식민지 통치의 대가로 주어지는 배상금과 상당한 액수의 조총련의 자산을 획득하여 경제난을 해결하려 하고 있다. 이를 통하여 북한은 심각해지고 있는 농업생산의 부진, 생산설비 가동률의 저하, 에너지 부족 그리고 1980년대 이후 증가하지 않고 있는 공업생산과 외화부족 등의 경제문제를 해결할 수 있을 것으로 기대하고 있다. 러시아는 1992년부터 북한에 공급하는 원유에 국제가격을 적용하고 경화 결제를 요구했으며, 중국도 경화에 의한 무역거래를 요구하였다. 경제성장면에서 북한 경제는 1990년 −3.7%, 1991년 −5.2% 성장에 이어, 1992년에 −7.6%, 1993년에는 −4.3% 성장한 것으로 나타나고 있다. 이런 상황에서 일본과의 관계개선은 경제문제 해결에 도움이 될 것이다. 뿐만 아니라 북한은 경제난으로 인한 탈북자문제를 근본적으로 해결할 수 있어, 북한체제의 안정에도 도움을 줄 것으로 판단하였다.

셋째, 북한은 일본과의 관계개선을 적극 추진함으로써 미국을 자극하여 평화협상을 추진하려는 데 있다. 미국과 일본이 중국에 경쟁적으로 접근하고 국교정상화를 수립한 것처럼, 일본을 움직여 북한에 접근하도록 하면 미국의 태도도 달라질 것이라는 계산이다.

한편 일본의 대북정책 목표와 의도는 다음과 같다. 동북아지역에서 일본은 안보

강화, 자원 및 시장의 안정적 확보를 국가이익으로 하여 동북아시아에서의 안보역할 증대, 잠재적 위협에 대한 방어 및 견제, 동북아지역의 경제 주도 등의 정책목표를 추구하고 있다. 즉, 한반도 위기상황의 발생 방지, 일본에 적대적인 정권의 수립 저지, 한반도에 대한 정치·경제적 영향력 확보를 통해 최대한의 이익을 도모하려 하고 있다. 이러한 목표에 따라 일본은 대북 수교 교섭과정에서 한반도에 '두 개의 한국' 정책을 추진해 왔고, 한반도의 긴장완화 및 평화유지를 강조하고 있다.

또한 일본의 대북 수교요인과 일본의 이익을 살펴보면 다음과 같다. 첫째, 한반도 질서가 새롭게 재편되려고 하는 시점에서 일본의 영향력을 확대하기 위해서이다. 한·러수교와 한·중수교로 인해 러시아와 중국의 영향력이 한반도 전역에 미치게 됨에 따라 이에 대응하기 위해 북한과의 수교를 모색하지 않을 수 없게 된 것이다. 이는 특히 걸프전 이후 일본의 국제적 역할 증대와 관련해서 막강한 경제력을 전면에 내세워 정치·군사적 역할 증대를 꾀하는 일본 정부의 일관된 노력이라고 해석할 수 있다. 일본은 북한과의 관계개선을 통하여 한반도 내에서 영향력을 증대시킬 수 있다. 일본은 가능한 한 한반도에서 자국의 영향력을 증대시키는 것이 전통적인 대한반도정책이었다. 한반도 주변 국가들 가운데에서 남북한 양측과 국교를 맺고 있는 국가는 중국과 러시아이며, 미국도 뉴욕의 유엔본부에서 사실상 북한과 상시적인 의사소통채널을 유지하고 있다. 따라서 한반도에서 남북한 모두에 영향력을 가지지 못하는 유일한 한반도 주변 국가는 일본이며, 이러한 상황은 일본의 국익에 부합되지 않으므로 일본은 북한과의 관계개선을 적극적으로 추진하고 있는 것으로 이해된다.

둘째, 일본은 북한 변수를 적극적으로 국내정치에 활용해 왔다. 북한과의 적절한 긴장 조성과 북한의 도발적 행동은 일본의 군비증강이나 국내 보수세력 증가의 중요한 계기가 되었다. 그러나 중단기적으로 일본은 북한의 붕괴를 바라지 않고 있다. 왜냐하면 북한체제의 붕괴로 인해 발생할 수 있는 대규모 난민의 일본 유입 가능성에 대해 우려하고 있기 때문이다. 일본은 북한체제의 장래에 대해 중기적으로는 붕괴보다는 존속을 희망하며, 북·일 국교정상화나 대북 쌀 지원이 북한체제의 존속에 도움이 된다면 일본은 자국의 경제력을 활용할 것이다.

셋째, 일본은 태평양전쟁의 전후 처리라는 맥락에서 북한과의 외교관계를 수립하려 하고 있다. 일본은 북한을 제외하고 태평양전쟁 이전에 일제 식민지 통치를 받았던 국가들이나 일본과 전쟁을 치른 국가들과 국교를 수립하여 적어도 외교적으로 정상화했지만, 북한과는 아직 국교를 맺지 못해 전후 처리가 되지 않고 있으므로 이러한 상태를 하루 속히 개선해야 한다는 논리이다. 즉, 동북아지역에서 정치적 리더십을 확립하고자 여러 가지 측면에서 노력해 온 일본이 북한과 외교관계를 맺지 않는 것은 정상이 아니라는 것이다. 이러한 맥락에서 일본은 북한과의 국교정상화에 관심을 보이고 있는 것이다.

넷째, 동북아 국제질서의 재편성과 관련해 일본은 여전히 한·미·일 군사협력체제를 중시하고 있으며, 특히 미국으로부터 경제력에 맞는 역할을 수행하라는 압력을 받고 있다. 일본은 국제사회에서 새로운 정치적 역할을 맡기 위해 아직까지 전후 청산을 하지 못하고 있는 문제 중의 하나인 북한과의 관계를 새롭게 정립할 필요성을 느끼고 있다. 따라서 정치적 역할 확대에 중점을 두고 있는 일본은 새로운 외교정책을 추진함에 있어 지리적으로 가까운 북한에 대해서 전혀 정치적 영향력을 미치지 못하고 있는 상황은 바람직스럽지 못하다고 판단하고 있다. 냉전체제 하에서 일본은 미국과 한국의 반대로 북한과 수교할 수 없었다. 그러나 이제 동·서양 진영 간의 대결이 사라진 국제정세 하에서 한국이 오히려 북·일수교를 권고하고 있기 때문에 일본은 이러한 정세변화가 대북 수교에 도움이 된다고 판단하고 있다.

그 동안 북·일 양국의 관계정상화를 위해 열린 수차례의 수교협상에서 여러 가지 쟁점이 부각되었는데, 이를 구체적으로 살펴보면 다음과 같다.185)

첫 번째는 일본의 식민지 지배에 대한 사죄와 보상문제이다. 북한은 일본과의 협

---

185) 위의 책, pp. 261-264.

상 초기에 항일 빨치산투쟁을 일본과의 교전상태에 있었던 증거로 간주하며 교전 당사자로서 이에 대한 배상을 요구한 바 있다. 그러나 북한은 협상이 계속 진행되는 과정에서 교전 당사자로서의 배상요구 대신에 식민지 지배가 야기한 피해에 대한 넓은 의미의 '인도적 보상'을 요구하는 선으로 양보하였다. 이러한 입장의 변화는 당시 일본군 위안부문제에 대해 일본 정부의 피해보상을 요구하던 한국 민간단체들의 주장에 보조를 맞춘 것이라 할 수 있다. 일본 정부는 이를 일본의 입장과 종래 북한의 입장 사이의 '제3의 길'로서 북·일간에 일정한 진전이 있는 것으로 평가하였다.

북한은 수교협상이 일본측의 완강한 태도로 인해 교착상태에 빠지자 사죄와 보상문제 등 현안을 뒤로 미루고, 우선 국교부터 수립하자는 입장으로 후퇴하였다. 이러한 자세는 1973년의 중·일 국교정상화 당시 중국이 취한 방식과 유사한 것이라 할 수 있으며, 중국은 경제협력방식을 취함으로써 보상 내지 청구권의 방식보다 일본으로부터 훨씬 더 많은 경제지원을 받아내고 있다. 이에 대해 일본은 수교협상 과정에서 일관되게 한·일 합방조약 등 대한제국과 일본이 맺은 조약은 합법적으로 체결된 것이라고 주장하며, 1965년의 한·일 국교정상화때처럼 청구권 방식에 따른 해결을 주장하였다.

한편 북·일 수교협상의 계기가 된 1990년의 조선 노동당과 일본 자민당 및 사회당 간의 '3당 공동선언'에서는 일본 정부가 식민지 지배뿐만 아니라 전후 45년 간 북한 인민이 받은 손실에 대해서도 공식적으로 사죄하고 충분히 보상해야 함을 명기하였다. 그런데 일본 외무성은 북·일 수교협상에 임하는 기본 입장으로서 '전후 보상'은 일체 인정하지 않기로 결정하였다. 수교협상 초기에 전후 보상을 강력하게 주장했던 북한도 이에 대해서는 더 이상 강력한 요구를 하지 않고 있다.

두 번째는 관할권문제이다. 북한은 당초 '조선은 하나'라는 원칙을 견지하되, 관할권문제는 남북한 간에 해결해야 할 민족 내부문제이지 일본이 관여할 성질은 아니라는 논리를 내세우면서 이를 북·일 수교협상의 의제에서 제외시키려는 입장을 취하였다. 그 후 북한은 "조선은 하나이며, 우리는 평화적 통일에 전력을 다한다."
고 하면서도 "바람직한 현실은 아니지만, 우리 주권은 조선반도의 절반밖에 미치지
않는다."고 인정하였다. 여기에는 1991년 남북한 유엔 동시가입이라는 국제정세의
변화가 작용하였다. 나아가 북한은 자신의 관할범위가 '군사경계선 이북'이라고 구
체적으로 명시하기도 하였다. 이러한 북한의 입장 표명에는 당시 남북기본합의서
채택이라는 현실이 작용하였다. 다만 북한측이 협상테이블에서 행한 현실적인 발언
은 북한의 공식매체에는 일체 보도되지 않았다.

그런데 관할권문제는 일본이 수교협상에서 일관되게 제기한 의제였으며, 일본은
협상에 임하는 기본 입장으로서 "한·일관계의 후퇴는 받아들일 수 없으며, 북·일
관계 정상화는 한·일 기본조약과의 정합성을 가지고 진행한다."고 밝혔다. 일본은
나중에 이 문제를 좀 더 적극적으로 제기하여 북·일수교는 "한반도의 휴전선 북
쪽을 실효적으로 지배하는 북한과의 정상화이며, 북한이 남쪽의 관할권을 주장하는
것은 인정할 수 없다."고 주장하였다.

세 번째는 북한 핵문제이다. 일본은 수교협상에 임하는 4가지 기본원칙 가운데
북한 핵문제의 타결이 협상의 주요 의제임을 밝힌 바 있다. 즉, 북·일 국교정상화
가 한반도 전체의 평화와 안정에 기여하도록 추진하고, 국제원자력기구(IAEA)에
의한 북한 핵사찰 수용은 일본의 안전보장에도 중요하다는 것이 그 내용이다.

북한은 이에 반해 핵문제는 수교협상과 전혀 무관한 의제임을 일관되게 주장하
였다. 1991~92년의 수교협상은 표면적으로는 북한측 대표가 일본의 납치사건 거
론에 반발하여 중단된 것처럼 보였으나, 보다 근본적으로는 북·미간의 핵문제를
둘러싼 갈등이 원인이 되어 회담 자체가 교착 상태에 머물다가 결렬된 것이다.

네 번째는 일본인 납치사건문제이다. 일본은 수교협상 도중에 이른바 일본인 '이
은혜 문제'를 거론하며 그 해결을 요구하기 시작하였으나, 당초 이 납치사건문제는
회담의 의제가 아니었다. 당시 납치사건문제는 일본이 협상 타결을 회피하려는 구
실에 지나지 않았다. 그러나 1991~92년 협상이 중단되고 시간이 경과함에 따라

북한이 저질렀다는 일본인 납치사건이 증가하여 9건에 10명이나 되었다. 이러한 납치사건문제는 가뜩이나 악화된 일본 내 반북 여론을 더욱 부채질하였다. 북송된 재일 조선인 처(妻) 귀향사업은 이러한 반북 여론을 완화시키기 위한 조치였으나, 이렇다 할 효과를 거두지는 못하였다. 오히려 납치사건문제는 북·일 수교 교섭 재개의 최대 장애로 떠오르게 되었다.

한편 2000년에 재개된 북·일 수교협상과정에서의 주요 쟁점을 살펴보면 다음과 같다. 1998년 8월 북한의 장거리 미사일 발사 이후 악화된 북·일관계는 한국 정부의 전향적인 대북정책과 1999년 북·미간에 미사일 협상이 부분적으로 타결되면서 새로운 국면을 맞게 되었다. 1999년 12월 무라야마(村山) 전 총리를 단장으로 한 초당파 의회대표단이 평양을 방문함으로써 북한과 일본은 수교협상 재개에 합의하였다. 이에 따라 적십자회담과 정부 간 예비회담이 개최되어 그 동안 수교협상을 가로막았던 납치사건문제, 미사일문제 등을 처리하기 위한 타협이 이루어졌다.

이에 따라 2000년 4월 평양에서 제9차 수교협상이 열리게 되었다. 이 협상에서 북한은 국교정상화의 전제로 과거 식민지 지배에 대한 일본 정부의 사죄와 보상을 요구하며 이를 4개항의 구체적 방안으로 제시하였다. 그것은 ① 일본 정부 최고 책임자 명의로 법적 구속력 있는 문서를 통해 사죄를 명기할 것, ② 인적 및 물질적 손실에 대해 피해자가 납득할 수 있는 보상을 할 것, ③ 일본이 약탈해 간 문화재를 반환하고 보상할 것, ④ 재일 조선인의 법적 지위를 보장할 것 등의 네 가지이다.

일본은 북·일 양측이 교전상태에 있지 않았기 때문에 보상에는 응할 수 없으며, 청구권 방식의 협상에는 응할 수 있다는 입장을 밝혔다. 나아가 수교가 이루어지기 위해서는 일본인 납치사건문제와 북·미간에 진행 중인 미사일문제가 해결되어야 한다고 주장하였다.

북한은 1991~92년 수교협상 당시 협상 최종 단계에서 양보한 것처럼, 교전 당사자로서 식민지 지배에 대한 배상을 요구하거나 1945년 이후 전후 보상을 요구하지 않았으며, 넓은 의미에서 식민지 지배에 대한 보상을 요구하였다. 또한 제1차 수교협상때와 마찬가지로 협상 후반에 가서 북한은 사죄나 보상문제를 포함하여 현안에 대한 논의는 뒤로 미루고, 과거사에 대한 사죄를 전제로 수교를 먼저 맺자는 입장을 표명하였다.

그런데 제9차 북·일 수교협상을 통해 발표된 '평양선언'과 함께 북·일수교의 전망은 최근 커다란 관심거리가 되고 있다. '평양선언'의 주요 내용은 ① 북한과 일본은 국교정상화를 조기에 실현하기 위해 노력하고, ② 일본은 과거 식민지 지배의 역사적 사실을 겸허하게 받아들이고, 국교정상화 이후 경제협력을 실시하며, ③ 쌍방은 국제법을 준수하고, 서로의 안전을 위협하지 않으며, ④ 한반도 핵문제의 포괄적 해결을 위해 모든 국제적 합의를 준수한다는 것이었다.

일본이 대북 수교에 중요성을 부여하고 있는 이유는 앞에서도 언급한 것처럼 북·일수교를 통한 한반도에서의 일본의 영향력 유지 및 강화, 한반도의 유사사태에 대한 예측력의 확보와 악영향 방지, 미해결된 전후 처리의 종결, 본격적인 대아시아 외교 추진을 위한 발판 마련 등을 위해서이다.

이러한 정책적 필요성을 바탕으로 2000년 4월 북·일간에 관계정상화 회복 움직임이 일어났다. 2000년에 북·일 수교협상이 재개된 것은 북·미 미사일 협상의 진전 속에서 한반도에서의 영향력 약화를 우려한 일본이 적극적으로 교섭 재개에 의욕을 보였기 때문이다. 그러나 재개된 교섭에서 일본은 납치 사건문제와 미사일 문제 해결을 수교의 전제조건으로 제시하였고, 이에 대해 북한은 식민지 지배에 대한 사과와 배상을 요구함으로써 협상이 결렬되고 말았다.

일본은 남한과 북한, 북한과 미국 간의 협상결과에 일본이 구속되지 않도록 사전에 북한과 협상을 벌일 필요성을 느끼면서도, 미국의 대북정책이 주요 변수로 작용하고 있는 시점에서 적극적으로 협상 타결에 임할 필요성을 느끼지 않았다. 이는 일본이 미국과는 달리 일괄타결방식을 선호하고 있어서 북한의 핵무기 및 미사일 개발 포기, 북·미관계 개선, 북·일수교 및 경제 지원, 한반도 냉전구조 해체 등의 모든 현안을 수교와 동시에 일괄타결할 것을 원했기 때문이다. 일괄타결방식은 계속해서 협상을 추진할 수는 있으나, 협상의 타결에는 상당한 시간을 요한다. 이에 비해 북한은 여유 있는 상황이 아니었다. 일본의 자금 지원으로 당면한 경제난을 해결하고, 국제적 고립에서 탈피하기 위해서는 조속히 북·일수교를 성사시킬 필요가 있었다. 이러한 필요성에서 북한과 일본 간에 정상회담이 이루어졌다.

고이즈미(小泉純一郎) 총리의 방북을 통해 북한은 일본인 납치사실을 인정하고 사죄하였으며, 또한 재발 방지를 약속하였다. 또한 핵문제 해결을 위한 국제규약의 존중과 미사일 발사실험의 동결시한을 2003년 이후로 연장할 것을 약속하는 등 북·일관계 정상화를 위해 적극적인 태도를 취했다.

일본은 '평양선언'이 북·일관계 개선과 북한의 개방정책을 통해 일본인 납치사건문제에 대해 북한의 극적인 고백과 사과를 받아냈으며, 안전보장문제에서도 성과를 얻는 등 외교적 승리를 거두었다고 자평하였다. 북한은 경제난과 외교·안보적 위기상황을 해소하고자 일본의 주장을 대부분 수용하였고, 그 결과 북·일 국교정상화에 대한 밝은 전망들이 다각적으로 제시되었다.

그러나 '평양선언' 이후에도 오히려 일본 내에서는 납치사건문제에 따른 반북 여론이 거세게 일어나고 있는 실정이다. 이러한 사실은 일본 정부로 하여금 북한과의 협상여지를 좁게 만들고 있다. 더욱이 북한이 고농축 우라늄을 통한 핵무기 개발계획을 시인하고, 미국 등 국제사회의 압력에도 불구하고 핵실험을 단행한 것은 향후 북·일관계 개선에 결정적인 악재로 작용하고 있다. 일본은 핵실험 단행 이후 즉각 북한에 대한 강력한 경제제재에 돌입하는 한편, 북한 핵무기의 철폐와 노동미사일의 폐기도 제기하고 있다. 따라서 이러한 문제들이 근본적으로 해결되지 않는 한 북한과 일본 간의 관계개선은 물론 국교정상화도 매우 어려울 것으로 예상된다.

|참고문헌|

Ⅰ. 단행본

경남대 극동문제연구소(편),『현대일본의 정치』, 서울: 경남대 극동문제연구소, 1986.

곽태환,『소련의 한반도정책』, 서울: 이삭, 1971.

구본학 외(공저),『세계외교정책론』, 서울: 을유문화사, 1995.

구영록,『인간과 전쟁』, 서울: 법문사, 1977.

김달중 외(공저),『중국적 사회주의와 개혁정치』, 서울: 법문사, 1989.

김동성,『중공대외정책론』, 서울: 법문사, 1988.

김상준,『국제정치이론 Ⅰ』, 서울: 삼영사, 1977.

김영문,『중국외교론』, 서울: 대왕사, 1990.

김하룡,『중국정치론』, 서울: 박영사, 1984.

김학준,『소련외교론서설』, 서울: 서울대출판부, 1988.

민족통일연구원 국제연구실(편),『미국 클린턴 행정부의 동북아정책과 동북아질서 변화』, 연구보고서 93-06, 서울: 민족통일연구원, 1993.

박두복 외(공저),『중국의 정치와 경제』, 아산재단 연구총서, 제8집, 서울: 집문당, 1993.

박상식,『국제정치학』, 서울: 집문당, 1981.

박재규,『냉전과 미국의 대아시아정책』, 서울: 경남대 극동문제연구소, 1981.

박재영,『국제정치패러다임』, 서울: 법문사, 1996.

박치정·소치형·강석찬(공저),『신국제질서와 한반도』, 서울: 건국대학교 출판부, 1998.

소치형·박치정·강석찬(공저),『남북한과 동북아 국제관계』, 서울: 건국대학교 출판부, 2006.

송영우 외(공저),『중국학』, 서울: 건국대학교 출판부, 1998.

송영우·소치형(공저),『중국의 외교정책과 외교』, 서울: 희성출판사, 1992.

송영우,『현대외교론』, 서울: 평민사, 2003.

______, 『외교정책론』, 서울: 지영사, 2005.

______, 『국제정치학』, 서울: 건국대학교 출판부, 2006.

신희석(편역), 『현대 일본정치와 자민당정권』, 서울: 을유문화사, 1988.

안병준, 『중국 현대화의 정치경제학』, 서울: 박영사, 1992.

______, 『강대국관계와 한반도안보론』, 서울: 법문사, 1986.

안택원, 『신소련정치론』, 서울: 박영사, 1987.

어수영, 『현대일본정치론』, 서울: 법문사, 1986.

외교통상부, 『한국외교 50년: 1948-1998』, 서울: 외교통상부, 1999.

______, 『2005년 외교백서』, 서울: 외교통상부, 2005.

유준상, 『한국의 의원외교: 이론과 실천』, 파주: 나남출판, 2006.

이기택, 『현대국제정치이론』, 서울: 박영사, 1997.

이상우, 『국제관계이론』, 서울: 박영사, 1979.

이상우·하영선(공편), 『현대국제정치학』, 서울: 도서출판 나남, 1992.

이호재, 『약소국 외교정책론』, 서울: 법문사, 1987.

장덕환(편저), 『소련의 외교정책』, 서울: 대왕사,

전득주 외(공저), 『대외정책론』, 서울: 박영사, 1998.

전 웅, 『외교정책론』, 서울: 법문사, 1986.

정용석, 『미국의 대한정책』, 서울: 일조각, 1979.

정종욱, 『신중국론』, 서울: 서울대출판부, 1982.

조재관, 『국제정치학』, 서울: 법문사, 1977.

최 명, 『현대중국의 정치』, 서울: 법문사, 1974.

______, 『현대중국의 이해』, 서울: 현암사, 1977.

최종기, 『각국외교정책론』, 서울: 한국국제관계연구소, 1981.

______, 『현대국제관계론』, 서울: 박영사, 1983.

최종기, 『현대 소련정치론』, 서울: 법문사, 1987.

______, 『소련외교정책론』, 서울: 법문사, 1988.

하영선·이상우 외(공편), 『현대국제정치학』, 서울: 도서출판 나남, 1992.

하영선·남궁곤(편저), 『변환의 세계정치』, 서울: 을유문화사, 2007.

현대일본연구회, 『일본정치론』, 서울: 박영사, 1986.

Harold Nicolson, 신복룡(역), 『외교론』, 서울: 평민사, 1998.

Ralph N. Clough, 조재관(역), 『동아시아와 미국의 안보』, 서울: 법문사, 1976.

James Wang, 이문규(역), 『현대중국정치론』, 서울: 인간사랑, 1988.

Barnett, A. Doak, *The Making of Foreign Policy in China,* Boulder, Colorado: Westview Press, 1985.

Baylis, John & Steve Smith, *The Globalization of World Politics: An Introduction to International Relations,* 2nd ed., Oxford: Oxford University Press, 2001.

Bernholz, Peter, *The International Game of Power,* Berlin: Walter de Gruyer & Co., 1985.

Berridge, G. R., *Diplomacy: Theory and Practice,* 2nd ed., New York: Palgrave, 2002.

Burton, J. W., *International Relations,* London: Cambridge University Press, 1965.

Carr, E. H., *The Twenty Years' Crisis, 1919~1939,* London: Macmillan & Co., Ltd., 1958.

Coplin, William D., *Introduction to International Politics,* Chicago: Markham Publishing Company, 1971.

Crabb, Cecil V., Jr., *Nations in a Multipolar World,* New York: Harper & Row, Publishers, 1968.

______, *The Doctrines of American Foreign Policy,* Baton Rouge: Louisiana University Press, 1982.

Dougherty, James E. and Robert L. Pfaltzgraff, Jr., *Contending Theories of International Relations,* New York: Harper & Row, Publishers, 1981.

Frankel, Joseph, *National Interest,* London: Macmillan, 1970.

______, *International Relations in a Changing World,* Oxford: Oxford University Press, 1979.

Garthoff, Raymond L. *Détente and Confrontation,* Washington, D.C.: The Brookings Institution, 1985.

Gilpin, Robert, *War & Change in World Politics,* Cambridge: Cambridge University

Press, 1981.

Hermann, Charles F., Charles W. Kegley, Jr., and James N. Rosenau, eds., *New Directions in the Study of Foreign Policy*, Boston: Allen & Unwin, 1987.

Hilsman, Roger, *The Politics of Policy Making in Defense and Foreign Affairs*, Englewood Cliffs, New Jersey: Prentice-Hall, 2001.

Holsti, K.J., *International Politics*, 5th ed., Englewood Cliffs, New Jersey: Prentice-Hall, 1988.

Jensen, Lloyd, *Explaining Foreign Policy*, Englewood Cliffs, New Jersey: Prentice-Hall, 1982.

Kaplan, Morton A., *System and Process in International Politics*, New York: John Wiley & Sons, 1962.

______, ed., *Great Issue in International Politics*, Chicago: Aldine, 1970.

Kaplan, Stephen S., *Diplomacy of Power*, Washington, D.C.: The Brookings Institution, 1981.

Kegley, Charles W., Jr. and Eugene R. Wittkopf, *Perspectives on American Foreign Policy*, New York: St. Martin's, 1984.

Laird, Robbin F. and Erik P. Hoffmann, eds., *Soviet Foreign Policy in a Changing World*, New York: Aldine, 1986.

Lauren, Paul Gordon, *Diplomacy: New Approaches in History, Theory and Policy*, New York: The Free Press, 1979.

Macridis, Roy C., ed., *Foreign Policy in World Politics*, 8th ed., Englewood Cliffs, New Jersey: Prentice-Hall, 1992.

McClelland, Charles A., *Theory and the International System*, New York: The Macmillan Company, 1967.

Morgenthau, Hans J., *Politics Among Nations: The Struggle for Power and Peace*, 5th ed., New York: Alfred A. Knopf, 1973.

Nathan, James A. and James K. Oliver, *United States Foreign Policy and World Order*, 3rd ed., Boston: Little, Brown and Company, 1985.

Nicolson, Harold, *Diplomacy*, 3rd ed., London: Oxford University Press, 1969.

Olson, William C., David S. McLellan and Fred A. Sondermann, eds., *The Theory and Practice of International Relations*, 6th ed., Englewood Cliffs, New Jersey: Prentice-Hall, Inc., 1983.

Plischke, Elmer, ed., *Modern Diplomacy,* Washington, D.C.: American Enterprise Institute, 1981.

Ray, James Lee, *Global Politics,* Boston: Houghton Mifflin Company, 1979.

Rosenau, James N., *The Scientific Study of Foreign Policy*, London: Frances Pinter Publishers, 1980.

______, Kenneth W. Thompson and Gavin Boyd, eds., *World Politics: An Introduction,* New York: Free Press, 1976.

Rothstein, Robert L., *Alliances and Small Powers,* New York: Columbia University Press, 1968.

Rourke, J., *International Politics on the World Stage,* Guilford, CT: Dushkin Publishing Co., 1991.

Russett, Bruce and Harvey Starr, *World Politics: The Menu for Choice,* San Francisco: W.H. Freeman and Company, 1981.

Scott, Andrew M., *The Functionning of the International Political System,* New York: The Macmillan Company, 1967.

Singer, David and Melvin Small, *The Wages of War: 1816-1965,* New York: John Wiley & Sons, 1972.

Spanier, John, *American Foreign Policy since World War II*, 8th ed., New York: Holt, Rinehart and Winston, 1980.

Wallace, William, *Foreign Policy and the Political Process,* London: The Macmillan Press, 1971.

Waltz, Kenneth N., *Theory of International Politics,* Reading, Mass.: Addison-Wesley Publishing Company, 1983.

Wendzel, Robert L., *International Politics,* New York: John Wiley & Sons, 1981.

Wright, Quincy, *The Study of International Relations*, New York: Appleton-Century-Crofts, 1955.

Ziegler, David W., *War, Peace and International Politics*, 3rd ed., Boston: Little, Brown and Company, 1984.

Ⅱ. 논 문

강석찬, "중국의 파벌투쟁과 외교정책노선의 변화," 박사학위논문, 건국대학교 대학원, 1991.

구영록, "미국과 동북아," 『미국학총서』(서울대 미국학연구소), 제1집 (1984).

김경원, "비교대외정책서설," 『국제정치논총』, 제9집(1969).

김달중, "중국의 대한반도정책," 『외교』(한국외교협회), 제2호(1987).

김영문, "새로운 시각에서 본 소련의 대한반도정책," 『국제정치논총』, 제25집(1985).

김유남, "소련의 대동북아 팽창정책," 『한국과 동북아안보』(외교안보연구원), 1984.

김태효, "한국 외교정책 연구: 회고, 동향 그리고 제언," 『국제정치논총』, 제46집 특별호, 2007.

김형국, "한국의 국제정치학 연구: 성찰과 전망," 『국제정치논총』, 제46집 특별호, 2007.

박경서, "비교외교정책의 정치경제적 접근법," 『국제정치논총』, 제30집1호(1990).

박상섭, "국제정치학 연구와 외교학과," 『한국적 국제정치학의 모색: 반성과 전망』, 서울대학교 외교학과 50주년 기념 학술회의 자료집, 2006. 10.

박치정, "한·중수교 이후 중국의 대한반도정책," 『中國硏究』, 제14집(1995. 12).

신상진, "등소평 이후 중국의 대한반도정책 전망," 『中國硏究』(건국대 중국문제연구소), 제11집(1992. 12).

안병준, "냉전 후의 중국 외교정책," 『계간 사상』, 1993년 가을호.

오승렬, "북한경제의 개혁개방 전망과 북·중관계," 제2차 한·중 국제학술회의 발표논문, 한양대 중소연구소, 1995.

이신화, "21세기 글로벌 이슈와 국제정치학," 『국제정치논총』, 제46집 특별호, 2007.

이정하, "미국의 동북아 안보정책," 『한국과 동북아안보』(외교안보연구원), 1984.

이희옥, "중국의 대북한정책," 『통일문제연구』(평화문제연구소), 제6권 2호(1994년 겨울).

장공자, "남북한 관계개선을 위한 중국의 역할," 제2차 한·중국제학술회의발표논문, 한양대 중소연구소, 1995.

정종욱, "외교정책과 결정과정에 관한 연구동향," 『논문집』(서울대 부설 국제문제연구소), 제11호(1987).

조성진, "80년대 미국의 대아시아정책과 한반도정책," 『국방연구』, 1978.

지재운, "중국 대외정책의 이데올로기 구조," 『중소연구』, 제11권 4호 (1987/8 겨울).

萬光, "九十年代亞太格局的演變,"『瞭望』, 1992年 第44期(1992年 11月).

Brzezinski, Zbigniew, "How the Cold War Was Played?" *Foreign Affairs*, Vol. 51, No. 1(October 1972).

Deutsch, Karl W., and J. David Singer, "Multipolar Power Systems and International Stability," in James N. Rosenau(ed.), *International Politics and Foreign Policy,* New York: The Free Press, 1969.

East, Maurice A., "The International System Perspective and Foreign Policy," in Maurice A. East, Stephen A. Salmore and Charles F. Hermann(eds.), *Why Nations Act,* Beverly Hills, California: Sage Publications, 1978.

Hoffmann, Stanley, "International Systems and International Law," in Stanley Hoffmann, *The State of War: Essays on the Theory and Practice of International Politics,* New York: Praeger, 1965.

______, "Will the Balance Balance at Home?" *Foreign Policy*, No. 7(Summer 1972).

Nogee, Joseph L., "Polarity: An Ambiguous Concept," *ORBIS*, Vol. ⅩⅧ, No. 4(Winter 1975).

Rosecrance, Richard N., "Bipolarity, Multipolarity, and the Future," in George S. Masannat & Gilbert Abcarian(eds.), *International Politics,* New York: Charles Scribner's Sons, 1970.

Siverson, Ronald M., "War and Change in the International System," in Ole R. Holsti, Randolph M. Siverson and Alexander L. George(eds.), *Change in the International System,* Boulder, Colorado: Westview Press, 1980.

Thompson, William R,, "Polarity, the Long Cycle, and Global Power Warfare,"

Journal of Conflict Resolution, Vol. 30, No. 4(December 1986).

Waltz, Kenneth N., "International Structure, National Force, and the Balance of World Power," in J.N. Rosenau(ed.), *International Politics and Foreign Policy*, New York: The Free Press, 1969.

________, "The Stability of a Bipolar World," *Daedalus*, No. 93(Summer 1964).

Yalem, Ronald, "Tripolarity and the International System," *ORBIS*, Vol. ⅩⅤ, No. 4(Winter 1972).

· 저자 ·

강석찬
(姜錫燦)

·약 력·

건국대학교 정치외교학과를 졸업한 후,
동 대학교 대학원에서 정치학 석사와 정치학 박사학위를 받았다.
그 동안 건국대, 서울교대, 인천대, 강남대 등에서 강의를 하였으며,
현재 건국대학교 교양학부 강의교수로 있다.

·주요 저서와 논문·

『『현대사상과 윤리』(공저, 삼경문화사, 1994)
『현대민주주의』(단독, 도서출판 다산, 1997)
『중국학』(공저, 건국대학교출판부, 1998)
『신국제질서와 한반도』(공저, 건국대학교출판부, 1998)
『북한의 이해』(공저, 건국대학교출판부, 2002)
『남북한과 동북아 국제관계』(공저, 건국대학교출판부, 2006),
『민주주의의 이상과 현실』(단독, 건국대학교출판부, 2008)
『전환기의 조선』(공역, 평민사, 1986)
『데니의 생애와 활동』(공역, 평민사, 1988)
『녹색정치』(단독번역, 정신세계사, 1990)

"중국의 파벌투쟁과 외교정책노선의 변화," 박사학위논문, 건국대학교
    대학원, 1991.
"탈냉전시대의 북한의 대남정책과 대미·일 유화정책 간의 상관성 연
    구," 신진학자 북한·통일연구 논문집, 통일원, 1992.
"한·중관계 발전이 남북관계 및 한반도 안정에 미치는 영향," 신진학
    자 북한·통일연구 논문집, 통일원, 1996.
"냉전 종식 이후 중국의 대일본정책," 『중국연구』, 제17집(1998).
"북·중관계와 북한의 개혁·개방 전망," 『사회과학연구』(건국대학교
    사회정책연구소), 제18집(2004) 외 다수

국제정치와 외교정책

• 초판 인쇄	2008년 3월 7일
• 초판 발행	2008년 3월 7일
• 지 은 이	강석찬
• 펴 낸 이	채종준
• 펴 낸 곳	한국학술정보㈜
	경기도 파주시 교하읍 문발리 513-5
	파주출판문화정보산업단지
	전화 031) 908-3181(대표) · 팩스 031) 908-3189
	홈페이지 http://www.kstudy.com
	e-mail(출판사업부) publish@kstudy.com
• 등 록	제일산-115호(2000. 6. 19)
• 가 격	30,000원

ISBN 978-89-534-8316-3 93340 (Paper Book)
     978-89-534-8317-0 98340 (e-Book)